普通高等学校知识产权专业应用型系列教材

总主编 曹 阳

COPYRIGHT
C L AW

本书为上海政法学院知识产权国家级一流本科
专业建设成果

著作权法：
典型案例详解

朱 楠 ◎编著

知识产权出版社
全国百佳图书出版单位
—北京—

图书在版编目（CIP）数据

著作权法：典型案例详解/朱楠编著. —北京：知识产权出版社，2024.8
ISBN 978 - 7 - 5130 - 9081 - 0

Ⅰ.①著… Ⅱ.①朱… Ⅲ.①著作权法—案例—研究—中国 Ⅳ.①D923.415

中国国家版本馆 CIP 数据核字（2023）第 244894 号

责任编辑：刘 睿 邓 莹　　　　责任校对：王 岩
文字编辑：潘凤越　　　　　　　　责任印制：刘译文

著作权法：典型案例详解
朱 楠 编著

出版发行：**知识产权出版社** 有限责任公司	网　　址：http：//www.ipph.cn
社　　址：北京市海淀区气象路 50 号院	邮　　编：100081
责编电话：010 - 82000860 转 8346	责编邮箱：dengying@cnipr.com
发行电话：010 - 82000860 转 8101/8102	发行传真：010 - 82000893/82005070/82000270
印　　刷：天津嘉恒印务有限公司	经　　销：新华书店、各大网上书店及相关专业书店
开　　本：720mm×1000mm　1/16	印　　张：18.5
版　　次：2024 年 8 月第 1 版	印　　次：2024 年 8 月第 1 次印刷
字　　数：300 千字	定　　价：88.00 元

ISBN 978 - 7 - 5130 - 9081 - 0

总　序

自 2008 年开设法学（知识产权方向）以来，上海政法学院知识产权专业的各位教师胼手胝足，在知识产权专业教材建设方面作了诸多探索与创新，出版了《知识产权法学》（"十二五"国家重点图书出版规划项目）、《著作权法学》、《专利实务指南与司法审查》、《商标实务指南与司法审查》等理论与实践兼具的教材，初步建成了知识产权人才培养所需的教材体系。

在多年的教材编著过程中，我们一直在尝试撰写一本好教材。然而，何为一本好教材？经过多年的实践探索，我们认为一本好的教材至少需要满足以下要求：

一是理论体系塑造。知识产权的实践应用性十分重要，但我们无法回避的问题是有的教材无法为学生塑造理论化的知识体系，而仅仅为学生提供适应性的碎片化知识，这既不能为学生解决纷繁复杂的现实问题提供指引与指针，也无法为学生构建系统化的知识体系，进而损害了学生后续的深化学习能力。理论体系塑造应是任何教材的根，通过理论体系这个根，学生能完成知识营养的吸收，为后续的知识实践与扩张提供可能。二是基础知识提供。基础知识是教材体系的树干与枝叶，是在理论这个教材之根上生成的毛细血管，为教材提供了鲜活的生命之源。教材的基础知识须以理论为纲，以理论体系的实践表达为主要内容，以案例化方法逻辑呈现基础知识应用为主要路径，构建一个理论融入场景、场景融入案例、案例体现真实实践的基础知识逻辑框架。三是启迪性。一本好的教材除具象知识传达功能外，更为核心的价值是激发学生的思考与探索。随着人工智能等技术的飞速发展，知识传播、获取的方式发生了革命性变化，单维度知识传输将会逐渐失去其教育价值与意义。一本好的教材必须具有互动性与问题意识，需要提出具有启迪性的可以引发学生思考与探索的问题，启迪学生提出有价值的问题，激发学生的学习与探索兴趣。

教材建设是专业建设之本。经过多年的教材建设，我们也积累了一些经验，在教材建设方面也作了一些探索。2022年，上海政法学院知识产权专业获得国家一流本科专业建设点立项，该立项为我们后续更高水平教材建设提供了契机。

上海政法学院知识产权一流教材建设以编著一批好教材为目标。我们将先期出版专利法、商标法、著作权法教材，后续陆续推出知识产权专业主干与核心课程教材。我们将秉承我们过去教材建设中的一些优秀做法，体现人工智能时代教材建设的新要求，突出教材的系统性、理论性、前沿性、实践性与启迪性。

编著一本好的教材需要付出极大的心血与努力，方能有所成。编著这一批教材的老师都是上海政法学院具有丰富实践经验的教师，他们为编著这些教材字斟句酌，一丝不苟。

诚然，理想并不总能完全照进现实，但希望我们的努力能获得认可，我们的不足能在各位读者的不吝赐教下获得改善。

是为序。

曹阳

上海政法学院经济法学院副院长

知识产权专业负责人

2023年12月4日于上海

目　录

第一章　著作权法概述 ……………………………………… 001

第一节　著作权的起源和发展 ／ 001

第二节　我国著作权制度的法律概况 ／ 005

第二章　著作权的客体 ……………………………………… 010

第一节　作品的概念和保护条件 ／ 010

第二节　作品的类型 ／ 020

第三节　不受著作权保护的对象 ／ 026

第三章　著作权的内容 ……………………………………… 031

第一节　著作人格权 ／ 032

第二节　著作财产权 ／ 045

第三节　著作权的保护期 ／ 073

第四章　著作权人及权利归属 ……………………………… 075

第一节　作者及其他著作权人 ／ 075

第二节　特殊作品的著作权归属 ／ 080

第三节 外国著作权人 / 101

第五章 邻 接 权 …………………………………………………… 107

第一节 表演者权 / 107

第二节 录音录像制作者权 / 113

第三节 广播组织权 / 119

第四节 出版者权 / 123

第六章 著作权的限制 ………………………………………… 130

第一节 合理使用 / 130

第二节 法定许可 / 152

第三节 强制许可 / 166

第七章 著作权集体管理 ………………………………………… 167

第一节 著作权集体管理制度概述 / 167

第二节 著作权集体管理的具体规则 / 170

第八章 著作权的利用 ………………………………………… 178

第一节 著作权许可 / 178

第二节 著作权转让 / 184

第三节 著作权出质 / 194

第九章 著作权的技术措施和权利管理信息 ……………… 198

第一节 著作权的技术措施 / 198

第二节 权利管理信息 / 206

第十章 著作权的法律保护 ………………………………… 209

第一节 侵犯著作权的行为类型 / 209

第二节 著作权的民事保护 / 231

第三节　著作权的刑法保护 / 257

第四节　著作权的行政保护 / 261

第十一章　计算机软件著作权保护 ·· 265

第一节　计算机软件的概念 / 265

第二节　权利内容 / 271

第三节　计算机软件的抄袭认定 / 276

参考文献 ·· 286

第一章　著作权法概述

第一节　著作权的起源和发展

著作权制度诞生于 18 世纪的西方，受所在国家和法系的影响，最初各国的著作权制度存在一定的差异，尤其是大陆法系国家和英美法系国家之间差异明显。经过 300 多年的发展，随着知识产权不断国际化的进程，著作权制度逐渐形成了一些公认的基本权利框架和制度规则，并成为当下国家法律制度中不可或缺的一个部分。

一、英美法系的版权

著作权在英美法系经历了从书商版权到保护作者版权的变化，其产生和印刷术的发明及使用密不可分。德国人约翰·古腾堡（1398—1468）是西方活字印刷术的发明人，作为图书印刷的革命性技术，活字印刷术直接催生了图书出版业的诞生，排版印刷代替了之前的图书手抄，大大提高了生产效率，降低了图书的价格，也促进了知识的传播，更为重要的是，其使得印刷图书和出版图书成为一门生意，商人和资本大量流入，图书市场就此形成。图书市场上的书商为获得利益，需要和作者达成出版合意并获得作品的手稿，越是知名的书籍和作者，手稿自然越值钱，能够垄断这样的手稿，自然就能垄断相应图书的市场利益，因此，随之而来的是书商对畅销书印刷垄断权利的争夺。如在英国，为了确保印刷垄断，防止无序竞争，早在 15 世纪初，英国的书商就成立了图书公会（Stationers' Company），要求出版的图书必须在图书公会进行登记，到了16世纪，英国王室因为宗教问题，需要压制新教文献的出版，以进行言论管制❶，因此当时的英国玛丽女王以特许状的形式将图书出版的审查、登记和许可纳入官方管理系统，图书公会变成皇家图书公会，这就形成了最初的"书商版权"。

书商获得印刷和出版的垄断权引发了一连串的问题：该权利是否应受限制？作者的权利和书商版权的关系如何？作者的利益如何保护？这些疑问一方面反映了新兴图书市场中的市场利益亟待确认，另一方面反映了大众对书商垄断也存在不满。受此推动，世界上第一部成文的著作权法诞生了。1709年，英国的安娜女王颁布了《为鼓励知识创作而授予作者及购买者就其已印刷成册的图书在一定时期内之权利的法》❷，简称为《安娜女王法》。这部法律在保护出版商利益的同时也保护作者的利益，防止印刷者不经作者同意就擅自印刷、翻印或者出版作者的作品，以鼓励有学问、有知识的人创作有益于社会的作品。虽然已经有法律开始注重对作者利益进行保护，但是因为图书出版行业追求市场利益，因此并不保护作者的精神权利，作者的利益和书商垄断之间的关系问题也并没有得到清晰的回答，这就引发了后来英国版权史上的"文学产权大辩论"。

1769年的米勒诉泰勒案和1774年的多纳德诉贝克特案是"文学产权大辩论"的两个核心案件❸，两案争论的核心议题：《安娜女王法》是否在制定法上赋予了一项不同于书商版权的全新的法定权利，以及当书商的出版垄断权到期后，作者根据《安娜女王法》是否还继续拥有普通法上的权利，直至永久。❹ 在1769年的米勒诉泰勒案中，英国王座法院以3∶1的表决结果作出了支持永久文学产权的判决。1774年的多纳德诉贝克特案由英国上议院终审，上议院认为如果确认作者及出版商享有永久性普通法权利将带来不可接受的社会后果，最后否认了作者享有永久性普通法权利。《安娜女王法》实际上赋予了作者一项有期限约束的成文法上的权利，现代版权的观念正式

❶ 黄海峰. 知识产权的话语与现实［M］. 武汉：华中科技大学出版社，2011：4-32.

❷ An Act for the Encouragement of Learning, by Vesting the Copies of Printed Books in the Authors or Purchasers of Such Copies, 原文见：https://avalon.law.yale.edu/18th_century/anne_1710.asp.

❸ Millar v. Taylor (1769) 4 Burr. 2303, 98 ER 201, Donaldson v. Becket (1774) 2 Brown's Parl. Cases (2d ed.) 129, 1 Eng. Rep. 837.

❹ 易健雄. 技术发展与版权扩张［D］. 重庆：西南政法大学，2008.

诞生。

英国的版权制度影响了美国，美国在独立战争后，于1790年颁布了联邦第一部《美国版权法》，其内容基本仿照英国的《安娜女王法》，依然采取版权14年有效期，另可延长14年的保护期制度，保护书籍、地图、插图等作品，和英国一样，美国的版权制度最初也不保护作者的精神权利。

英美两国作为典型的判例法国家，在版权制度上采取的主要是成文法方式，这表明版权（或者说著作权）在英美并非"自然权利"，而是法定权利，其内容、期限、权属均需要通过立法加以确定。当然，判例也依然起作用，英美的版权判例主要是法官对立法的进一步解释，而这种解释还进一步起到完善立法的作用，如美国合理使用制度的"四要素"规则，最初就是斯托利（Story）法官在案例中的判决意见。❶

二、大陆法系的作者权

与英美法系不同，大陆法系认为著作权制度和作者的人格密不可分。精神权利（droit moral 或 moral rights）最初起源于黑格尔（1770—1831）的意志理念，根据这一理论，人格就是人的资格，人的资格应该是人的个体实践自己意志的资格。法的本质是意志自由和权利，自由意志主要通过保护私人财产所有权来表现，人有权将他的意志体现于任何物中。这个物自然可以包含作品。保护作品的作者权由此而生，但这一时期，作者权的属性被认为是一种财产权。整个19世纪作者权（著作权）属于财产权的观点始终是法国学界的主流观点。❷

至19世纪末，当时有很多学者认为，作品更是作者人格的投射，而且人格作为作品的主要价值优于其经济价值，经济权利应从属于人格利益。❸受此学说影响，立法和司法均在后续的发展过程中承认作者权也应当保护人格权。在此基础上，德国和法国对著作权中人格保护和财产保护产生了不同认

---

❶ Folsom v. Marsh, 9 F. Cas. 342（C. C. D. Mass. 1841）.

❷ 孙新强. 论作者权体系的崩溃与重建——以法律现代化为视角［J］. 清华法学, 2014, 8（2）：130 – 145.

❸ 孙新强. 论作者权体系的崩溃与重建——以法律现代化为视角［J］. 清华法学, 2014, 8（2）：130 – 145.

识，德国比较彻底地使用人格说，认为作品是人格的体现和反映，著作权既非纯粹的财产权，也不是纯粹的人格权，而是一种复合性的权利，包含着各种与人格有关的权能和与财产相关的使用权能。法国模式承认作品是人格的体现和反映，但并不因此认为著作权就是一种人格权，而是认为著作权包括著作财产权和著作人格权两部分。著作财产权可以转让、继承，有权利期限。但是著作人格权不能转让，并且可以无限期存在。❶ 总的来说，德国和法国著作权法保护人格和财产的做法影响了大陆法系国家以及我国的著作权立法。

三、我国近代著作权制度的演变

我国的著作权立法肇始于清末的《大清著作权律》，该部法律是我国第一部成文著作权法，其既是清政府后期制度改良的成果之一，也是对当时美、日、英等列强的回应。❷《大清著作权律》于 1910 年颁布，共 55 条，由通例、权利期限、呈报义务、权利限制、附则 5 章构成，对著作权的定义、著作物的范围、作者的权利、著作权的期限、取消著作权的程序、对著作权的限制和侵权行为的处罚，均作了规定。但是，其名虽然为"著作权"，内容上却建立了著作财产权保护制度，允许法人和非法人组织成为作者，作品经注册才能获得保护，❸ 这些内容均体现了英美法系的版权观。《大清著作权律》对后世的著作权立法有较大影响，中华民国成立后，鉴于《大清著作权律》"尚无与民国国体抵触之规定"，大总统命令通告"暂行援用"，生效期被延长。❹ 1915 年北洋政府的《著作权法》以及 1928 年南京国民政府的《著作权法》均在此基础上制定。❺

中华人民共和国成立后，废除了包括著作权制度在内的《六法全书》，❻从 1949 年到 1990 年的这一段时期内，我国虽然一直没有建立以私权保护为核心的著作权法，但是我国的出版实践承认稿酬制，也尊重作者的署名利益，

---

❶ 王坤.《大清著作权律》立法模式［J］. 中国出版, 2014 (12)：55 – 57.
❷ 朱明勇.《大清著作权律》立法意旨释论［J］. 黑河学院学报, 2018, 9 (9)：74 – 77；王坤.《大清著作权律》立法模式［J］. 中国出版, 2014 (12)：55 – 57.
❸ 王坤.《大清著作权律》立法模式［J］. 中国出版, 2014 (12)：55 – 57.
❹ 王坤.《大清著作权律》立法模式［J］. 中国出版, 2014 (12)：55 – 57.
❺ 王兰萍. 中国法制近代化过程中的三部著作权法［J］. 比较法研究, 2005 (3)：44 – 58.
❻ 刘春田. 中国著作权法三十年 (1990—2020)［J］. 知识产权, 2021 (3)：3 – 26.

国家以政策、行政法规乃至刑法规制盗版等非法出版的行为，这些因素综合起到了部分保护著作权的作用，但是以保护创作和私权为核心的著作权理念尚未得到启动，直到1990年中华人民共和国《著作权法》的颁布和实施。

第二节　我国著作权制度的法律概况

一、《著作权法》的立法及修改

我国《著作权法》最初于1990年制定，1991年6月1日正式实施。到目前为止，共修改过三次，第一次修改发生于2001年，彼时中国正在积极加入世界贸易组织（WTO），为适应《与贸易有关的知识产权协议》（以下简称"TRIPS"）的规则而进行修改；第二次修改发生于2010年，缘起美国在WTO对中国发起的著作权贸易争端；第三次修改发生于2020年，与前两次的修改区别在于，第三次修改是建立在我国主动完善法律的内在动因之上的。

1991年《著作权法》实际上从1979年就开始了立法部署工作，当时，受到《中美贸易协定》谈判的影响，美方坚持必须在协定中置入知识产权保护的条款，双方须承诺相互保护著作权、专利权、商标权等知识产权。历经十余年的研究和广泛听取意见，《著作权法（草案）》于1989年12月14日由时任国务院总理李鹏向全国人大常委会提请审议，并于1990年正式通过。我国《著作权法》开宗明义阐述了立法的基本原则，即"保护作者因创作作品而产生的正当权益"，其目的就是"要调动作者的创作积极性"，因为"精神产品应当和物质产品一样得到承认"。同时明确指出为鼓励知识的传播，"在承认和保护作者专有权利的同时，要求作者为社会承担一定的义务是必要的、合理的"❶。

从1992年开始，中国陆续加入了著作权领域的国际公约，随着中国参与国际分工广度和深度的增加，"复关"或后来的"入世"成为20世纪90年代中国国际活动的重要内容。"复关"指的是恢复中国在《关税及贸易总协

---

❶　朱兵. 参与著作权法立法之回顾（上）[J]. 中国版权，2019（4）：7-14.

定》中的缔约方地位，该协定曾于 1947 年签署，由于历史原因，中国与该协定的关系长期中断。后在《关税及贸易总协定》以及其他国际贸易协定基础上，世界贸易组织（WTO）于 1994 年正式建立，1995 年 11 月，中国复关工作组更名为中国入世工作组，"入世"即加入世界贸易组织。世界贸易组织的 TRIPS 也就成为中国"入世"所要达到的标准之一，为此，我国《著作权法》进行了第一次修改。2001 年 10 月，第一次修改完成，其中的主要变化为：《著作权法》首次规定了著作权集体管理制度的基本原则，新增了信息网络传播权这个在今后网络时代发挥作用的重要权项，取消了出版权必须十年专有的限制，规定了教科书"法定许可"，设定了法定赔偿的数额标准，并建立了诉前禁令制度。第一次修改的《著作权法》，对于调整我国"入世"后版权的创作、运用、管理、保护发挥了重要作用，推动了我国版权事业的发展。

2007 年 4 月，美国在 WTO 向中国提出申诉，内容分别涉及中国的知识产权刑事门槛过低、中国海关处置侵权货物的规则存在不当以及中国对文化产品待审查（censorship）进入市场前不给予版权保护的做法违反了 TRIPS 第 9 条第 1 款及《伯尔尼公约》第 5 条第 1 款和第 2 款。最后一项内容其实涉及 2001 年《著作权法》的第 4 条"依法禁止出版、传播的作品，不受本法保护"。中美双方经磋商程序未能取得一致后，该争端被提交给专家组。2009 年 3 月，专家组的最终报告被通过，中国仅在作品审查上的做法部分败诉。专家组认为，虽然对未能通过审查的作品、通过审查的作品中被删除的部分不提供著作权保护，不符合 TRIPS 和《保护文学和艺术作品伯尔尼公约》（以下简称《伯尔尼公约》），但在从未提交审查的作品、在等待审查结果的作品、通过审查作品之未修改版本等方面，美国未能证明中国的做法不符合 TRIPS。专家组还强调，其裁决不影响中国的内容审查权。

就我国败诉的部分，我国通过修改立法履行国际义务，此即第二次《著作权法》修改，第 4 条被改为"著作权人行使著作权，不得违反宪法和法律，不得损害公共利益。国家对作品的出版、传播依法进行监督管理"。此外，这次修改还增加了一条作为第 26 条："以著作权出质的，由出质人和质权人向国务院著作权行政管理部门办理出质登记。"

第三次《著作权法》修改于 2011 年启动，于 2020 年完成，其间公布过四稿草案：2012 年 3 月修改草案第一稿、2012 年 7 月修改草案第二稿、2014

年 6 月送审稿和 2020 年 4 月修正案草案。我国《著作权法》的第三次修改，既非基于加入国际公约的需要，也非源于国际社会的压力，而更多的是立足本土国情做出的主动性安排。❶ 第三次《著作权法》修改的主要内容集中在：作品类型转为开放、完善广播权、合理使用转为开放、完善一系列邻接权、优化集体管理规则、引入惩罚性损害赔偿等。这些规则既体现了我国经过多年实践积累形成的著作权法治经验，也是顺应时代要求完善作品保护的体现。

我国《著作权法》经不断修改完善，已经形成了以著作权保护为核心，鼓励创作和促进文化、科学繁荣发展为宗旨的基本制度。《著作权法》涵盖了权利客体、权利内容、权利主体和归属、权利限制、邻接权保护、集体管理以及权利保护的重要内容。除《著作权法》外，《著作权法实施条例》、《计算机软件保护条例》、《信息网络传播权保护条例》以及《著作权集体管理条例》共同构成了我国著作权领域的立法规则。

二、网络时代著作权规则的完善——《信息网络传播权保护条例》

2006 年，国务院出台了《信息网络传播权保护条例》（本部分以下简称《条例》），《条例》对网络社会中的著作权保护具有重要意义。《条例》是在 2001 年《著作权法》增加的"信息网络传播权"基础上针对作品网络传播建立的具体规则，其与《著作权法》形成"特别法和一般法"的关系。信息网络传播行为不同于复制、发行以及出租行为，其特点在于作品网络传播的交互性，而互联网的开放使网络参与主体均有可能以交互的方式传播他人作品。为此，《条例》强调作品使用人必须获得著作权人的许可并支付报酬；为了强化对著作权的保护，《条例》建立了技术措施和权利管理信息保护规则；考虑到促进网络经济发展的需要，《条例》建立了"通知—删除"规则，使网络服务提供者在满足条件时得以依法免责；考虑到相关网络主体出于公益目的使用作品的需求，《条例》建立了网络远程教育合理使用、扶贫目的公告许可使用等制度。

总的来说，《条例》在达到国际条约的基本要求的同时，尽可能从我国

---

❶ 吴汉东.《著作权法》第三次修改的背景、体例和重点［J］. 法商研究，2012，29（4）：3-7.

的实际出发，一方面保护权利人的利益，另一方面最大限度地兼顾公共事业和公众使用上的需求。❶

三、我国著作权制度的国际视野

我国《著作权法》从立法伊始就注重与国际公约的衔接。1991 年《著作权法》实施后，1992 年我国就加入了《伯尔尼公约》，事实上，在《著作权法》立法之时，《伯尔尼公约》的规则就已经成为重要的立法指引，并在起草过程中形成了这样的认识："著作权法固然是国内法，但是又具有涉外性质。调整涉外著作权关系，国际间已有共同的基本准则，这些准则就是经过上百年的陶冶和提炼，已被世界各国普遍接受的著作权国际保护公约的准则。我们既没有必要，也不应该置国际公约所要求的共同准则于不顾而我行我素，以至失去国际社会对我们的理解。因此，我们面临的形势是，立法工作势在必行，法律应当规定涉外著作权关系的内容，调整涉外著作权关系必须遵循国际社会的共同准则，使我国著作权法和国际著作权保护体系相适应、相协调。以便和《商标法》、《专利法》一样，建立一个开放的著作权法体系，为尽快加入国际公约打下良好的基础。一旦条件成熟，不必从根本上修改国内法，就可以顺利加入国际公约。"❷

因加入 WTO 而进行的《著作权法》第二次修改是我国著作权制度进一步和国际接轨的重要机会，通过对 TRIPS 以及《伯尔尼公约》的解读，我国著作权制度接纳了国际通行的"三步检验法"用以判定合理使用，承认了机械表演亦属于表演权的内容，在保护外国主体邻接权时，根据国际公约确定保护力度，在计算机软件保护上进一步提高了保护水平。加入 WTO，成为TRIPS 的缔约方是我国在知识产权制度建设上积极融入国际社会、对接国际条约、履行国际义务的重要环节。

2012 年 6 月，世界知识产权组织在我国首都北京召开保护音像表演外交会议，会议上缔结了《视听表演北京条约》，这是历史上第一个以中国城市命名的国际知识产权条约，可以说是我国从被动接受国际公约到主动参与国

---

❶ 郭寿康，万勇.《信息网络传播权保护条例》评介 [J]. 电子知识产权，2006（10）：30 – 33.
❷ 刘春田. 关于我国著作权立法的若干思考 [J]. 中国法学，1989（4）：45 – 53.

际公约规则设计的一个里程碑。我国在推动《视听表演北京条约》缔结和生效方面开展了富有成效的工作，"理解、支持、包容、合作"的"北京精神"得到了各缔约方的认可。《视听表演北京条约》于 2020 年 4 月 28 日在我国生效，表演者的视听表演活动将在缔约方获得精神权利的保护，同时其视听表演制品的复制、发行、出租、广播和信息网络传播等也受到缔约方的法律保护。

第二章　著作权的客体

第一节　作品的概念和保护条件

一、作品的概念

《著作权法》第 3 条规定：本法所称的作品，是指文学、艺术和科学领域内具有独创性并能以一定形式表现的智力成果。

据此，受《著作权法》保护的作品必须是某种智力成果，即人类经过智力活动形成的成果，这种成果和专利保护对象的差异主要在于所处领域的不同。作品属于非实用领域，包括文学、艺术和科学领域，是人类精神审美的产物。文学领域中的作品使用文字符号，经组合产生阅读上的审美感受；艺术领域中的作品使用线条、形状、色彩、旋律等，经组合后产生视觉、听觉上的审美体验；科学领域中的作品使用的也是线条、形状等元素，如产品设计图、地图等，各元素经组合后能够精确表达科学信息。上述成果均区别于专利，因为专利处于实用领域，保护的是技术方案，技术方案产生的是实用功能，解决的是生产实践中具体的技术问题。

二、思想/表达二分法

著作权所保护的作品必须具备某种表达方式，而不能是思想、观念、方法或原理。如成语"胸有成竹"所体现的胸中之竹是无法获得著作权保护的，只有展现出来，以文字、线条、色彩、形状等方式进行表达，才能成为作品。商业实践中经常迸发出创意、点子，如共享单车的商业模式、股票市场中逢高卖出逢低买入的方法都属于思想。再如国际象棋存在多种布阵方法，像古印度防御、后翼弃兵等，虽然均属于智力活动，但因不具有表达方式，因此都不能受著作权保护。

需要注意的是，某些情况下，表达和思想会发生混同，如小学语文课文中"一群大雁往南飞，有时排成一字，有时排成人字"这段文字所描写的场景很难再用其他文字进行表达，上述文字组合几乎成为该景象的唯一语言表达方式，此时思想和表达发生混同，然而《著作权法》不保护思想，因此在混同的情况下，该表达也无法受到保护。如在"北京远见公司与阿里云公司的著作权纠纷案"❶中，原告主张"智在云端""云智能操作系统""云智能"这些表述构成作品，但因思想与表达方式密不可分而属于思想范畴，这些表述被拒绝给予著作权保护。

案例研讨

北京远见公司与阿里云公司的著作权纠纷案*

基本案情：原告北京远见公司应邀参加了阿里云公司"云 OS 移动操作系统品牌推广策划"的招标提案，提交了《云 OS 全案》，该提案的核心概念即"智在云端""云智能操作系统""云智能"。后阿里巴巴公司召开了"智在云端·云 OS 智能操作系统及天语手机"新闻发布会，该发布会背景板及条幅上出现了该提案中的核心概念"智在云端""云智能操作系统"。原告认为上述"智在云端""云智能操作系统""云智能"三个词为其公司创作的作品，阿里云公司和阿里巴巴公司在未经许可的情况下，擅自发表上述作品并予以使用，侵犯了其对上述作品享有的发表权、署名权、复制权、信息网络传播权。

---

❶ 北京远见文化传播有限公司与阿里云计算有限公司、阿里巴巴（中国）有限公司侵犯著作权纠纷民事判决书，（2011）朝民初字第 31507 号。

* 北京远见文化传播有限公司与阿里云计算有限公司、阿里巴巴（中国）有限公司侵犯著作权纠纷民事判决书，（2011）朝民初字第 31507 号。

争议焦点： "智在云端""云智能操作系统""云智能"是否构成作品？

司法实务指引： 诉争的三个词语是否构成作品，可从思想和表达的角度来区分。著作权法所保护的作品是思想的表达，故独创性也即表达方式的独创性。在对某一思想只有一种或者极其有限的几种表达时，因思想与表达无法分离，该表达即视为思想，不具有独创性，不受著作权法保护。尽管字数的多寡、篇幅的长短不是判断作品独创性的根本依据，但过于简短的短语、词汇、口号等，可能会因其所要表达的思想与表达方式密不可分故而属于思想范畴，或因属于常用词汇的简单组合故而不具备最低限度的智力创造性等，从而不具有独创性，不能成为受著作权法保护的作品。

该案中，北京远见公司主张权利的作品是"智在云端""云智能""云智能操作系统"三个简短词汇。"云""云端""智能""操作系统"属于公共领域的常用词汇，不为任何人所专有。将"云""智能""操作系统"三个词简单组合在一起，形成"云智能""云智能操作系统"的表述，不具备最低限度的智力创造性，无法展示创作者的个性。而且，当今互联网领域正在兴起云计算技术，该技术使得互联网、计算机、手机等的利用更加智能化、简便化，"云""智能""操作系统"在该领域中被广泛使用，"云智能"直接表示了云计算技术的智能性特征，"云智能操作系统"直接表示了以云计算技术为支撑的智能性操作系统，该两个词汇与其所表述的内容直接紧密结合，属于表达受限的情形，故该两个词汇已属于思想范畴。因此，"云智能""云智能操作系统"不具有独创性。在北京远见公司向阿里云公司提案之前，"在云端""智慧在云端""幸福在云端""生活在云端"等词汇都已经在互联网上介绍云计算技术及应用的文章中广为使用，且阿里云公司给北京远见公司的云移动操作系统介绍资料中也提及"移动在云端"，因此"××在云端"的表述已成为云计算领域广为传播的常用表述。"智"即智能、智慧等的简化表述，表示了云计算的智能性特征。在"在云端"之前加上"智"字，将两者简单组合，仍然属于对云计算智能性特征的直接表述，表达方式受限，且也未展示出北京远见公司的独特判断和选择，故"智在云端"也不具备独创性。综上，"云智能""云智能操作系统""智在云端"不属于著作权法保护的作品。相反，如果认为"云智能""云智能操作系统""智在云端"属于北京远见公司的作品，那么则意味着赋予了北京远见公司垄断该三个词汇的权利，任何人如果要使用该三个词汇或者与该三个词汇实质性近似的词汇，如"智慧在云端""智能在云端""智能云""云计算操作系统""云操作系统"等，将可能构成对北京远见公司的侵权，这将使北京远见公司不合理地垄断本属于公共领域的信息、知识，会损害社会公众获取、使用信息、知识的自由，有违公共利益，不符合著作权法的立法精神。

三、独　创　性

受《著作权法》保护的作品必须具有独创性。独创性也叫原创性，首先强调的是作品由作者独立创作完成，源于自己，而非源于他人，即非抄袭。抄袭剽窃的表达源于他人，于该他人是具有独创性的，而于抄袭者，则相当于复制，不是其经过智力劳动形成的，也就不具有独创性。

此外，作品应达到一定的创作程度。创作程度如何衡量是著作权法中的难点问题，立法上多数国家甚至于国际公约都无法进一步给出独创性的具体含义。英美法系对创作程度要求较低，只要作者付出了劳动，其成果均能获得著作权保护，这就是所谓的"额头出汗原则"（sweat of the brow），但美国联邦最高法院在1991年的"电话号码簿案"❶中改变了这一原则，针对诉争的电话号码簿，美国联邦最高法院要求作品必须具有最低限度的创作才能受保护，电话号码簿因为仅就事实进行了常规的排列，不具有独创性。

大陆法系普遍对独创性有较高的要求，即作品应当具有个性，表达出作者的思想情感。我国著作权法中独创性的整体要求较为接近大陆法系，但在不同作品类型中，对独创性的具体把握也具有一定差异。

案例研讨

凤凰网直播中超赛事案*

基本案情： 中超联赛由中国足球协会举办，中国足球协会授权中超联赛有限责任公司（以下简称"中超公司"）代理开发经营中超联赛的电视、广

---

❶ Feist Publications, Inc., v. Rural Telephone Service Co., 499 U. S. 340 (1991).

＊ 北京新浪互联信息服务有限公司与北京天盈九州网络技术有限公司著作权纠纷案，北京市高级人民法院（2020）京民再128号民事判决书。

播、互联网及各种多媒体版权。后中超公司独家授权新浪公司（该案原告）在其门户网站领域独家播放中超联赛视频，包括但不限于比赛直播、录播、点播、延播。授权合同中特别提及中超公司不得与其他门户网站（包括该案中的凤凰网）进行相同形式的合作。被告天盈九州公司实际运营凤凰网，凤凰网实时直播了 2013 年 8 月 1 日中超"山东鲁能 VS 广东富力""申鑫 VS 舜天"两场比赛，包括回看、特写，场内、场外，全场、局部的画面以及全场解说。

　　原告新浪公司认为被告天盈九州公司未经合法授权，在网站上设置中超频道，非法转播中超联赛直播视频，侵犯了新浪公司享有的以类似摄制电影方式创作的涉案体育赛事节目的作品著作权，应停止侵权并赔偿损失。

　　被告天盈九州公司认为足球赛事不是《著作权法》保护对象，对体育赛事享有权利并不必然对体育赛事节目享有权利。

　　争议焦点： 涉案的体育赛事节目是否具有独创性从而受著作权保护？

　　司法实务指引： 对此问题，该案的一审法院、二审法院和再审法院均持不同观点。

　　一审法院认为，独创性意指独立创作且不具有对他人作品的模仿、抄袭。从赛事的转播、制作的整体层面上看，赛事的转播、制作是通过设置不确定的数台或数十台或几十台固定的、不固定的录制设备作为基础进行拍摄录制，形成用户、观众看到的最终画面，但固定的机位并不代表形成固定的画面。用户看到的画面，与赛事现场并不完全一致，也非完全同步。这说明了转播的制作程序，不仅包括对赛事的录制，还包括回看的播放、比赛及球员的特写、场内与场外、球员与观众，全场与局部的画面，以及配有的全场点评和解说。而上述的画面的形成，是编导通过对镜头的选取，即对多台设备拍摄的多个镜头的选择、编排的结果。而这个过程中，不同的机位设置、画面取舍、编排、剪切等多种手段，会导致不同的最终画面，或者说不同的赛事编导，会呈现不同的赛事画面。

　　就此，尽管法律上没有规定独创性的标准，但应当认为对赛事录制镜头的选择、编排，形成可供观赏的新的画面，无疑是一种创造性劳动，且该创造性从不同的选择、不同的制作，会产生不同的画面效果，这恰恰反映了其独创性。因此，赛事录制形成的画面，构成我国著作权法对作品独创性的要求，应当认定为作品。从涉案转播赛事呈现的画面看，满足上述分析的创造性，即通过摄制、制作的方式，形成画面，以视听的形式给人以视觉感应、效果，构成作品。

原告新浪公司在二审程序中补充提交了 2013 年度、2014 年度《中超联赛公用信号制作手册》（以下简称《手册》），《手册》对赛事直播提出了技术要求，包括公用信号技术标准、转播车配置、机位图和说明、慢动作系统、音频要求、公用信号制作规范、慢动作说明及规范、字幕操作要求、评论席、单边 ENG 和 DSNG 预定协调、信号传输规范、信号传输技术标准、在线包装系统使用规范等。原告在二审中确认其所主张的权利是"涉案赛事公用信号所承载的连续画面"。

二审法院分析了中超赛事公用信号所承载连续画面的独创性高度，认为：首先，对于赛事的拍摄素材直播团队没有选择权，中超赛事公用信号的统一制作标准、对观众需求的满足、符合直播水平要求的摄影师所常用的拍摄方式及技巧等客观因素极大地限制了直播团队在素材拍摄上可能具有的个性选择空间。导演虽然可以选择不同机位的画面，但导演对于镜头的选择必然需要与比赛的实际进程相契合。直播导演会基于其对规则、流程以及比赛规律的了解，尽可能使其对画面的选择和编排更符合比赛的进程，而这一能力对于同等水平的直播导演而言并无实质差别，相应地，不同直播导演对于镜头的选择及编排并不存在过大的差异。

其次，对于赛事的连续画面是否构成电影类作品，法院先分析了其故事性，法院认为：第一，故事性实际上源于事件本身的故事性，而非源于直播团队通过对素材的运用而创作出来的故事。如果被上诉人（原审原告：新浪公司）欲从故事性角度说明其独创性，则其有必要证明，对于同一事件，涉案直播团队因其独创性创作使得观众看到了与现实事件有区别的内容。如果不同直播团队对同一事件的直播使公众看到的内容并未呈现不同的故事性，则说明其在故事创作上并不具有独创性。实际上，此类体育赛事直播追求的是如实呈现比赛进程，因此，不仅对于该案所涉中超赛事，法院相信在其他此类级别的赛事直播中亦不太可能出现具有独创性的故事性创作，相应地，亦不会在故事性上具有独创性劳动。

第二，对于直播画面是否通过拍摄的选择和编排产生独创性，法院认为：手球、进球、犯规等镜头均采用的是直播团队常用且符合赛事规律及观众合理预期的做法，因此，其中展现出的连续画面的个性化选择空间相当有限，尚不足以看出直播画面具有较高的独创性。

第三，对于慢动作的画面是否具有独创性，被上诉人（原审原告：新浪公司）提出其主要强调的是导演通过慢动作的运用而起到的答疑解惑作用。法院认为：答疑解惑是此类镜头所起到的客观功能，而镜头的客观功能显然并非独创性所考虑的对象，因此，慢动作的答疑解惑作用，与独创性并无直接关系。退一步讲，即便需要考虑这一功能，不可忽视的事实是，中超赛事的信号制作手册中对于慢动作的"答疑解惑"功能亦有明确要求，该功能亦非直播团队的个性化选择。

第四，关于特写镜头是否具有独创性，法院就足球特写、旗帜特写、裁判特写、球员特写、开球画面特写进行了分析，认为：上述事例基本上是随着比赛的进行而选择标志性的镜头，比如在开球的时候选择裁判的特写镜头，在进球时选择进球球员的特写镜头等，这一选择方式属于常规选择方式。不仅如此，在公用信号制作手册中对于很多特写的使用及切入时间均有严格规定，如开场前"3：15—2：15队长挑边、裁判近景"、开场前"2：15—1：30主队首发队员"、开场前"1：30—1：00双方教练近景"、开场前"1：00—0：30双方重点运动员或队长"、开场前"0：30—0：152号中圈近景"……"90：00—0：15进球队员特写"等。据此，从上述事例中无法看出特写对象的选择体现了较高的独创性。

第五，对于赛事集锦是否具有独创性，法院认为赛事集锦具有较高独创性，但被上诉人（原审原告：新浪公司）主张构成电影作品的是整场比赛公用信号所承载的连续画面，而非仅涉及上述集锦，赛事集锦可能具有的独创性程度亦不足以使整个赛事直播连续画面符合电影作品的独创性要求。

综上，二审法院否定了涉案两场体育赛事公用信号所承载连续画面的作品属性。

原告新浪公司认为前述判决缺乏事实依据，应予撤销，提起再审。

再审法院认为：新浪公司在该案中请求保护的涉案赛事节目内容为涉案赛事公用信号所承载的连续画面。关于中超赛事信号直播的上述客观限制因素是否导致中超赛事公用信号所承载的连续画面及涉案赛事节目在素材选择、素材拍摄和拍摄画面选择及编排等方面无法进行选择和安排，进而不具有独创性，再审法院分析如下：

首先，对素材的选择是否存在个性化选择。中超赛事公用信号所承载的连续画面是关于中超赛事视频节目的主要组成部分,其素材必然是中超的现场比赛。此点是所有纪实类作品的共性所在,但不能据此否定该类作品的独创性。著作权法对于因反映客观事实而不予保护的典型情形是时事新闻,但时事新闻限于仅有"时间、地点、人物、事件、原因"内容的文字或口头表达。除时事新闻外,不同的作者即便报道同一个事实,其对构成要素仍具有较多的选择空间,只要各自创作的"新闻报道"具有独创性,就不属于单纯的事实消息,而可以作为新闻作品受到著作权法的保护。根据"举重以明轻"的解释方法,对于涉案赛事节目是否具有独创性的认定,亦不能因其受赛事本身的限制而否定其个性化选择。中超赛事公用信号所承载的连续画面是由一帧帧连续的画面组成,尽管一场具体的赛事节目整体上只能限于同一场比赛,但由于比赛进程的丰富性、场内外各种情形的不可预知性以及多机位多角度拍摄画面的多样性,使得在具体时点上每一帧画面的形成、选择以及画面的连续编排,仍存在对拍摄对象等素材进行个性化选择的多种可能性。

其次,对素材的拍摄是否受到限制。根据二审判决的认定,公用信号是体育赛事直播行业的通用术语,其由专业的直播团队按照赛事组委会统一的理念及制作标准制作而成。中超赛事公用信号的制作尽管要遵循相关信号制作手册的要求、考虑观众需求以及确保摄影师应具有符合直播水平要求的技术水准,但上述因素并不足以导致涉案赛事节目的制作丧失个性化选择的空间。根据二审判决补充查明的事实,尽管 2013 年度、2014 年度中超联赛公用信号制作手册包括摄像机机位设置、慢动作锁定、镜头切换基本原则、字幕要求、公用信号流程等方面的要求和指引,但相关内容只是从拍摄原则和拍摄思路角度作出的规定,其作用类似于"使用说明书""操作规范",所列的拍摄要求和部分范例仅起到提示、指引作用,并不涉及具体赛事画面的选择和取舍,相关指引内容并未具体到每一帧画面的拍摄角度、镜头运用等具体画面的表达层面,故不能因此否定创作者的个性化创作;赛事节目的制作考虑观众需求以及确保摄影师的技术水准,是为了满足观众的观赏体验,确保赛事节目制作的专业水平,从而确保赛事节目不仅能向观众传递赛事信息,还能以专业化、艺术化的方式呈现,即便为了满足上述需求和技术要求,也仍然存在多种选择的可能性。尤其值得注意的是,著作权法上的独创性要求不同于专利法上的创造性要求,只要存在自由创作的空间及表达上的独特性即可,并不能因使用常用的拍摄技巧、表现手法而否定其独创性。因此,上述理由均不是否定中超赛事公用信号所承载的连续画面及赛事节目独创性的理由。

最后，拍摄画面选择及编排的个性化选择空间是否相当有限。著作权法对作品的保护是对作品独创性表达的保护。从思想与表达趋于合并的角度而对相关表达不予保护，一般仅限于表达唯一或者有限的情形，即当表达特定构思的方法只有一种或极其有限时，则表达与思想合并，对相关内容不给予著作权保护。实践中，有限表达或唯一表达通常是被告提出的抗辩事由，如被告能够举证证明被诉侵权作品由于表达方式极为有限而与原告主张权利的作品表达相同或者实质性相似的，可以认定有限表达抗辩成立。如前所述，中超赛事公用信号所承载的连续画面及涉案赛事节目的制作存在较大的创作空间，并不属于因缺乏个性化选择空间进而导致表达有限的情形。在被告未提出相关抗辩，双方当事人也未进行充分举证、对质的情况下，以中超赛事公用信号所承载的连续画面及涉案赛事节目相较于非纪实类作品具有更小的个性化选择空间为由否定涉案赛事节目的独创性，缺乏事实及法律依据。此外，新浪公司在该案再审中补充提交的证据表明，对于同一场体育赛事，由不同转播机构拍摄制作的赛事节目在内容表达上存在明显差异，进一步印证体育赛事节目的创作存在较大的个性化选择空间。因此，对二审判决的相关认定不予确认。

同理，针对二审判决对于新浪公司在二审诉讼中从故事化创作、慢动作运用、特写镜头、中场休息及终场后的比赛集锦等方面对涉案两场体育赛事连续画面独创性进行的举例说明予以否定的意见，再审法院亦不认同并予以纠正。

上述三级法院均对涉案争议对象的独创性作了不同的分析，请思考：

1. 作品的独创性是否存在高低之分？如果存在，标准如何确定？

2. 独创性的判断因素都有哪些？

3. 二审法院和再审法院在独创性判定上的主要分歧是什么？

四、一定形式

作品需要具有一定形式，这一要求是对思想/表达二分法的重申，作品的具体形式详见本章第二节。需要指出的是，2020 年之前我国《著作权法》对作品提出的法定要求之一是"能以有形形式复制",指的是作品只要能够在有形的物质载体上再现即可,这一要求显然很容易满足,作为无形的智力成果,作品可以借助多种物质载体呈现,常见的如纸张、木材、石材、纺织品、金属等。而"能以"的表述说明只要具备以有形形式复制的可能性即可,甚至不要求必须具备有形的物质载体。因此,"能以有形形式复制"作为一项作品的法定条件其实难以起到区分作品和非作品的作用。2020 年第三次修改后的《著作权法》不再强调"有形形式",而使用了"一定形式"的表述,落脚于无形财产本身的呈现形式。当然,从实践来看,作品一旦涉及传播目的,则往往离不开有形载体,包括纸张、碑石、织物、磁盘等,借助有形的物质载体,作品更易于确认、传播和保护。英美法系对作品还有"固定性"要求,如《英国版权法》规定"文学艺术音乐等作品必须被记录或录制,否则版权不存在"❶,《美国版权法》在第 101 条也有类似规定❷。

另外,需要特别注意的是,"一定形式"的表述虽然具有较大的包容性,但并非意味着只要具备某种形式要件,智力成果就可以作为作品获得著作权保护,如何确定"形式"应当和作品概念中的其他规则相结合,如在欧盟发生的香水气味著作权有关的案件中,荷兰最高法院和法国最高法院就对香水气味作出了不同的认定。❸ 荷兰最高法院认为香水气味因具有形式而可以成为作品,但是法国最高法院则认为香水属于技术诀窍,不是著作权保护的对象。

---

❶ 1988 年《英国版权、设计和专利法》第 1 章第 3 款第 2 项:除非被书面或以其他方式记录,文学、戏剧或音乐作品的版权不存在;本条所述制作该作品的时间,指该作品被以该种方式记录的时间。

❷ 《美国版权法》第 101 条概念中规定:当作品由作者或在作者授权下以复制件或唱片的形式呈现,足以永久或稳定地在一段时间内被感知、复制或以其他方式传播时,作品就被"固定"在一种有形载体上。就本部分而言,由声音、图像或两者组成的正在传输的作品,如果作品的固定与传输同时进行,也被称为"固定"。

❸ 荷兰最高法院认为香水气味可以获得著作权保护,见 HR, June 16, 2006, LJN AU8940, Kecofa/Lancôme;法国最高法院则认为不能获得著作权保护,见 Bellure v. L'Oréal, Cour d'appel [CA] [regional court of appeal] Paris, 4e ch. A, Jan. 25, 2006, D. 2006, at 580, J. Daleau, aff'g Bellure v. L'Oréal, Tribunal de Grande Instance [TGI] [ordinary court of original jurisdiction] Paris, May 26, 2004, D. 2004, at 2641, note Galloux.

第二节　作品的类型

一、作品的类型

（一）基本类型

《著作权法》第3条规定了九种作品类型，包括：

（1）文字作品；

（2）口述作品；

（3）音乐、戏剧、曲艺、舞蹈、杂技艺术作品；

（4）美术、建筑作品；

（5）摄影作品；

（6）视听作品；

（7）工程设计图、产品设计图、地图、示意图等图形作品和模型作品；

（8）计算机软件；

（9）符合作品特征的其他智力成果。

《著作权法实施条例》第4条规定：

（1）文字作品，是指小说、诗词、散文、论文等以文字形式表现的作品；

（2）口述作品，是指即兴的演说、授课、法庭辩论等以口头语言形式表现的作品；

（3）音乐作品，是指歌曲、交响乐等能够演唱或者演奏的带词或者不带词的作品；

（4）戏剧作品，是指话剧、歌剧、地方戏等供舞台演出的作品；

（5）曲艺作品，是指相声、快书、大鼓、评书等以说唱为主要形式表演的作品；

（6）舞蹈作品，是指通过连续的动作、姿势、表情等表现思想情感的作品；

（7）杂技艺术作品，是指杂技、魔术、马戏等通过形体动作和技巧表现的作品；

（8）美术作品，是指绘画、书法、雕塑等以线条、色彩或者其他方式构成的有审美意义的平面或者立体的造型艺术作品；

（9）建筑作品，是指以建筑物或者构筑物形式表现的有审美意义的作品；

（10）摄影作品，是指借助器械在感光材料或者其他介质上记录客观物体形象的艺术作品；

（11）电影作品和以类似摄制电影的方法创作的作品，是指摄制在一定介质上，由一系列有伴音或者无伴音的画面组成，并且借助适当装置放映或者以其他方式传播的作品；❶

（12）图形作品，是指为施工、生产绘制的工程设计图、产品设计图，以及反映地理现象、说明事物原理或者结构的地图、示意图等作品；

（13）模型作品，是指为展示、试验或者观测等用途，根据物体的形状和结构，按照一定比例制成的立体作品。

上述立法分别对作品的形式或者类型进行了列举和概念界定，需要注意的是，根据作品的基础概念，固定性显然本非我国《著作权法》的保护条件，但是，摄影作品和视听作品在其概念中均提到了"介质"，这里的"介质"结合摄影作品和视听作品的创作手段来说，指向的应该是物质性的"介质"，即这两种作品客观上是需要固定在相应的存储介质上的。但是这是否意味着"固定性"就应成为摄影作品和视听作品的保护条件是值得商榷的。❷

（二）分类标准及法律意义

作品在《著作权法》中被分为九种类型主要依照的是其所具有的不同表达形式，同时也考虑到了作品所处的领域。作品虽然被分为九种，但每种类型的受保护程度在法律上是一样的，并不存在不同类型厚此薄彼。作品各类型之间可能存在交叉，如书法可以是美术作品，也可以是文字作品，但因为

---

❶　因《著作权法实施条例》目前尚未被修改，因此其条文中尚未对电影、电视剧类作品采用"视听作品"的概念，依然使用原有的表述。

❷　杨幸芳. 体育赛事节目的法律性质与保护之评析——兼评新浪诉凤凰网中超赛事案［J］. 电子知识产权，2019（12）：70–81.

保护上的一视同仁，因此一般情况下确定类型并无太大的意义。必须要确定作品类型的情况均源于立法上存在和该类型相关的其他条款，如《著作权法》中和视听作品有关的条款还涉及视听作品权利归属和权利内容，美术作品也存在权属的相应规则，计算机软件则涉及单行法规《计算机软件保护条例》。此外，有些类型的作品因为并非按照表达形式进行分类，所以并没有在《著作权法》第3条中出现，但在《著作权法》的其他条文中则有涉及，如合作作品、汇编作品、职务作品等，这些作品显然考虑了其创作过程中的复杂因素，和《著作权法》第3条的分类标准是不同的。

当然因为属性的不同，不同类型的作品事实上能够获得的著作权权利内容还是有差异的。如建筑作品无法产生表演权，舞蹈作品无法产生展览权等。

二、其他满足独创性的智力成果

作品九种类型中的最后一种"符合作品特征的其他智力成果"是所谓的"兜底条款"。考虑到技术、商业和社会发展，作品类型无法穷尽列举，法律需要为新的类型留有一定空间。那么，如何确定"符合作品特征的其他智力成果"呢？这一任务主要由司法承担，法院需要在个案中结合作品概念的有关规定进行判断，如在"音乐喷泉案"❶ 中，一审法院就认为，特定歌曲所要表达的意境与项目的水秀表演装置，根据音乐的时间线进行量身定制设计，设计师根据乐曲的节奏、旋律、内涵、情感等要素，对音乐喷泉的各种类型的喷头、灯光等装置进行编排，实现设计师所构思的各种喷泉的动态造型、灯光颜色变化等效果，利用这些千姿百态喷泉的动态造型与音乐结合在一起进行艺术形象的塑造，用来表达音乐情感、实现喷射效果。可见，整个音乐喷泉音乐作品进行舞美、灯光、水型、水柱跑动等方面编辑、构思并加以展现的过程，是一个艺术创作的过程，这种作品应受到著作权法的保护。

---

❶ 杭州西湖风景名胜区湖滨管理处等与北京中科水景科技有限公司二审民事判决书（2017）京73民终字第1404号。

案例研讨

音乐喷泉案*

基本案情：原告中科水景公司开发了音乐喷泉并以"《水上花园》——音乐喷泉系列作品"进行了版权登记。由于《著作权法》（2010年）上并无"音乐喷泉作品"这一单独类别，因此涉案作品以"电影作品和以类似摄制电影的方法创作的作品"这一作品的类别进行登记，而实际"音乐喷泉作品"所要保护的是其舞美设计、编曲造型、各种意象和装置配合而形成的喷泉在特定音乐背景下形成的喷射表演效果。后原告参加了西湖三公园音乐喷泉提升完善项目的招标。被告西湖管理处后来主张因中科水景公司将其他单位中标通知书作为自己的业绩提供，业绩虚假，不符合招标资格条件，因此未能中标。原告不久后在网上发现"此景只应天上有世界最美杭州西湖音乐喷泉"的视频，认为西湖上呈现的音乐喷泉和自己的作品一致，喷泉水流、水型、水柱跑动方向的编排顺序，气爆、水膜、灯光、节奏的变化编排，音乐韵律变化与喷泉动态造型的具体配合及以上喷射效果、意象的整体效果等方面均存在较大相似性。原告认为被告抄袭了自己的音乐喷泉作品，遂提起诉讼。被告西湖管理处则认为，涉案音乐喷泉并不属于《著作权法》（2010年）第3条规定的法定作品类型，不在《著作权法》保护范围之内。

争议焦点：涉案音乐喷泉属于何种类型的作品？

司法实务指引：对此，一审法院和二审法院的观点有所不同。

一审法院认为，《著作权法》规定的具体作品类型中，并无音乐喷泉作品或音乐喷泉编曲作品这种作品类别，但该作品本身确实具有独创性，将所选定的特定歌曲所要表达的意境与项目的水秀表演装置，根据音乐的时间线进行量身定制设计，设计师根据乐曲的节奏、旋律、内涵、情感等要素，对音乐喷泉的各种类型的喷头、灯光等装置进行编排，实现设计师所构思的各种喷泉的动态造型、灯光颜色变化等效果，利用这些千姿百态喷泉的动态造型与音乐结合在一起进行艺术形象的塑造，用来表达音乐情感、实现喷射效

---

* 杭州西湖风景名胜区湖滨管理处等与北京中科水景科技有限公司二审民事判决书（2017）京73民终字第1404号。

果。可见，整个音乐喷泉音乐作品进行舞美、灯光、水型、水柱跑动等方面编辑、构思并加以展现的过程，是一个艺术创作的过程，这种作品应受到著作权法的保护。据此一审法院根据《著作权法》（2010年）第3条第9项❶认定涉案对象属于作品，被告构成侵权。

二审法院根据双方当事人的请求进一步明确了涉案请求保护的权利载体可以被称为涉案音乐喷泉喷射效果的呈现。针对一审法院对涉案音乐喷泉以"法律、行政法规规定的其他作品"加以保护，二审法院并不认同。二审法院认为，"法律、行政法规规定的其他作品"是指除前述八项著作权的客体外，由法律、行政法规规定的著作权的其他客体。能否作为著作权法所称的其他作品，必须由法律、行政法规规定，不能由其他规范性文件规定，以保证法制的统一。这意味着在立法之初就明确限制了司法对该条款进行扩大解释适用。所以，在目前尚无法律、行政法规明确增加了其他具体作品类型的情况下，在司法裁判中适用该条款是立法明确排除的。那么，涉案音乐喷泉如果不能以"其他作品"的形式获得保护，是否意味着其被排除在《著作权法》的范围之外了呢？对此，首先，二审法院以作品的基本概念为基础分析了该案的音乐喷泉，涉案音乐喷泉喷射效果的呈现是设计师借助声光电等科技因素精心设计的成果，展现出一种艺术上的美感，属于"文学、艺术和科学领域内的智力成果"范畴；设计师通过对喷泉水型、灯光及色彩的变化与音乐情感结合的独特取舍、选择、安排，在音乐高亢时呈现出艳丽的色彩与高喷的水柱，在音乐舒缓时呈现出柔和的光点与缓和的摆动，柔美与高亢交相呼应，使观赏者能够感受到完全不同于简单的喷泉喷射效果的表达，具有显著的独创性；通过水型、照明、激光、投影、音响、监控等相应喷泉设备和控制系统的施工布局及点位关联，由设计师在音乐喷泉控制系统上编程制作并在相应软件操控下可实现同样喷射效果的完全再现，满足作品的"可复制性"要求，因此属于《著作权法》保护的作品的范畴。

其次，二审法院对可能和音乐喷泉相关的作品类型分别进行了分析：涉案音乐喷泉喷射效果的呈现虽然表现为连续活动的画面，但此种画面不符合"摄制在一定介质上"的摄制手段和固定方式。鉴于"摄制在一定介质上"是《著作权法实施条例》明确限定的电影作品和以类似摄制电影的方法创作

---

❶ 该案适用的是2010年《著作权法》，其中第3条第9项为"法律、行政法规规定的其他作品"。

的作品的构成要件，在非必要情况下，司法保持谦恭而不进行突破扩张也是法律解释应当遵循的规则。

由于涉案音乐喷泉喷射效果的呈现需要借助计算机软件的编辑，可能会与计算机软件这一作品类型相关。计算机软件是指计算机程序及其有关文档。而在实现涉案音乐喷泉喷射效果的呈现时，编辑环节涉及的计算机软件作为一个工具软件，与该案无关。有关的主要是其程序，但是，该程序与水型、照明、激光、投影、音响、监控等相应喷泉设备和控制系统的配合所实现的涉案音乐喷泉喷射效果的反复呈现，既非计算机程序本身亦非有关文档的作用。至于借助工具软件形成的程序是否构成一个独立于涉案音乐喷泉喷射效果的呈现之外的作品，不在该案审理范围之内。

二审法院最终认定涉案音乐喷泉属于美术作品，第一，美术作品是"造型艺术作品"，通过造型来进行思想的表达；第二，美术作品的构成要素可以是线条、色彩这些典型要素，但不排除其他方式；第三，美术作品具有审美意义，是一种具有美感的艺术性表达；第四，美术作品既可以是平面的呈现，也并不排除立体的形式。虽然司法实践中出现的典型美术作品如绘画、书法、雕塑一般都是静态的、持久固定的表达。但是，法律规定的要件中并未有意排除动态的、存续时间较短的造型表达。涉案音乐喷泉喷射效果的呈现虽然不像传统的绘画、书法或者雕塑一样呈现静态的造型，其所展现的水型三维立体形态及投射在水柱上的灯光色彩变化等效果也并非持久地固定在喷泉水流上。但是，涉案音乐喷泉喷射效果的呈现是一种由优美的音乐、绚烂的灯光、瑰丽的色彩、美艳的水型等包含线条、色彩在内的多种要素共同构成的动态立体造型表达，这种美轮美奂的喷射效果呈现显然具有审美意义。在动静形态、存续时间长短均不是美术作品构成要件有意排除的范围的情况下，认定涉案音乐喷泉喷射效果的呈现属于美术作品的保护范畴，并不违反法律解释的规定。因此，突破一般认知下静态的、持久固定的造型艺术作为美术作品的概念束缚，将涉案音乐喷泉喷射效果的呈现认定为美术作品的保护范畴，有利于鼓励对美的表达形式的创新发展，防止因剽窃抄袭产生的单调雷同表达，有助于促进喷泉行业的繁荣发展和与喷泉相关作品的创作革新。

请思考：

1. 在争议对象满足作品基本概念情况下，是否还需要对作品类型加以认定？

2. 如果根据现行《著作权法》，音乐喷泉应以美术作品获得保护还是以"符合作品特征的其他智力成果"获得保护？

第三节　不受著作权保护的对象

一、立法等官方文件

《著作权法》第 5 条规定，法律、法规，国家机关的决议、决定、命令和其他具有立法、行政、司法性质的文件，及其官方正式译文不受保护。

立法、行政、司法性质的文件既具备文字的表达方式，其文字组合显然也经过了遣词造句的拣选，不能说其不具备独创性，但为什么不受著作权法保护呢？其理由主要是这类文件及其官方译文具有传播、教化、指导行为的重要功能，因此不需要以专有权的方式限制传播范围和受众。

立法性质的文件指的是各种法律法规，即拥有立法权的中央和地方各级国家机关颁布的法律、法规。行政文件指的是各级国家职能部门颁布的规章、命令等规范性文件。司法性质的文件包括司法解释、司法意见以及司法机关作出的判决、裁定和决定等。

二、单纯事实消息

单纯事实消息主要指的是各类媒体对事实的最基本、最客观的描述或报道，事实消息不是智力创作的成果，只是事实本身，因此不是作品，不受著作权保护。但是媒体为报道事实消息而进行的创作是可以受到保护的，如常见的新闻配图、新闻视频、新闻评论，都经过了选择、剪辑和编写，这些都属于作品。❶

除了单纯事实消息不受著作权保护，事实本身也不受著作权保护，如带

---

❶　乔某某与重庆华龙网新闻传媒有限公司侵害著作权纠纷，重庆市高级人民法院（2013）渝高法民终字第 00261 号民事判决书。

有天然图案的奇石、动物皮毛的自然纹理、树根的自然形状等。河南高级人民法院审理的一起"复刻石碑著作权案"中，原告主张晏某复刻的"汉高断蛇之处"石碑显影人像构成艺术作品，但人像的显影并非晏某创作追求的结果，而是石碑本身的巧合所致，因此不能构成作品。❶

三、历法、通用数表、表格及公式

历法指的是时间的计算方法，如中国的农历、世界通用的公历、中国二十四节气等，虽然计算是人类智力活动的一种，但计算方法属于思想范畴，不是表达方式，经计算后的历法本质上依然是时间事实上经过的过程，因此不是作品，不能受到著作权保护。

通用数表如函数表、对数表，通用表格如常见的财务记账表格，公式如各类数学、物理、化学公式，一方面，这些成果大都已经处于公有领域，是全人类共有的财富；另一方面，数表、表格和公式往往是某种思想的直接表现，即使具备一定的表达方式，也会因为思想和表达的混同而无法获得著作权保护。

通用的数表、表格不受保护，那么非通用的是否就可以受到著作权保护了呢？实际上，还是需要结合作品的其他保护条件和规则来衡量。美国联邦最高法院终审的"贝克诉塞尔登案"中，原告发明了一种财务记账表格，运用了数学方法，该表格相对于其他广泛使用的记账表格更为先进，法院认为其属于一种数学构思，无法进入著作权体系，但可以获得专利授权，原告因为并未申请专利，因此其记账表格一经出现就进入了公有领域，因此被告使用相同的方法画出类似的记账表格并不侵权。❷ 在"答题卡著作权纠纷案"中，原告设计了主观分答题卡，为便于考试分数统计，在通行答题卡基础上增加三个主观分分数框，卡上图形主要包括若干题号和代表选项的字母 A、B、C、D 或数字 0 ~ 9，以及少量与考试信息相关的文字，如姓名、准考证号、科目等。终审法院认为，答题卡的设计必须配合光标阅读机软件，而光标阅读机软件虽然存在自定义的一定空间，但也必须依赖于考题的设置，自

---

❶　晏某与永城市文物旅游管理局、永城市芒砀山旅游开发有限公司著作权侵权纠纷，河南省高级人民法院（2006）豫法民三终字第 7 号民事判决书。

❷　Baker v. Selden，101 U. S. 99（1879）.

定义空间非常有限，因此而形成的答题卡并非创作产生，而是机械设置的结果，不构成作品。❶

案例研讨

答题卡案*

基本案情： 原告陈某完成了三个主观分答题卡的设计，于2008年4月9日又在四川省版权局对其设计的三个主观分答题卡进行了著作权登记，取得三个主观答题卡的著作权。被告万普公司于2008年8月11日成立，经营范围为：其他印刷品印刷；广告制作；销售；文化办公用品、体育器材。其自成立起均在生产销售原告三个主观分答题卡。原告认为被告未经许可复制其作品，侵害了其著作权。被告则认为三个主观分机读卡不受著作权法保护，原因如下：首先，机读卡本身不单独表达思想，只是符合光标阅读机要求的统计工具，因此不属于著作权法意义上的图形作品，而是属于不受著作权法保护的通用数表；其次，"三个主观分机读卡"是在原有一卡一式机读卡的基础上增加了主观分的机读卡形式，但这种增加是随着考试方式的改变而出现的几乎具有唯一性的表达方式。机读卡行业通行的技术标准中最关键的是信息卡的列距与边距，所有的机读卡均按照此标准生产，如果在机读卡中加入三个主观分内容，那么这种思想表达方式几乎就是唯一的——主观分1、2、3（因为文综理综都是三门），下面是0~9的阿拉伯数字，而其间距、边距都是确定的。

争议焦点： 争议对象是否属于作品？

司法实务指引： 二审法院认为，三个主观分答题卡是为适应目前考试分数统计形式而在原先的答题卡基础上增加三个主观分分数框的答题卡形式，其上图形主要包括若干题号和代表选项的字母A、B、C、D或数字0~9，以及少量与考试信息相关的文字，如姓名、准考证号、科目等。显然，这种图

---

❶ 富顺县万普印务有限公司与陈某著作权纠纷，四川省高级人民法院（2010）川民终字第334号民事判决书。

* 富顺县万普印务有限公司与陈某著作权纠纷，四川省高级人民法院（2010）川民终字第334号民事判决书。

形和文字是针对考题的选项设置和统计信息需要而设的，且图形排布受制于光标阅读机所识别的行列间距等参数，因而答题卡自身并不能表达某种思想和设计，能够表达思想和设计的载体实质上来自光标阅读机的软件，该软件表达的是一种如何统计答案和分数的设计理念，为具体实现上述设计理念，软件设计者通过编程使得光标阅读机软件能够光学识别一定格式（纸厚度、大小行距、间距等）的信息卡（答题卡）并转换成计算机可处理的电信号，以此实现分数和答案的自动统计。

配合上述软件使用的答题卡必须按照软件要求配置，但在符合一定配置标准的前提下，每次运行时用户也可以自定义一些信息卡格式文件，例如不同的题量、选项内容、横竖排列、文字内容、子方框内容（例如考号选项、主观分选项）等，自定义完成之后，就对应形成该光标阅读机此次运行所识别的答题卡样式。因此，对光标阅读机软件进行不同的参数设置可以得到不同的答题卡样式，但并不能说每个用户进行自定义生成的答题卡样式的过程就是一种图形作品的创作过程，因为用户自定义的动作是软件设计的一部分，在软件给定的框架下，自定义动作实质上只是为考试统计需要进行的机械选择过程，而不像产品设计过程那样是在表达某种思想或设计；此外，从保护著作权与公众利益平衡的角度来看，各种样式的答题卡在我国各大中小学和社会考试中广泛使用，尽管样式各异，但由于自定义内容的限制，在软件给定的框架下，答题卡的样式仍然是有限的，通常是子方框的设置位置、选项或文字内容、横竖排列等在二维平面上的有限排布效果，如果将这种自定义答题卡样式的过程视为对图形作品的创作过程，则由于著作权的限制会使答题卡样式为有限的主体所垄断，从而损害公众利益，因此给予答题卡样式著作权法保护不符合我国著作权保护制度的立法目的。据此，该案的三个主观分答题卡属于通用数表，依照《著作权法》第 5 条第 3 项之规定，不受保护。

四、违禁作品可以获得著作权保护

我国 1991 年的《著作权法》第 4 条曾规定：依法禁止出版、传播的作品，不受本法保护。2010 年经修改，该条规定：著作权人和与著作权有关的权利人行使权利，不得违反宪法和法律，不得损害公共利益。国家对作品的出版、传播依法进行监督管理。

根据现行《著作权法》的规定，违禁作品是可以获得著作权保护的。违禁作品指的是要么存在违反公序良俗或法律禁止性规定的内容，如色情作品、宣扬毒品和犯罪的作品；要么在出版程序上违反了出版方面的法律规定，如未取得版号的出版物、不具有出版资质的主体出版的作品。这两者无论从表达方式上还是独创性上都是满足法律规定的，因此虽然违禁，但并不有损于其著作权。当然，上述作品如果进行出版传播，一定会引发法律责任，轻则承担行政责任，如我国《出版管理条例》第61条规定：未经批准，擅自设立出版物的出版、印刷或者复制、进口单位，或者擅自从事出版物的出版、印刷或者复制、进口、发行业务，假冒出版单位名称或者伪造、假冒报纸、期刊名称出版出版物的，由出版行政主管部门、工商行政管理部门依照法定职权予以取缔。重则承担刑事责任，构成非法经营罪或制作、贩卖、传播淫秽物品罪。

2010年修改前的《著作权法》第4条的内容实质上与《伯尔尼公约》及我国在TRIPS下作出的承诺有冲突，即作品的保护不得附加任何条件，违禁作品在内容和程序上是否违法的审查实际上给作品的保护增加了条件，美国就此在WTO向中国提起了贸易争端，中国在这一条款上被专家组裁决为败诉，❶ 因此，2010年对《著作权法》第4条就进行了上述修改。

---

❶ 世界贸易组织专家组报告 WT/DS362/R。

第三章　著作权的内容

著作权包含众多具体权利，我国《著作权法》规定了十七种具体权利，这十七种权利并非从著作权制度诞生之初就为法律所确认，而是随着技术、经济和社会生活的不断发展形成的。如最初的著作权内容实际上只有复制权，主要出于图书出版行业的需要。继而，戏剧表演成为18—19世纪普遍的娱乐方式之一，因此表演权为法律所确认。当广播技术被发明出来后，广播权就出现在了著作权内容中。20世纪90年代，当互联网成为现代社会的核心组成后，信息网络传播权也随之被认可。

这十七种权利理论上被分为两类，即著作人格权和著作财产权，著作人格权所保护的利益和作者的人格密切相关，是作者人格的一部分，是作者的"身内之物"。著作财产权则主要涉及作品如何在社会生活和经济生活中被使用，是"身外之物"，直接关乎权利人的经济收益。正因为这样的差异，著作人格权和著作财产权在保护上也存在不同。

首先，两者保护期不同。著作人格权（发表权除外）不受保护期限制，永久受到法律保护，即使作者已经去世，其署名和防止篡改作品的权利依然被保护，此时的保护带有更多的公序良俗色彩。著作财产权则受到保护期的限制，即权利人对自己作品的经济垄断只限于保护期内，他人不经许可不得使用。

其次，根据民事权利的一般原理，人格权具有专属性，不被剥夺、不得转让，因此著作人格权也具有这样的属性，不得转让，专属于作者。相对而言，著作财产权具有财产属性，和其他的有形财产一样，可以转让，也可以设定质押。❶

---

❶　现行《著作权法》第27条、第28条。

第一节　著作人格权

著作人格权也叫精神权利，保护的是著作权人的人格利益。因为作品是作者思想和情感的表达，作者的人格就会包含其中，作品和作者之间有着天然的"血脉"关联。英美法系的著作权规则在最初是不承认著作人格权的，但是随着《伯尔尼公约》影响的扩大，美国和英国相继于20世纪80年代末期成为该公约成员，如今，著作人格权普遍被各国认可。如1990年颁布的《美国视觉艺术家权利法》，该法赋予了绘画、雕塑、摄影类作者署名权、保护作品完整权和禁止毁损权。❶ 英国1988年的CDPA也规定了表明身份的权利、禁止贬损作品的权利、禁止冒名的权利和禁止剽窃的权利。❷ 我国《著作权法》规定的著作权人格权包括发表权、署名权、修改权和保护作品完整权。

一、发　表　权

发表权指的是决定是否将作品公之于众的权利，保护的是作者的发表自由。发表权的核心即发表行为，发表行为就是将作品公之于众的行为，那么什么是"公之于众"呢？

首先，作品的发表应当面向不特定的公众，因此作品提供给范围确定的人群不构成发表，如班级活动上的歌舞表演、诗歌朗诵，企事业内部刊发的培训资料等。

其次，行使发表权可以采用出版、展览、表演、广播、网络传播等公开方式，具体由作者自行决定，这些方式又会同时涉及相关著作财产权的行使，这成为作品发表的常态，即作品在出版的同时即构成发表，在公开展览、表演的同时也意味着作品的发表。

最后，发表强调的是公众接触或获得作品的可能性，而并非必须使公众

---

❶　US Visual Art Rights Act 1990 Section 2, 3&4.

❷　UK CDPA 1988 Chapter IV.

接触或得到作品，如上传在微博上的文章，可能没有访问量，但不影响该文章已经通过信息网络传播的方式被置于公开状态。

发表后的作品处于公之于众的事实状态，因此，发表权不存在重复行使或多次发表的情况，如一篇论文经作者上传于公开的网站，又在投稿后刊登于某期刊，两种方式虽然都是发表权行使的具体方式，但只有时间在先的行为构成作品发表，时间在后的仅仅是作品复制、发行或信息网络传播，而不再是发表。从这个意义上说，侵犯发表权的行为实际上只能出现于作品尚未发表的情况下。

发表权的行使以明示发表为原则，默示发表为例外。发表作品必须获得作者的明确同意，不经同意的不得发表。实践中包括投稿行为、图书出版行为、唱片出版行为、影视表演行为，根据基本常识和行业惯例，这些行为均是面向公众的，因此一旦作者投稿，允许出版，允许用于影视、唱片，就表明作者对作品发表的认可。默示发表的情形只有在法律有明确规定的时候才被认可，我国《著作权法》第20条第2款规定：作者将未发表的美术、摄影作品的原件所有权转让给他人，受让人展览该原件不构成对作者发表权的侵犯。这就是默示发表不构成发表权侵权的具体规定。

发表权虽然是作者的一项重要著作人格权，但特殊情况下也会受到限制，限制发表权的主要是肖像权、隐私权等人格权。如电影《秋菊打官司》曾摄入了一位普通人真实的生活镜头，电影上映后，该人作为原告提起诉讼，认为被告北京电影学院青年电影制片厂侵犯自己肖像权，当时法院认为：故事影片创作的纪实手法具有其他艺术表现方式所不同的特点，采取偷拍、暗摄以实现客观纪实效果的需要，也是常用的手法。只要内容健康，符合社会公共准则，不侵害他人合法权益，就不为法律所禁止。因此被使用的肖像不具有独立的经济和艺术价值，该肖像人物就不应享有禁止使用和索要肖像报酬的权利。[1] 但在《民法典》颁布实施后，其中1019条规定：未经肖像权人同意，不得制作、使用、公开肖像权人的肖像，但是法律另有规定的除外。未经肖像权人同意，肖像作品权利人不得以发表、复制、发行、出租、展览等方式使用或者公开肖像权人的肖像。可见肖像权人完全具备合法理由阻止他人在作品中再现自己的肖像。与之相类似，隐私权、名誉权等人格权也可成

---

[1] 贾某某诉北京电影学院青年电影制片厂侵害肖像权案，北京市海淀区人民法院（1993）海民初字第3991号民事判决书，北京市第一中级人民法院（1995）中民终字第797号民事裁定书。

为限制作品发表的合法理由。另外，如果作品中包含他人的商业秘密，作品一经发布会构成非法披露商业秘密的侵权行为，商业秘密持有人也可以据此限制作品的发表。

二、署名权

署名权是表明作者身份，在作品上署名的权利。作者可以在作品上署本名，也可以署笔名、艺名、网名，甚至可以不署名。不署名意味着作者不愿向公众披露真实身份，依然是作者的一种人格自由。

关于署名方式和顺序，实践中，"×××著""×××译""×××编""×××绘"都是常见的署名方式。作为例外，也存在遵循行业惯例等不适合署名的情况，因此有些作品可能不予署名，如带花样的餐具、图形商标、服装上的图案，一般不署名，因其符合公认的社会习惯，不构成侵犯署名权。

当一部作品存在多个作者时，署名顺序往往成为一个问题，一般来说，署名顺序的争议不视为侵犯作者的署名权，但也需要合理处理。《最高人民法院关于审理著作权民事纠纷案件适用法律若干问题的解释》（法释〔2022〕31号）第11条规定，"因作品署名顺序发生的纠纷，人民法院按照下列原则处理：有约定的按约定确定署名顺序；没有约定的，可以按照创作作品付出的劳动、作品排列、作者姓氏笔画等确定署名顺序"。例如，对于学术类作品，学术贡献大的人往往为第一作者，顺次排列。

侵害署名权的行为主要包括应当为作者署名而不署名、未进行创作而在他人作品上署名等。

案例研讨

吴某某诉朵云轩案[*]

基本案情： 被告朵云轩拍卖的一幅画作《毛泽东肖像》署名原告吴某某

---

* 吴某某诉上海朵云轩、香港永成古玩拍卖有限公司著作权案，上海市第二中级人民法院（1994）沪中民（知）初字第109号民事判决书，上海市高级人民法院（1995）沪高民终（知）字第48号民事判决书，https：//www.chinacourt.org/article/detail/2002/09/id/13201.shtml，见该案二审法官的案例评述。

的名字，但原告主张其从未创作过拍卖作品，该拍卖作品最终被认定为赝品。原告认为被告行为构成侵权。

争议焦点： 被告的行为侵犯了原告的何种权利？

司法实务指引： 该案在审判过程中，法院形成了两种观点。一种观点认为，被告的行为侵犯了原告的姓名权。这种观点主要依据是：我国《著作权法》所保护的客体为作品，离开了作品，对作者著作权的保护等于无源之水，无本之木。换言之，凡著作权人主张对著作权保护的，必须先有权利人自己作品的存在，后有对作品的法律保护。该案的原告吴某某既然从未画过《毛泽东肖像》画，何以主张对著作权的保护。持上述观点的人认为，对被告的行为以侵犯姓名权定性为好，追究行为人侵犯公民姓名权的法律责任适宜。另一种观点则认为，我国《著作权法》（1990 年）关于"制作、出售假冒他人署名的美术作品的"行为既包括了制作、出售假冒他人署名的，作者已经完成创作的作品，也包括了出售假冒他人署名的，作者未曾创作过的美术作品。这种观点还认为，我国《著作权法》的立法本意是加强对美术作品的市场管理和画家姓名权的保护，加大打击制作、销售假冒他人署名的美术作品的力度。美术作品最容易被人假冒，同一件美术作品，署上著名画家的姓名就可能价值连城，不署上著名画家的姓名就可能一文不值。画的署名与画的价值联系十分密切。画家的署名权既受到我国《民法通则》❶ 关于"公民享有姓名权，有权决定、使用和依照规定改变自己的姓名，禁止他人干涉、盗用、假冒"规定的保护，又受到我国《著作权法》关于保护公民的署名权，禁止他人制作、出售假冒他人署名的美术作品的规定的保护。这种情况属于法学理论中所称的法条竞合现象。对于法条竞合，可按特别法优于普通法的原则处理，对该案中两被告的行为应依据我国《著作权法》（1990 年）有关规定，被认定为侵害著作权，而不应该依《民法通则》被认定为侵害姓名权。法院认为，公民的署名权受到法律保护，同时法律禁止制作、出售假冒他人署名的美术作品。根据现有证据证明，该案系争的《毛泽东肖像》画，落款非吴某某署名，是一幅假冒吴某某署名的美术作品。两被告在经协议联合主办的拍卖活动中公开拍卖了假冒吴某某亲笔署名的美术作品，共同构成了对吴某某著作权的侵害。

---

❶　该案发生时适用 1986 年《民法通则》，现已废止。

本书认为该案有一定的商榷空间，作品假冒他人之名实质是对他人姓名尤其是名人姓名的巨大声誉利益的利用，这和《著作权法》通过署名权保护作者的创作利益是不同的，两类利益分别属于不同的权利范畴，不能因都和"名"有关就混为一谈。同时，如上述第一种观点所说，署名权是著作权，是因作品创作才能产生的权利，无创作也就无著作权，原告并未创作涉案拍卖作品，哪里来的署名权呢？

《著作权法》第53条第8项虽然规定了"制作、出售假冒他人署名的作品的"应承担法律责任，但该条更注重的是行为导致的公共利益损害，以假充真的美术作品的冒名行为容易使公众上当受骗，直接涉及公共利益，因此《著作权法》将其纳入主要追究行政责任并无不妥，只是应当和署名权所保护的利益区分开来。

实务视角

影视剧编剧署名

影视剧本的创作通常是一个比较复杂的过程，不同于小说、音乐等，影视剧本受多方因素影响，除编剧本身的创作之外，还包括制片方对影视呈现的要求，投资方对影视走向的要求，有时还要考虑市场变化和文化政策变化，同时创作工作量较大，创作周期通常较长且受制于影视制作周期。因此在影视剧本创作领域，其往往出现多名编剧、变更编剧、编剧分工和编剧贡献等问题，导致影视剧的编剧署名权纠纷较易发生。

一、署名为总编剧、编剧、原创编剧等名目是否合法的问题

影视剧本基本上是因为拍摄需求而被创作出来，因此实践中一般采取的是委托创作剧本的方式，影视剧的制作者委托一位或多位编剧，双方签订委托创作合同或剧本创作协议，既对剧本创作和报酬进行约定，也对剧本著作权进行约定，其中就包括署名的问题。以下是几个相关案例中的委托创作合同条款（均为部分内容）。

例1：《剧本创作合同》约定：花儿影视公司聘任蒋某某担任电视剧《芈月传》编剧。蒋某某在担任该作品编剧期间，有关该作品或同该作品电视剧剧本相关联的一切创作和智力劳动成果的著作权归花儿影视公司所有。花儿

影视公司拥有将本电视剧作品改编为电影的权利，但该作品系蒋某某原创小说（还未出版）改编剧本，蒋某某仍享有原小说的发表和出版权利，蒋某某已保证不在网络上发布。蒋某某作为该剧编剧享有在该电视剧片头中编剧的署名权。蒋某某应依照花儿影视公司对该作品的时间和艺术质量的要求提交各项工作成果，若经修改仍不能达到花儿影视公司要求，花儿影视公司有权在双方解除本合同之后或本合同继续履行时聘请其他剧本创作人员在蒋某某已完成的剧本基础上进行修改，但蒋某某仍享有《芈月传》一剧在电视剧片头中编剧之一的署名权，但排序由花儿影视公司定夺。花儿影视公司根据该作品使用需要，有权决定以下行为：（1）该作品剧本解释权、修改权、终审权、使用权；（2）对作品进行任何符合花儿影视公司操作需要的修改、变动。蒋某某在规定时间内将剧本稿的电子文本交付花儿影视公司。双方商定，该作品编剧稿酬为每集 35 000 元整（含税），共 50 集，如果实际播出超集数，花儿影视公司保证按每集 35 000 元整付给蒋某某酬金。

例 2：《版权购买及剧本创作协议书》约定：鉴于甲方诚约乙方完成三十集电视连续剧《风筝》一事，现就甲方购买该剧本完整版权及聘请乙方对该剧剧本创作事宜特别签署本协议。

（1）版权归属自本协议签署之日起，该剧本所包含和涉及的所有内容（包括但不限于文字、情节、戏剧结构、语言对白、人物形象经历、乙方为创作该剧本而准备或撰写的故事梗概、分集大纲等）的著作权和改编权，以及与该剧本相关的一切权利即刻归属于甲方所有。

（2）剧本创作第 3 条：如乙方提交剧本未达到拍摄水平，甲方须向乙方提出书面再修改的决定并尽量详细地给予修改意见。同时双方协商剧本完成时间，甲方确定同意后乙方执行。第 7 条：在甲方审核乙方创作的该剧剧本全部通过后，视同乙方已经完成本协议规定之义务。在开机拍摄的过程中，遇到有需要修改剧本的情况，乙方须积极配合。

（3）酬金第 1 条：在乙方遵守和履行本协议的各项条款责任情况下按下列方式支付乙方酬金：每集酬金人民币一万元整，共计三十集。全部酬金共计人民币三十万元整。第 2 条：此酬金包括了该剧本全部剧本创作、修改剧本等全部工作的酬金。

（5）甲方的权利和义务第 5 条：甲方如发现乙方无力完成任务，甲方有权另聘编剧，有权决定编剧是否署名，原著署名权为乙方。第 6 条：甲方须肯定并在任何情况下保留乙方为该剧编剧的署名。

（6）乙方的权利和义务第3条：乙方在该剧片头片尾、发行宣传品、海报、印刷品等上均享有编剧署名权。第6条：如因乙方原因导致甲方需要另请编剧，乙方应提出书面解释。涉及署名方式，更动重大情节内容，调换人物关系，更改片名等，甲乙双方应充分协商，最终由甲方决策。

（10）本协议一式两份，甲、乙双方各执一份，经签署后，本协议立即生效。❶

影视行业实践中，关于是否应署名以及如何署名，存在一个约定自治范畴和法定范畴的问题。署名权属于著作权，而著作权是基于创作事实而产生的，因此是否享有署名权的基础有且只有一个：是否进行了实际创作。有的合同可能会约定署名为某一人，但如果该主体并未实际参与创作，其并不会因为签订了剧本创作合同而享有署名权。在林某诉浙江东阳龙锦宸影视传媒有限公司等侵害作品署名权纠纷案（以下简称"《风筝》案"）中即存在这一认定，案外人秦某虽然和被告影视公司签订了《风筝》一剧剧本创作协议，但没有证据表明其实际参与了创作，而是由其配偶林某（该案原告）进行的剧本创作，法院认定林某享有署名权，被告未予署名侵犯了林某的署名权。❷ 可见署名权的取得不是可以通过自治约定确认的。

就署名问题，合同能够自治约定的主要是署名的方式和顺序，包括署真名还是笔名，署名为总编剧、原创编剧等，以及各编剧出现的次序和位置。在李某某与王某某侵害作品署名权纠纷再审案中，最高人民法院就编剧署名问题亦作出了类似的说理："法律并不排除当事人根据创作的具体情况对剧本作者身份的称谓作出约定。当出现非著作权规范意义上的署名时，判断其是否具有著作权法署名的意义，则应当按照著作权法的规定，按照是否属于著作权法上的作者予以判断。如在多剧集或者故事各自独立的系列剧中，存在总编剧、总策划、文学统筹等多种称谓。在本案中，同时存在编剧和总编剧的署名。从本质上说，总编剧应属编剧之义。'总编剧'与'编剧'表述

---

❶ 林某诉浙江东阳龙锦宸影视传媒有限公司等侵害作品署名权纠纷案，北京市东城区人民法院（2018）京0101民初13106号民事判决书。

❷ 林某诉浙江东阳龙锦宸影视传媒有限公司等侵害作品署名权纠纷案，北京市东城区人民法院（2018）京0101民初13106号民事判决书，北京知识产权法院（2020）京73民终545号民事判决书，北京市高级人民法院（2021）京民申7608号民事裁定书。

上虽有差异，但所体现的仅是作者在剧本创作过程中的参与方式、角色分工、所起作用的不同，编剧是指创作具体剧集的作者，总编剧是对全部剧集付出独创性劳动的人。总编剧和编剧能够与导演、摄影、作词、作曲等其他身份明确区分，能够表明剧本创作者的身份，是具有著作权法意义的署名。任何人署名为总编剧或编剧，必须符合著作权法上对作者的要求。"❶

二、更换编剧、编剧分工和实际贡献的问题

实践中，影视剧拍摄会因为各种原因更换编剧，前后编剧如何署名，以及是否需要为最初的编剧署名，就应通过原剧本和新剧本、拍摄成品影视剧的情节对比来加以确定。最初编剧的剧本情节如果也为后续剧本和影视剧所采纳，即使影视剧制作者出于种种原因解除了和该编剧的合同，也应该为其署名，正如前文所述，编剧身份的获得、署名权的取得是建立在创作了剧本的基础上的，除非最初剧本被全盘推翻，制作者和后来的编剧另起炉灶。

如《芈月传》剧本署名权纠纷案❷（以下简称"《芈月传》案"）中，制片方先后聘请蒋某某（该案原告）、慕某、张某、王某某（几位编剧创作的时间均有重叠）为涉案电视剧剧本编剧。原告蒋某某最初创作了该电视剧53集的剧本，但被告认为剧本内容不符合拍摄需求，最终又聘请被告王某某对初始剧本进行修改，改为50集剧本，前后两版剧本经对比，基本相同比例为23.5%，重大修改比例为28.2%，完全不同比例为48.3%。对于蒋某某和王某某的编剧地位、顺序和创作贡献，一二审法院和再审法院观点比较一致，认定：在《芈月传》电视剧剧本创作过程中，王某某和蒋某某均付出大量创作劳动，对剧本的最终完成发挥重要作用。在二者付出的劳动和发挥的作用不存在悬殊差异的情况下，花儿影视公司确定王某某为《芈月传》电视剧剧本的第一作者，并没有违反上述合同约定。蒋某某主张花儿影视公司和王某某在《芈月传》电视剧相关的媒体和材料中使用"王某某、蒋某某"的署名排序，侵害其作为第一作者的署名权，法院不予支持。在电视剧剧本创作中，制片方根据实际情况，依照合同约定，组织二名以上编剧参与共同创作，此种做法有利于聚合创作智慧，提高创作效率和质量。二人以上参与共同创作

❶ 李某某与王某某侵害作品署名权纠纷再审案，最高人民法院（2019）最高法民申2023号民事裁定书。

❷ 蒋某某与王某某、东阳市乐视花儿影视文化有限公司侵害著作权纠纷，温州市中级人民法院（2017）浙03民终351号民事判决书、浙江省高级人民法院（2018）浙民申2302号民事裁定书。

时，每位编剧所发挥的作用各有不同。制片方在电视剧作品上为编剧署名时冠以特定的称谓（如该案的"总编剧""原创编剧"等）以体现每位编剧不同的分工和作用，这种做法本身并没有被著作权法或其他法律所禁止。在不违背善良风俗，不侵害国家利益、公共利益和他人合法权益的情况下，制片方可以实施上述行为。故花儿影视公司为王某某署名时冠以"总编剧"称谓的行为本身并不违法。从《芈月传》电视剧剧本的整个创作过程来看，王某某客观上发挥了指导性、全局性作用。花儿影视公司为王某某署名时冠以"总编剧"称谓，与其工作性质和发挥的作用匹配，并无不当。同时，花儿影视公司根据约定为蒋某某以"原创编剧"称谓进行署名，客观反映了蒋某某在《芈月传》电视剧剧本创作中本源性、开创性的作用。根据文意理解，"总编剧"和"原创编剧"称谓反映不同编剧在创作中的工作性质和分工侧重，二者并不存在明显的优劣之分。况且，也没有证据表明，在剧本创作领域存在总编剧必然比其他编剧对作品的贡献更高、地位更显著的标准或者惯例。

在《特勤精英》署名权纠纷案❶中，原告姜某主张其应获得编剧身份，被告在电视剧上未给其署名为编剧侵害了其署名权，被告则认为原告只是进行了剧本统筹的工作，并没有进行剧本创作。根据法院认定的事实，原告在和被告方导演、制片及其他编剧的邮件中对于相应剧本情节进行了修改，修改后的情节亦出现在电视剧中，法院认为原告实质性地从事了剧本创作，被告未为其署名的行为侵害了原告的署名权。

在《十指连心》署名权纠纷案❷中，原告吴某某在创作了前二十集剧本后，被告以剧本有质量问题且修改也不符合要求为由更换了其他编剧，最终在电视剧上没有给原告署名。法院经对比认为：苍狼公司最终拍摄的《十指连心》剧本中采用了吴某某独创性的智力劳动成果。此外，双方亦认可苍狼公司最终拍摄的《十指连心》电视剧中的部分桥段和台词与吴某某交付的前二十集剧本中的桥段和台词相似。据此认定原告参与了创作，是涉案电视剧剧本的作者之一。至于剧本质量问题和编剧署名权是两个不同的法律关系，

---

❶ 姜某与好年景（北京）文化传媒有限公司等侵害作品署名权纠纷，北京市朝阳区人民法院（2021）京 0105 民初 73556 号民事判决书。

❷ 北京苍狼天下影视制作有限公司与吴某某侵害作品署名权纠纷案，北京市第三人民法院（2014）三中民终字第 09689 号民事判决书。

即便吴某某交付的剧本确实存在质量问题，但只要苍狼公司在最终的剧本中采用了其独创性的表达，苍狼公司亦负有为吴某某署名的法律义务。

在《二胎》署名权纠纷案❶中，原告吴某某创作了涉案电视剧21~35集的剧本后，被告制片方更换了编剧，在电视剧《二胎》片头未给原告署名，原告认为被告侵害了自己的署名权。法院对吴某某所主张的内容是否构成其作品的特有表达，以及涉案电视剧中对应的内容是否与其构成实质性的相似进行了对比，认为电视剧《二胎》与吴某某创作的《双独家庭的奢侈品》剧本第11集之后的内容在场景安排、剧情展开、人物对白等方面均有显著差异。故吴某某剧本内容与涉案电视剧《二胎》相关内容并不构成实质性相似，电视剧《二胎》并未使用吴某某剧本内容。原告称涉案电视剧《二胎》侵害其署名权，依据不足，不予支持。

上述案件均表明，实质的创作是编剧署名权获得的依据，对于制片方来说，只要拍摄电视剧用到了编剧的创作内容，就应当履行署名义务，反之，可以不为其署名。署名义务的实现不受相关编剧合同解除、终止或劳动关系变更的影响，不受是否更换编剧、引入其他新编剧的影响。

三、署名权的具体载体问题

在履行署名义务时，究竟应在何种载体上为编剧署名才算合法履行署名义务？署名权因作品而产生，因此，署名权也必须借助作品来实现。在影视行业实践中，作品即影视剧本身，不论是通过电视台、影剧院、流媒体播放，还是发行DVD等复制品，在影视剧上为编剧署名才算完成署名义务，具体是置于片头还是片尾，可以依从行业惯例。

另外，在影视剧作品之外的载体上署名是否仍属于署名权行使的范畴？这里其他载体主要包括影视剧备案信息、宣传视频、片花、海报、预告等。在《芈月传》剧本署名权纠纷案中，一二审法院均指出作品是作者享有署名权的前提和载体，离开作品，就不存在著作权法意义上署名权的侵害。为宣传电视剧而制作的海报、片花并非作品本身，不具备全面传达该作品相关信息的功能，其用途类似于广告，需要在有限时间、空间内快速吸引公众的注意力，故海报、片花中通常会载明作品中最精彩、最引人关注的要素，比如

---

❶　吴某某与幸福蓝海影视文化集团股份有限公司北京广告分公司等侵害作品署名权纠纷，北京市朝阳区人民法院（2014）朝民（知）初字第40314号民事判决书。

强大的演员阵容、著名的导演、出品单位、精彩画面等，而编剧署名显然不构成海报、片花的必备要素。与前述海报、片花上的署名行为类似，新闻发布会、优秀作品申报书上的编剧介绍信息也并非署名权的载体。花儿影视公司已经在电视剧片头、DVD 出版物、部分海报上载明"本剧根据蒋某某同名小说改编"、署名蒋某某编剧身份，客观上足以使公众知悉蒋某某的作者身份。故未在《芈月传》电视剧部分海报、片花上载明原告编剧身份，并不侵害其署名权❶。据此，虽然影视剧的宣传资料、海报、片花、预告等并非署名权的有效载体，但如果编剧对此有要求，可以和影视制作者通过合同协商确定。

三、修 改 权

修改权是修改或者授权他人修改作品的权利。修改行为主要针对的是作品实质表达，而对作品个别字词的修饰、润色和删改不在此限，因此投稿、出版的作品经常由编辑作字词的删减，不属于侵犯修改权。而作品的实质表达在创作完成后即已经固定，是作者个性化选择的结果，因此，未经许可修改实质表达会损害作者的表达自由。《著作权法》第 36 条第 2 款规定：报社、期刊社可以对作品作文字性修改、删节。对内容的修改，应当经作者许可。

在"《邓小平理论辞典》著作权侵权案"中，被告出版社和原告李某某签订了图书出版合同以出版李某某主编的《邓小平理论辞典》，出版后双方产生纠纷，原告的诉讼请求之一是：其中的一个版本存在文字错误，因此侵害了其修改权。法院认为，文字错误虽属事实，但均属于没有充分校对及排版印刷方面的问题，并非有意修改或者歪曲篡改作者的作品，不属于侵犯作者修改权和保护作品完整权的情形，因此李某某关于侵犯其修改权、保护作品完整权的主张不能成立。❷ 该案中被告出版社虽然改动了作品中的文字，但并不涉及作品的实质表达，因此不属于修改权禁止的范畴。

---

❶ 蒋某某与王某某、东阳市乐视花儿影视文化有限公司侵害著作权纠纷，温州市中级人民法院（2017）浙 03 民终 351 号民事判决书。

❷ 李某某诉中国文史出版社侵犯著作权纠纷再审案，最高人民法院（2010）民提字第 117 号民事判决书。

判断文字性修改和实质表达修改的基本界限，应对涉案作品的整体内容综合判断，在"《如何判断房价是否合理》著作权纠纷案"中，原告丁某向被告报社投稿了《如何判断房价是否合理》一文，被告刊登时删除了其中的一句话："根据这一基本方法我们可以判断，当前的房价是不正常的，至少可以认定是偏离了正常合理的价值。"对于删除该句话是否属于文字性修改，法院认为应结合该篇文章的结构、主题思想、文字表述进行判断，如果删除之后影响了作品主题和结构的完整性，属于侵权，反之则不侵犯修改权[1]。

修改权还包含了对作者修改自由的保护，尤其是当作者想要修改作品而遇到障碍的时候。例如，当作品原件或复制件销售、拍卖或转赠他人时，此时修改作品可能会遇到作品原件合法所有人不予同意的情况，这种情况目前在我国尚属少见，但在国外则有发生，尤其是在作者改变了自己看法从而自己认为作品不应继续传播时。为实现作者的这类诉求，大陆法系的一些国家规定了一种和我国修改权有所类似的著作人格权：作品收回权。如《德国著作权法》第 42 条规定："因观点改变而引起的收回权：

（1）如果著作人认为著作不符合其观点并且不能继续被使用，则可收回所有人的用益权。著作人的权利继承人（第 30 条）在声明收回时必须证明著作人生前曾有权收回并在声明收回时受到阻碍或在遗嘱中作出此声明。

（2）收回权不可事先放弃。不可排除对该项权利的行使。

（3）著作人应适当赔偿用益权所有人的损失。赔偿至少应等于用益权所有人至收回权声明发出时为止支出的，费用；然而对于为已取得的使用而支出的费用不予考虑。只有当著作人作出赔偿或为此作出保证，收回才有效。用益权所有人必须在收回声明发出 3 个月内将费用数目通知著作人；如不履行这项义务，期满后收回即生效。

（4）如果著作人在收回之后又想使用该著作，则有义务以适当条件向前用益权所有人提供相应的用益权。"[2]

《法国知识产权法典》第 L121 - 4 条规定："如果作者没有对因其行使收回权而可能遭受损失的著作财产权受让人进行补偿，则不得行使此项

---

[1] 丁某某与无锡日报社著作人身权侵权纠纷上诉案，江苏省高级人民法院（2005）苏民三终字第 0123 号民事判决书。

[2] 条文见 WIPO Lex 数据库：https：//wipolex. wipo. int/zh/legislation/details/17676.

权利。"❶

我国《计算机软件保护条例》第8条第3项规定了计算机软件的修改权，指的是对软件进行增补、删节，或者改变指令、语句顺序的权利。其实质和其他类型作品的修改权是一致的，禁止他人对既定的程序语句加以变动。但计算机软件修改权还受到一定的限制，《计算机软件保护条例》第16条第3项规定：为了把该软件用于实际的计算机应用环境或者改进其功能、性能而进行必要的修改是软件合法用户的权利，但不得向任何第三方提供修改后的软件。

四、保护作品完整权

保护作品完整权是保护作品不受歪曲、篡改的权利。作品中包含了作者的思想和情感，一旦作品被非法改动或利用，作者借助作品呈现出来的思想情感就会受到影响，因此，保护作品完整权禁止以修改、改编或其他利用方式歪曲、贬损作品，是对作者人格尊严和作品完整性的保护。《伯尔尼公约》第6条之二规定：不依赖于作者的经济权利，乃至在经济权利转让之后，作者均有权声称自己系作品的原作者，并有权反对任何有损作者声誉的歪曲、篡改或者其他改动或者贬抑其作品的行为。可见，保护作品完整权重点在于对作者声誉的维护，这是保护作品完整权和修改权的第一个不同之处。

第二个不同之处在于，修改权禁止擅自在原作基础之上进行改动，但保护作品完整权还禁止以其他的利用方式对作品的篡改。如在影视改编过程中，影视剧可能会构成对小说原作保护作品完整权的侵害。我国《著作权法实施条例》第10条规定：著作权人许可他人将其作品摄制成电影作品和以类似摄制电影的方法创作的作品的，视为已同意对其作品进行必要的改动，但是这种改动不得歪曲篡改原作品。在"九层妖塔著作权纠纷案"❷中，被告获得系列小说《鬼吹灯》的改编权和摄制权，因此拍摄了电影《九层妖塔》，小说作者即原告张某某认为涉案电影对小说篡改严重，在人物设置、故事情节等方面均与涉案小说差别巨大，侵犯了其保护作品完整权。该案被告并非在

---

❶ 条文见 WIPO Lex 数据库：https：//wipolex. wipo. int/zh/legislation/details/19324.
❷ 张某某诉中国电影股份有限公司等著作权侵权纠纷，北京知识产权法院（2016）京73民终587号民事判决书。

原作小说上进行改动，而是另外创作出了电影作品，该案最终认定被告在创作电影作品的过程中歪曲了小说，构成侵犯保护作品完整权。

因为保护作品完整权保护的是作者的人格尊严，因此判定侵权的标准中就会包含作者的人格尊严是否遭到毁损的认定，需要注意的是，因为人格尊严本身也受到其他民事人格权的保护，包括一般人格权和名誉权，因此，在著作权体系下保护作者的人格尊严就必须和作品联系起来，而不能孤立地考量作者自身的声誉，即应当认定作品中所呈现出来的思想或观点是否歪曲了原作者的思想或观点。在"九层妖塔著作权纠纷案"❶ 中，二审法院建立了三个考量因素：一是审查电影与原作品创作意图、题材是否一致；二是审查电影对原作品的主要情节、背景设定和人物关系的改动是否属于必要；三是结合社会公众对作品改动的整体评价进行综合考量。涉案电影引入了外星文明这一全新设定，男女主角成为拥有一定特异功能的外星人后裔，这既改变了作品的题材，严重违背了作者在原作品中的基础设定，实质上改变了作者在原作中的思想观点，又使社会公众对涉案小说产生误解，即认为涉案小说存在地球人反抗外星文明、主人公具有超能力等内容，足以构成歪曲篡改。社会公众对于涉案电影的评论虽然没有针对涉案小说，但已经足以证明涉案小说作者的声誉因为涉案电影的改编而遭到贬损。据此，法院认定被告侵犯了原告的保护作品完整权。

另外，需要注意的是，计算机软件没有被法律赋予保护作品完整权。

第二节　著作财产权

我国的著作财产权采用的是"小权利"模式，规定的权利种类较为具体，一共十二种，另外加上一个兜底条款"应当由著作权人享有的其他权利"。这十二种权利大体上可分为三类：

第一类是和作品有形物质载体有关的权利，包括复制权、发行权、出租

---

❶　张某某诉中国电影股份有限公司等著作权侵权纠纷，北京知识产权法院（2016）京 73 民终 587 号民事判决书。

权和展览权。

第二类无关作品的物质载体，是以不同方式向公众传播作品而形成的权利，包括表演权、放映权、广播权和信息网络传播权。

第三类是和作品再次创作有关的权利，即演绎，包括摄制权、改编权、翻译权和汇编权。

有些国家著作权权利内容采用的是较为框架化的规定方式，如《美国版权法》在著作财产权中只规定了复制权、发行权、演绎权、公开展示权、表演权这五种权利❶。权利的多寡并不反映保护水平的差异，框架化的方式可以帮助法院将具体行为解释进相应的权利之中。

著作权财产权最重要的意义在于排他，即禁止他人擅自以法律规定的这些方式利用作品，判断核心就在于理解上述十二种法定权利的具体含义。

一、复 制 权

复制权是以印刷、复印、拓印、录音、录像、翻录、翻拍、数字化等方式将作品制作一份或者多份的权利。首先，印刷、复印、拓印、录音、录像、翻录、翻拍、数字化等方式的共同特征就是原样再现作品，原作和复制之后的作品并无实质区别，如果存在实质区别，那么就不是复制行为，而可能是改编行为了。因此，复制行为可以说就是作品的再现行为。

其次，上述再现作品的方式还有一个共同特征，就是离不开物质载体，作品需要借助有形的物质载体加以再现，才能形成复制件，物质载体之间的区别不影响作品本身，均是作品的复制件。

因此，复制权的实质就是在有形物质载体上再现作品的权利。再现所形成的复制件无论多寡，均属于复制权控制的范畴。

复制包括多种方式，《伯尔尼公约》第 9 条规定：受本公约保护的文学艺术作品的作者，享有授权以任何方式和采取任何形式复制这些作品的专有权利。

---

❶ US. Code 17. 106.

（一）无载体到有载体的复制

作品是一种智力成果，属于无体物，但作品往往离不开有形的物质载体，多数作品在创作之时就需要物质载体，也有些作品并不需要，典型的如口述作品就是无载体的作品，但口述作品如果需要传播，依然离不开有形载体，将口述作品进行速记或录制，就是其在有形载体上再现的过程，是口述作品从无载体到有载体的复制。

（二）平面到平面的复制

复制权概念中所列举的印刷、复印、拓印均是平面到平面的复制，是最常见的复制方式，这里的平面指的是常识意义上的平面，而不考虑纸张、布料、墙面等平面在物理意义上的厚度。

（三）平面到立体的复制

原作品是平面作品时，也可以立体的方式进行复制，如漫画形象被制作成手办、公仔等玩具，虽然立体复制后的玩具多出了厚度，但如果和平面原作呈现出实质相同的表达，就意味着原作和立体复制件中的美学元素没有区别，那么就依然是原作的再现，属于对平面原作的复制。

立体复制后多出的厚度指的也是常识意义上占据了物理空间。目前流行的 3D 动画、3D 建模，虽然在视觉观感上使得美术作品呈现出"立体感"，但并没有在事实上占据物理空间的"厚度"，因此不属于立体复制的情形。

案例研讨

《熊大》等美术作品侵权案*

基本案情： 深圳华强数字动漫有限公司（以下简称"华强公司"）对其职务作品《熊大》（1 幅）及《熊大》（12 幅）、《熊二》（1 幅）及《熊二》

---

* 深圳市盟世奇文化产业有限公司与广东高乐玩具股份有限公司著作权纠纷案，广东省深圳市福田区人民法院（2015）深福法知民初字第 68 号民事判决书，广东省高级人民法院（2017）粤民再431 号民事判决书。

（12幅）进行了著作权登记，上述作品均为《熊出没》等动画片中的卡通人物造型图。华强公司授权原告盟世奇公司在毛绒玩具商品上使用上述作品形象以及生产经营（包括但不限于制造、销售、分销等）带有上述形象的毛绒玩具商品，盟世奇公司可以进行再授权及有转委托权。被告高乐公司生产了毛绒熊玩具，并销售给华润万家公司，在其各门店售卖。原告认为涉案毛绒熊玩具和"熊大""熊二"基本特征一致，仅细节有所不同，被告行为侵害了其对涉案作品的复制权和发行权，应承担停止侵权和损害赔偿的责任。被告认为毛绒熊和原告作品不相似。

争议焦点： 涉案毛绒熊和原告主张保护的作品是否属于同一作品从而侵害了原告的复制权和发行权。

司法实务指引： 法院认为，虽然涉案美术作品《熊大》（1幅）及《熊大》（12幅）、《熊二》（1幅）及《熊二》（12幅）是平面图形，被诉侵权商品是毛绒玩具，属于立体物，但是被诉侵权商品并未改变涉案美术作品"熊大""熊二"的基本特征，仅改变了涉案美术作品的载体及空间表现形式，实现了对涉案美术作品从平面到立体的复制，不具有独创性，且被诉侵权商品和涉案作品虽在几处细节略有不同，但在具有创造性和识别性的表情等方面高度相似，故被诉侵权商品不构成新的作品。

（四）立体到立体的复制

雕塑作品、建筑艺术作品原作通常都是立体作品，这类作品可能会被等比例缩小进行原样复制，形成旅游景区常见的冰箱贴、钥匙挂件等产品。在等比例缩小过程中会使用一些技巧，原作的某些细节会被省略，因此立体复制件和原作相比会存在一定差异，但只要原作的主要美学表达在立体复制件能够得到呈现，则依然属于复制，至于复制过程中所使用的技巧，因为没有产生新的、不同于原作的独创性表达，所以一般不认为缩制件构成新作品。

（五）立体到平面的复制

雕塑作品、建筑艺术作品这些立体作品也可能会以平面的形式加以复制，如临摹绘画、摄影、摄像。在这一复制过程中，立体作品的美学元素会在平面上原样呈现，虽然相比三维少了一个维度，但是线条、造型、色彩等特征均没有被实质性改变，因此也构成复制。考虑到上述这些在平面载体上再现雕塑、建筑的行为是社会公众常见的行为，因此《著作权法》出于公共利益平衡的考虑，在第 24 条第 10 项规定：对设置或者陈列在公共场所的艺术作品进行临摹、绘画、摄影、录像可以不经著作权人许可，也不必支付报酬。当然，不处于公共场所的艺术作品的平面化复制依然要获得著作权人的许可。

（六）数字化复制

进入网络时代后，作品均可以数字化的方式在网络中呈现，数字化后的作品虽然在计算机的代码底层表现为"0"和"1"的二进制，但表层上依然是作品的原貌呈现，印刷在纸张上的小说，在网页上还是以文字作为表达方式，因此数字化也是复制的一种方式。

在数字化时代，计算机等终端设备为在线即时获取网络上的内容，往往会采用缓存技术，这种技术一般用于 RAM 存储器，存储的是临时数据，计算机等终端设备断电后，存储的内容会消失。缓存能够提高计算机读取数据的效率，因此被广泛采用。缓存所存储的数据是绕不开复制数字化作品这一问题的，如网页上的新闻、小说、图片，网站在线收听、收看的音频、视频，作品经缓存后就会在 RAM 存储器上形成一份复制件，属于复制行为，这种复制较为特殊的就在于其属于临时复制，并不会在终端设备上形成一个永久复制件，那么问题也就在于，这种复制行为是否应该受到复制权的控制，从而使缓存所形成的临时复制行为获得作品著作权人的许可？目前，英美两国的态度是临时复制也属于复制权控制的范畴，但为了避免给网络经济带来影响，又都在法律中为临时复制设置了版权例外。如《英国版权法》规定纯技术目的的临时复制不构成复制权侵权❶；《美国版权法》也基于一定条件为临时复

---

❶ 1988 年《英国版权、设计和专利法》第 3 章第 28 条 A 项规定：除计算机程序、数据库以外，制作临时复制件不侵犯文学作品或者戏剧、音乐、艺术作品、出版版本的排版编排，录音或者电影的版权。只要制作临时复制件是暂时的或者偶然的，是技术过程的一个组成部分和必要部分，其唯一目的是实现：

（a）通过中介在第三方之间的网络传输作品；或

（b）合法使用该作品；

且临时复制件没有独立的经济意义。

制设置了豁免❶。我国著作权法虽然并没有涉及临时复制的条款，但从我国司法实践来看，对于缓存或单纯技术安排形成的临时复制件，一般不认为侵犯复制权。如在"北京中青文化诉百度案"❷中，被告百度公司在移动终端设备中向用户提供搜索服务，通过搜索，可以在线阅读网页端的原告作品，这一搜索功能是采用WAP搜索技术实现的，该技术能够实现网页端数据和手机端数据的格式转换，这个过程通常会产生对原网页内容的临时存储，法院认为：网络用户在浏览完毕后，搜索服务商并不保存临时存储的网页。该情况下，由于临时存储网页不具有独立的经济价值，不构成著作权法上的复制或者向公众提供作品，WAP搜索服务商提供的服务仍然属于搜索、链接服务。但是，如果WAP搜索服务商在WAP搜索服务中并非临时存储网页，而在其服务器中长久保存了相关网页，则仍可能构成提供作品的直接侵权。

二、发　行　权

发行权是以出售或者赠与方式向公众提供作品的原件或者复制件的权利。

出售或赠与都会涉及所有权移转，因此，发行权实质上是向公众移转作品有形载体所有权的行为。通过发行，公众不但获得了作品，也获得了作品有形载体的所有权。著作权人行使发行权既可以通过原件发行实现，也可以进行复制件发行。原件发行的典型行为包括书画等艺术品的拍卖或售卖；复制件发行则更为常见，典型的有图书销售、影视剧DVD销售、公仔等玩具销售。

"发行权一次用尽"是其特有的规则，指的是作品经首次合法发行后，

---

❶ 《美国版权法》第512条b款规定：在以下情况下，如果侵权是因为服务提供商控制或操作的系统或网络对材料进行中间存储，服务提供商不应因侵犯版权而承担金钱赔偿责任，或者，除非在（j）小节中另有规定，不应承担禁令或其他衡平法救济责任：

（A）材料是由服务提供商以外的人在线提供的；

（B）材料是由（A）项所述的人通过系统或网络传输给（A）项所述的人以外的人的，按照该其他人的指示；

（C）存储是通过自动技术过程进行的，目的是使系统或网络的用户能够访问材料，这些用户在材料按照（B）项所述传输后，从（A）项所述的人那里请求访问材料，如果满足第（2）段中规定的条件。

❷ 北京中青文文化传媒有限公司等与侵害作品信息网络传播权纠纷，北京市高级人民法院（2016）京民终247号民事判决书。

作品的再次销售等发行行为不再受发行权控制。作品经发行后购买者会获得作品有形载体的所有权，但作品的著作权不因此发生转移，《著作权法》第20条规定：作品原件所有权的转移，不改变作品著作权的归属。因此，在一部作品上就可能发生作品著作权和其有形载体所有权分属不同主体的情形，当有形载体所有权人想要再次买卖作品原件或复制件时，是否还受到著作权人发行权的控制呢？如果继续将转售、分销等买卖行为纳入发行权控制的行为中，商品自由贸易会受到一定影响，因此就形成了一项知识产权领域特有的制度：权利用尽/权利穷竭。在著作权制度中，该制度被称为"发行权一次用尽"，即作品经首次合法发行后，其有形载体的再次销售不再受到发行权控制，或者说作品的发行权用尽了。当然，作品的其他著作权权利不受影响，如复制权、表演权等财产权并不用尽。"发行权一次用尽"的前提是首次发行必须为合法发行，未经授权首次将他人作品进行发行的不适用发行权一次用尽，而是侵权行为。这一制度较好平衡了权利人的利益和知识产权商品自由流动的需求。我国《著作权法》虽然在条文上没有规定发行权一次用尽的规则，但在实践中是承认的。

案例研讨

《后宫·如懿传》侵权案*

基本案情： 原告吴某某，笔名流潋紫，是小说《后宫·如懿传》的作者及著作权人，原告发现"藏书馆App"未经许可收录了涉案小说，"藏书馆App"由被告简帛图书馆和简帛公司实际运营。被告提供涉案小说的方式为：在其App中的涉案作品页面，可点击"免费借阅"，点击"免费借阅"后，显示"正在免费下载"，下载完成后点击"开始阅读"，可以选择相关章节阅读浏览。原告认为被告行为构成侵权，遂提起诉讼。被告认为在藏书馆App中的借阅行为是一对一的方式，不符合信息网络传播权的要求，应适用发行权的规则，而根据"发行权一次用尽"，在涉案作品有大量的电子书存在的

---

   * 厦门市简帛图书馆、厦门简帛信息科技有限公司侵害作品信息网络传播权纠纷，杭州市中级人民法院（2019）浙01民终9926号民事判决书，浙江省高级人民法院（2020）浙民申4390号民事裁定书。

情况下，应当适用首次销售原则，吴某某作为著作权人无权控制其再次流转。

争议焦点： 该案属于侵害发行权纠纷还是信息网络传播权纠纷？

司法实务指引： 二审法院认为，网络改变了作品的传播方式，公众无须通过转移有形载体就可以获得作品复制件。当网络经营者或网络用户将作品以数字化文件的方式上传至向公众开放的网络服务器时，其他用户就可以通过网络将该数字化文件下载至自己的计算机中，从而获得作品的复制件。这一过程与传统发行行为的最大不同，在于其不会导致作品有形载体在物理上的转移。通过网络传播作品的结果不是原有的数字化文件及其有形载体——硬盘、光盘等脱离网络服务器转移至收件人，而是在网络服务器保有原文件及其载体的情况下，由网络服务器自动制作一份复制件并将其传送至下载者的计算机中。因此，网上传播的结果并非作品有形载体物理空间的变更，而是在新的有形载体上产生了作品复制件，导致复制件在数量上的绝对增加。通过网络向公众传播作品的行为并不能构成"发行"，当然也不受发行权的控制，该案应当系信息网络传播权纠纷。

再审法院持基本相同的观点，具体分析如下：

第一，发行权的实质在于作品有形物质载体所有权的转移，因此当他人购买合法的原件或复制件后，如果仍然赋予著作权人对于该有形物质载体的专有权利，将会导致著作权人能够对有形物质载体的所有权和他人财产的自由流通进行限制，这会损害所有权人的利益，因此发行权适用"一次用尽"原则。该案中，藏书馆 App 将用户上传的作品通过网络进行传播的行为，其实质是在新的有形载体上产生了作品的复制件，不涉及有形物质载体的转移，故不属于发行权的控制范围，而属于信息网络传播权控制的范围，显然不适用发行权"一次用尽"原则。

第二，网络传播作品中，服务器控制的复制行为是一种一次性的、不可持续的行为，而信息网络传播权控制的是一种使公众可以获得作品的持续性状态，因此信息网络传播权可以吸收前述服务器一次性的复制行为，只要是通过网络向公众提供作品，使公众在指定的时间和地点获得作品的行为，均可以被信息网络传播权所涵盖。该案中，无论藏书馆 App 采用何种技术手段将涉案作品进行存储，均不影响对于其通过网络向公众提供作品的被诉侵权行为属于信息网络传播权控制范围的判断。

第三，信息网络传播权中的公众并不是指所有的社会公众，而是指排除了家庭成员和经常交往的朋友圈子后的不特定的多数人，故藏书馆 App 能实现一对一借阅功能并不意味着公众不能获取，仍属于使不特定的多数人可以通过该 App 获得作品。

因此，该案中，藏书馆 App 未经涉案作品著作权人吴某某许可，通过网络传播涉案作品，使该 App 的使用者可以自行选择时间登录服务器，随意选择计算机终端阅读涉案作品的行为，侵害了吴某某的信息网络传播权。

三、出　租　权

出租权是有偿许可他人临时使用视听作品、计算机软件的原件或者复制件的权利，计算机软件不是出租的主要标的的除外。

能行使出租权的作品只有两种类型，即视听作品和计算机软件，其他类型的作品无此项权利。

出租权标的指向的不是作品这个无体物，而是作品的有形载体，即所谓的"租光盘"。这涉及和作品有关的一种商业模式，即影视磁带/光盘租赁业务。欧美等国家和地区从录制和留声技术诞生开始，就出现了影视租赁业务，唱片、影碟可以通过租赁的方式获得，由消费者租回家欣赏，这种商业模式至今仍在英、美、日等国家存续，是影视作品传播的一个重要渠道。出租权正是因此而产生。但是，我国的情况有所不同，在我国，影视音像租赁行业曾经在 20 世纪 90 年代中期至 2000 年初短暂出现过，但随着互联网在同一时期的不断普及，这一商业模式如今早已消失，不再是影视音像传播的主流模式。因此，出租权在我国的实践意义不大，当然，作为《世界知识产权组织版权公约》的成员，出租权是必须在我国法律中加以规定的，否则会在保护外国人作品出租权问题上违反国际义务。

四、展　览　权

展览权是公开陈列美术作品、摄影作品的原件或者复制件的权利。

美术作品和摄影作品可以通过展览行为使公众接触到作品并欣赏作品全貌，展览是这两类作品尤其是作品原件最重要的传播方式，直接关系美术作品和摄影作品著作权人的经济收益以及社会影响，因此《著作权法》为其规定了展览权。理论上其他有关类型的作品虽然也能展览，但通常不会对作品经济价值产生影响，如馆藏机构也会对书信、书籍等文字作品陈列展览，但这种展览难以使公众完整地接触到作品全貌；建筑作品置于室外空间也具有展览性质，但这本身就是建筑作品的存在方式，因此展览权对于美术作品和摄影作品而言更具有法律意义。

只要满足公开要件，展览权行使的方式不受室内或室外的场所制约，美术馆等馆藏机构属于室内展览的方式，雕塑作品则可能陈列于公园、广场等露天的城市空间；除原件展览外，复制件也可以进行展览，如电影海报、平面广告等都涉及作品复制件的展览。

展览权和作品的有形载体有关，这就会产生当作品原件所有权转移时，著作权人和所有权人谁有权进行展览的问题。《著作权法》第20条规定：作品原件所有权的转移，不改变作品著作权的归属，但美术、摄影作品原件的展览权由原件所有人享有。可见，展览权在作品原件所有权转移时也会随之转移，否则，美术、摄影作品原件的买受人将会受到著作权人的制约而无法展览作品，而丧失了原件的美术、摄影作品著作权人客观上也无法进行展览。

随着网络经济的发展，很多具有展览价值的美术和摄影作品经数字化后还可以通过网络在线"展览"，这种展览方式是否受展览权控制呢？因为我国著作权权利内容采用小权利模式，著作财产权中专门规定了通过信息网络提供各类作品的权利，即信息网络传播权，因此，网上"展览"不属于展览权的范畴，美术和摄影作品通过网络在线展示的，应属信息网络传播权控制的范畴。

五、表 演 权

表演权是公开表演作品，以及用各种手段公开播送作品的表演的权利。

表演权和展览权类似，也要满足公开要件，因此特定范围内的、非公众性的表演活动不受表演权控制。

根据表演权的界定，表演权控制的行为包括现场表演行为和机械表演行为。

现场表演即人的"活表演"，如剧场相声、话剧、京剧、歌舞剧、演唱会等均属于现场表演方式。因此在这类演出现场表演他人作品必须获得著作权人的许可。

机械表演指的是用各种手段公开播送作品的表演的行为，即"活表演"被录制或拍摄后，通过机器设备进行公开播放。如音乐作品被录制成歌曲后在商场、酒吧、舞厅、餐馆等公开场所播放，这类行为受表演权的控制。在"中国音乐著作权协会诉达芙妮著作权侵权案"中，被告在达芙妮某专卖店中播放《好心情》《中国话》等歌曲，但未经原告许可，也没有向原告支付使用费，即侵犯了原告的表演权。❶

案例研讨

KTV 点唱侵权案*

基本案情：原告王某某为我国"西部歌王"王某宾之子，在王某宾去世后继承了其歌曲的全部著作权。被告新世纪娱乐公司经营嘉乐迪会所，主要为 KTV 包厢娱乐、定型包装食品的销售。原告发现被告的"嘉乐迪"卡拉OK 歌舞厅中可以通过歌曲点播系统，点播原告享有著作权的《在那遥远的地方》等 22 首涉案歌曲。原告认为被告行为未经许可侵害了其对涉案歌曲享有的表演权。被告认为其在歌厅内播放涉案歌曲的行为未侵犯王某某对涉案作品享有的表演权，我国《著作权法》未规定机械表演这种形式的表演权。

争议焦点：涉案行为是否属于表演权控制的行为？

司法实务指引：一审法院认为，无论表演有无营利目的，只要是公开的，都属于著作权法所指的表演。表演的形式分别为两种：第一，指直接演唱歌曲、演奏乐曲、上演剧本或朗诵诗词等形式的现场公开表演；第二，指借助技术设备公开播送、放映录音或录像制品等形式的公开表演，也称机械表演。以机械表演的形式公开表演受著作权保护的作品，使用者应该事先取得著作权人或者著作权集体管理机构的许可，并且支付相应的报酬。嘉乐迪

---

❶ 中国音乐著作权协会与达芙妮投资（集团）有限公司、达芙妮投资（集团）有限公司上海分公司著作权侵权案，上海市杨浦区人民法院（2014）杨民三（知）初字第 21 号、第 22 号民事判决书。

* 王某某与镇江市新世纪娱乐有限公司嘉乐迪音乐会所著作侵权纠纷，江苏省高级人民法院（2011）苏知民终字第 0222 号民事判决书。

会所未经有关权利人许可，在其经营的 KTV 歌舞厅 206 包厢利用设备向卡拉 OK 消费者播送涉案的 22 首歌曲，侵犯了王某某著作财产权中的表演权，应当承担停止侵权并赔偿损失的民事责任。

二审法院基本认同一审法院的观点，首先，表演权中"用各种手段公开播送作品的表演的权利"，即借助于各种技术手段及设备以播放声音、表情、动作的方式公开再现作品的权利，后者一般被称为机械表演权。因此，嘉乐迪会所、新世纪娱乐公司关于我国《著作权法》未规定机械表演权的抗辩主张，不能成立。其次，表演权系著作权人的专属权利。他人无论以何种方式表演作品均需取得权利人的许可。因嘉乐迪会所机械表演涉案歌曲未取得相关权利人的许可，故应认定其侵犯了涉案歌曲的机械表演权。

六、放 映 权

放映权是通过放映机、幻灯机等技术设备公开再现美术、摄影、视听作品等的权利。

放映权的行使通常需要借助机器设备，设备类型和所采用的技术手段不限，如放映机和幻灯机是较为传统的放映手段，全息投影则是较为现代的放映手段。放映具备一定的动态特征，但不涉及对作品的有形物质载体的利用，这是其和展览权的区别所在。如现在一些展览馆等场所会在线下举行的"数字展""光影展"等，即对作品原件进行数字化的全息投影，辅之以光影技术，作品通常会被光影技术放大，甚至转为动态，观众得以在场馆内获得全新的观赏体验，那么，这一行为是属于展览权控制的范畴还是放映权控制的范畴，抑或信息网络传播权控制的范畴呢？由于展览权需要对作品的有形物质载体进行公开展览、展示，数字化全息投影或光影技术并不涉及对作品物质载体的展示，展示的是作品本身，因此该行为并非展览权控制的范畴。信息网络传播权控制的是通过网络向公众提供作品，公众可在其选定的时间和地点获得作品的行为，显然，在场馆内欣赏光影艺术品，公众是无法随意选择时间和地点的，因此，该行为不属于信息网络传播权控制。可见，这类借助设备对作品进行数字化的光影展示的行为应受放映权控制。

案例研讨

捷成公司诉雷火公司酒店播放电影侵权案*

基本案情：涉案电影《海神密码》的著作权人为北京蒙太奇环球影业有限公司、北京汇丰源影视文化传媒有限公司，经一系列授权，该案原告捷成公司获得涉案电影在国内的独家信息网络传播权。被告雷火公司经营一家电竞主题酒店，酒店房间中的电视机上安装有交互式智能投影仪并自带点播系统和播放软件，主要为"云视听极光"，其能够查找影视作品，其中包含涉案电影，可以随点随播。原告认为被告行为构成侵权。被告提出在其酒店房间的电视上，只有会员登录播放软件会员账号才能观看涉案电影，而会员账号并非被告提供，而是酒店顾客自行登录自己的会员账号然后观看。据此，被告认为其行为不构成侵权。

争议焦点：被告行为是否为侵权行为？如果构成侵权，侵犯哪一项著作权？

司法实务指引：二审法院认为，信息网络传播权中的提供行为首先是将作品置于信息网络中进行传播的行为，这种传播方式的效果是能够使公众在其选定的时间和地点获得该作品。该案中，捷成公司主张雷火公司在酒店客房内通过交互式投影仪连接互联网，使不特定的消费者可以在其选定的地点、任意的时间获得涉案电影，侵害了捷成公司对涉案电影作品享有信息网络传播权。但是，根据已经查明的事实，雷火公司系在其酒店提供带有"云视听极光"软件的智能投影仪，使得入住者能够播放已经通过"云视听极光"软件在互联网上传播的作品，因此，雷火公司并未实施将涉案电影置于信息网络中的行为，其仅是通过能够联网的技术设备向入住者再现已然置于信息网络中的涉案电影，故雷火公司实施的行为属于放映行为。捷成公司关于雷火公司侵害其对涉案电影作品享有的信息网络传播权的主张不能成立，一审法院认定被诉行为构成侵害信息网络传播权不当，应予纠正。根据捷成公司一审提交的授权书，其对涉案电影作品享有的仅限于中国大陆地区独家信息网

---

　　* 捷成华视网聚（北京）文化传媒有限公司、金华市雷火电竞酒店管理有限公司侵害作品信息网络传播权纠纷，浙江省高级民法院（2022）浙民终1050号民事判决书。

络传播权，不包括放映权，因此，即使被诉行为落入放映权的控制范围，捷成公司亦无权要求雷火公司承担侵权责任。

上述案例中的行为目前在实践中有一定普遍性，很多酒店、私人影院、小影吧均会在其经营场所的播放设备上安装各大视频播放应用，多数都购买了各个应用的 VIP 会员，当顾客来到场所消费时可直接观看各类 VIP 影视资源，这种经营行为是否构成侵权以及侵害何种著作权，目前在司法领域也出现了一定的分歧，如"北京华视聚合文化传媒有限公司诉南青酒店经营管理（上海）有限公司侵害作品信息网络传播权纠纷案"❶ 中，法院认为：被告在其经营的酒店客房内提供电视机，向不特定的住店客人提供影片的付费点播服务，使客人可在其个人选定的时间观看该影片，该种传播方式属于通过有线或者无线的方式向公众提供作品，使公众可以在其个人选定的时间和地点获得作品，受作品的信息网络传播权控制，故被告该行为侵害了原告对涉案作品享有的信息网络传播权。这一认定和前述捷成公司诉雷火公司酒店播放电影侵权案的认定结果就存在较大差异。本书认为，放映权和信息网络传播权的区别除了法定概念的表述差异，还在于放映权控制的是传播作品时受众处于放映场所内，而信息网络传播权控制的是传播作品的受众处于远端，后者的受众范围远远大于前者；放映权所控制的作品无论存储于何处，也不论是否是行为人初始上传或存储，但是信息网络传播权所控制的作品则要求行为人有初始的上传和存储于服务器的行为（详见后文"信息网络传播权"）。因此本书认可"捷成公司诉雷火公司酒店播放电影侵权案"中法院的观点。2018 年北京市高级人民法院发布了《侵害著作权案件审理指南》，其中第5.9 条规定：被告未经许可将来源于信息网络的电影等作品，通过放映机等设备向现场观众进行公开再现的，构成侵害放映权的行为，但法律另有规定除外。该规定也持有相同观点。

放映权和表演权中的机械表演行为区别则在于作品类型，需要通过表演才能呈现的作品再通过机器设备播放属于表演权控制的范畴，如音乐、曲艺、舞蹈和戏剧等均借助人的表演；不能表演也不需要表演的作品通过机器设备呈现则属于放映权控制的范畴，如美术、摄影和视听作品可以直接在机器设

---

❶ 北京华视聚合文化传媒有限公司诉南青酒店经营管理（上海）有限公司侵害作品信息网络传播权纠纷案，上海市浦东新区人民法院（2020）沪 0115 民初 40330 号民事判决书。

备上加以呈现。

同前述展览权中所述理由一致，当作品通过广播方式或者信息网络传播方式进行表演或呈现时，放映权和表演权不再控制这些方式，而分别受广播权或信息网络传播权控制。

七、广　播　权

广播权是以有线或者无线方式公开传播或者转播作品，以及通过扩音器或者其他传送符号、声音、图像的类似工具向公众传播广播的作品的权利。

广播权诞生于广播技术时代，作品可以通过电台、电视台等具有广播技术能力的主体向公众传播。在 20 世纪，公众获得作品的方式除了现场观看、购买或租赁作品的有形载体，另一种重要的方式就是收听广播或看电视，事实上，后者成了 20 世纪后半叶大众最重要的娱乐方式。正因如此，赋予著作权人广播权就是对著作权人经济收益的重要保障。广播行为无论采用的是早期的无线信号传输方式，还是后来形成的有线模拟信号或数字信号的传输方式，作品经广播传递给公众都是单向的，公众无法决定传播给自己的是什么作品，在某一时段或地点，只能收听或观看到播放的作品，即播什么就看什么。这种传播方式被称为"非交互式"，这一特征决定了广播权和信息网络传播权的区别。

广播权控制的行为既包括对作品进行初始的有线或无线传播，还包括对传播来的作品再次以有线或无线的方式进行转播。此外，还控制对传播来的作品通过扩音等技术方式扩大接触范围的行为，如火车站、机场可能就会通过扩音器或大屏幕的方式播放电视节目或广播节目，此类行为应当获得相应著作权人的许可。

2020 年之前，我国《著作权法》中的广播权控制的初始行为仅包含无线广播行为，这是受 20 世纪广播技术的早期形态影响所致，因此当有线广播技术出现后，彼时广播权的概念就无法将相应的行为纳入进来，如数字电视、网络直播都是典型的以有线接入的方式非交互式地播放作品，2020 年《著作权法》经修改，将有线传播纳入法律控制，对广播技术采技术中立态度，解决了法律滞后于技术发展的问题。

八、信息网络传播权

信息网络传播权是以有线或者无线方式向公众提供，使公众可以在其选定的时间和地点获得作品的权利。

信息网络传播权是 2001 年《著作权法》修改后增加的一项著作财产权，是网络时代作品最重要的一项权利。通过信息网络传播作品中所指的网络，可以是有线网络，也可以是无线网络；可以是如互联网这样的广域网，也可以是局域网，如网吧的局域网、大学校园的局域网。但如果网络不向公众开放，访问人群固定，设置访问权限，则不属于信息网络传播权控制的范畴。

作品通过网络提供后，公众获得作品时可以自行选定获取作品的时间和地点，即"交互式"，这一特征体现了信息网络传播权和广播权的区别。与作品的广播行为不同，信息网络传播的作品可以是双向互动的，公众获得作品不受传播时间和传播地点的限制，因此在线浏览文字作品、听歌、看影视剧，网站提供作品下载等网络常见的活动均受信息网络传播权控制。

作品通过网络提供，所谓的"提供"指的是通过上传到网络服务器、设置共享文件或者利用文件分享软件等方式，将作品、表演、录音录像制品置于信息网络中，使公众能够在个人选定的时间和地点以下载、浏览或者其他方式获得。❶ 提供行为一定会包含复制行为，即网络中的作品必然存储在某服务器上，形成一份复制件，那么是否通过复制权就可以解决网络传播作品导致的侵权问题呢？信息网络传播权和复制权所不同的地方在于：复制权仅强调复制件的形成，复制件数量多少会影响著作权人的收益；而信息网络传播权的重点在于作品在网络中被上传、存储后，凭借网络技术条件就可以使不特定的公众有机会获得作品，而无关复制件的数量多少。互联网传播的属性决定了作品的受众可能会被无限扩大，这种借助网络传播作品的行为如果不加约束显然损害更为严重，因此仅借助复制权来解决网络中作品的非法传播问题显然力道不足，为了保护著作权人通过网络传播作品的利益，信息网络传播权得以确立。

---

❶ 《最高人民法院关于审理侵害信息网络传播权民事纠纷案件适用法律若干问题的规定》（法释〔2012〕20 号）第 3 条第 2 款。

目前互联网传播中还存在一种常见情况：提供链接，包括搜索引擎根据键入的关键字提供链接，网页、公众号的页面中提供链接，以及各种社交媒体上均有链接可供粘贴。通常来说，提供链接属于一种技术服务，网络内容通过链接技术得以进一步传播。链接技术的特征在于，在提供或粘贴链接的页面一般并不能直接获得作品，只有点击链接，跳转至作品所在网站才能获得作品，一旦存储作品的网站删除作品，链接自然失效，因此提供链接通常不属于信息网络传播行为。上述这种点击链接、发生跳转、转至作品所在页面的情形被称为浅层链接。以浅层链接方式分享和传播作品一般不直接侵害信息网络传播权，但是，如果设置浅层链接的网络服务提供者明知提供作品的页面未经授权，则其和非法提供作品的被链网站会构成共同侵权，应承担连带责任；或者在著作权人通知了设链网站链接指向侵权内容后其仍没有及时采取措施移除、屏蔽或断开链接，设链网站也要和非法提供作品的被链网站承担共同侵权的连带责任。

存在争议的是链接技术的另一种形式——深层链接，其是用户在点击链接后，直接在设链网站的页面上显示被链接作品内容或可以直接下载被链接作品内容，不发生跳转，用户获得作品并没有脱离设链网站的页面，此时浏览器地址栏中显示的仍然是设链网站的网址。因此从表面上看，公众就是从设链网站直接获得作品的，但事实上，被链网站上的作品一旦从其服务器上删除，链接也会失效。争议由此产生，一种观点认为深层链接从公众感知角度来看，公众完全可以在设链网站上根据其选定的时间和地点直接获得作品，当然受到信息网络传播权控制，学理上称为"用户感知标准"❶；与之结论相类似的一种观点被称为"实质替代标准"❷，即认为设链网站实质代替了被链网站向公众提供了作品，从而直接侵害了信息网络传播权；更为主流的观点则认为，根据前述司法解释对于"提供"行为的界定，深层链接时设链网站不存在将作品上传至服务器这一行为，作品亦未存储在设链网站的服务器上，因此该行为不受信息网络传播权控制，应作和浅层链接一样的处理，这在学

---

❶ 刘银良. 信息网络传播权的侵权判定——从"用户感知标准"到"提供标准"［J］. 法学，2017（10）：100－114；王艳芳. 论侵害信息网络传播权行为的认定标准［J］. 中外法学，2017，29（2）：456－479.

❷ 蒋舸. 深层链接直接侵权责任认定的实质提供标准［J］. 现代法学，2021，43（3）：155－170；刘维，刘畅. 深层链接行为的著作权侵权问题研究［J］. 上海大学学报（社会科学版），2018，35（4）：106－114.

理上称为"服务器标准"❶。

案例研讨

聚合视频网站播放《宫锁连城》侵权案*

基本案情： 电视剧《宫锁连城》著作权人为湖南经视公司等，其独占性信息网络传播权被授权给原告腾讯公司。被告易联伟达公司运营"快看影视"App，在其主页搜索涉案电视剧会出现若干搜索结果，点击第一个搜索结果"宫锁连城未删减版"，进入相关页面，显示播放来源：乐视网，并有44集的剧集排列，点击集数，显示来源于乐视网，随机拖动进度条可进行播放。涉案电视剧在"快看影视"上播放时和在"乐视网"上播放的不同在于：无前置广告、暂停时不显示广告、无"乐视网"水印。原告曾将涉案电视剧网络播放的权利非独家地授权给乐视网，仅限乐视网平台播放。乐视网在官网上有明确的版权声明，禁止任何第三方对其进行视频盗链，否则依法追究相关法律责任。

原告腾讯公司认为被告对涉案电视剧进行了选择、编辑、整理、专题分类等工作，同时破坏了乐视网所采取的禁链措施，构成对其独家信息网络传播权的侵害。

被告易联伟达公司认为涉案电视剧是链接自乐视网，但其并未与乐视网签订合作协议，而是通过技术手段抓取乐视网等视频网站的相关视频，聚合到了"快看影视"App中。因乐视网上的涉案电视剧是被合法授权的，因此其作为链接提供者的行为是合法的。

争议焦点： 被告的链接行为是否侵害信息网络传播权？

司法实务指引： 该案一审法院和二审法院观点有所不同。

一审法院认为，影视聚合平台通过定向链接抓取的技术，将散布于全网

---

❶ 王迁. 论提供"深层链接"行为的法律定性及其规制 [J]. 法学, 2016 (10)：23 – 39；王迁. 著作权法中认定传播行为的"新公众标准"批判——兼论"新传播源标准" [J]. 当代法学, 2022, 36 (1)：111 – 124；万勇. 深层链接法律规制理论的反思与重构 [J]. 法律科学（西北政法大学学报）, 2020, 38 (1)：36 – 45.

* 深圳市腾讯计算机系统有限公司诉北京易联伟达科技有限公司侵害作品信息网络传播权纠纷, 北京知识产权法院（2016）京 73 民终 143 号民事判决书。

或几个主流视频网站上的视频资源通过深度链接的方式，抓取、集合在自己的平台上，按照自己设计的界面、编排方式呈现给用户。这种链接通常并非被动地全网搜索链接服务，而是主动地定向深度链接，在不脱离原网站播放系统的情况下，在客户端实现在线播放或离线下载等功能。虽然有的聚合平台简单显示设链视频的来源网站，有的则不显示，但聚合平台的用户会产生该平台集合收录各视频网站上的电影、电视剧、综艺节目的感觉，认为只要自己简单操作，就可"一站式"获得需要的影视作品，从而避免辗转各大视频网站寻找、下载相关视频的麻烦。这一模式可以增强用户黏性，以获取更多的流量和广告收入。在技术飞速发展的背景下，不能将"提供"行为仅限于"上传到网络服务器"一种行为方式，还必须合理认定技术发展所带来的其他"向公众提供作品"的行为方式，科学界定聚合平台提供服务的性质。快看影视 App 不仅提供了深度定向链接，还进行了选择、编排、整理等工作，如制作节目列表、提供节目简介、设置播放界面和观看模式、去除视频来源的权利管理电子信息及被链网站广告、设置专题分类等，其行为已超出了单纯提供搜索、链接服务的范畴，使得用户的搜索选择或在专题中点选的行为与设链网站上具体视频之间形成了深层对应关系，用户得以在该聚合平台上直接实现对涉案作品的观看。快看影视 App 的具体服务提供方式，扩大了作品的域名渠道、可接触用户群体等网络传播范围，分流了相关获得合法授权视频网站的流量和收益，客观上发挥了在聚合平台上向用户"提供"视频内容的作用，产生了实质性替代效果，却未向权利人支付获取分销授权的成本支出，侵害了原告的信息网络传播权。

二审法院认为，信息在网络中的传播过程通常会涉及两类行为：一类是信息网络传播行为，即在向公众开放的网络中向用户提供各种类型信息的行为；另一类是网络服务提供行为，即为信息在网络上的传播提供技术、设备支持和中介服务的行为，包括接入、缓存、信息存储空间和信息定位服务等。按照《著作权法》的规定，前者为信息网络传播权所直接控制的行为，他人未经许可实施上述行为，除非属于《著作权法》所规定的限制与例外情形，否则将构成对信息网络传播权的直接侵犯；后者虽不被信息网络传播权所涵盖，但如果符合相关法定要件，则行为人亦需承担帮助、教唆侵权等共同侵权责任。对于何为信息网络传播行为，实践中一直存在不同认定标准，主要包括服务器标准、用户感知标准以及一审判决所持实质性替代标准等，这一争论集中体现在对该案所涉深层链接行为的性质认定上。

二审法院分别分析了深层链接侵权认定的不同标准，包括服务器标准、用户感知标准和实质性替代标准。

1. 服务器标准

二审法院认为，服务器标准的合理性在于其与信息网络传播行为的性质最为契合。信息网络传播行为必然是一种对作品的传输行为，且该传输行为足以使用户获得该作品。在网络环境下，这一传播行为的对象是作品的数据形式。在信息网络传播过程可能涉及的各种行为中，只有初始上传行为符合上述要求，因此，信息网络传播行为应指向的是初始上传行为。需要强调的是，初始上传行为指向的是每一个独立的网络传播过程中的初始上传行为，而非将作品第一次置于网络中的行为。就该案所涉链接行为而言，链接行为的本质决定了无论是普通链接，还是深层链接行为，其均不涉及对作品任何数据形式的传输，而仅仅提供了某一作品的网络地址。用户是否可以获得作品完全取决于被链接网站，如果被链接网站删除了作品，即使该链接地址仍然存在，网络用户仍不可能获得作品。反之，如果链接提供者删除了该链接，则只要被链接网站实施了初始上传作品于信息网络的行为，且未删除该作品，则该作品仍然处于公开传播状态，用户仍然可以获得这一作品。这一情形充分说明，任何链接行为本身均不会使用户真正获得作品，无法如初始上传行为一样，满足信息网络传播权定义中有关使用户"获得作品"的要求。因任何上传行为均需以作品的存储为前提，未被存储的作品不可能在网络中传播，而该存储介质即为服务器标准中所称"服务器"，此处的"服务器"并非通常意义上的网络服务器，而系广义概念，泛指一切可存储信息的硬件存储介质，既包括网站服务器，也包括个人电脑、手机等。在将服务器界定为存储介质的情况下，无论是上述条款中所提及的传输方式，还是目前技术条件下的各种新技术（如常被提及的云技术、碎片化存储等）均无法脱离服务器而存在。因此，服务器标准作为信息网络传播行为的认定标准，最具合理性。

2. 用户感知标准

二审法院认为，用户感知标准不应作为信息网络传播行为的认定标准。依据服务器标准，无论是深层链接行为，还是普通链接行为，均不属于信息网络传播行为。但不可否认的是，从外在表现形式看，深层链接行为与信息网络传播行为确实难以区分，如认定深层链接行为不属于信息网络传播行为似有不合理之嫌，这亦是长期以来用户感知标准存在的主要原因。尽管如此，二审法院对用户感知标准作为信息网络传播行为的认定标准仍持否定态度，同时认为，行为的外在表现形式仅对举证责任分配有重要影响。二审法院之所以持否定态度，根本原因在于受著作权的专有权控制的是行为，只有实施了受专有权控制的行为才落入专有权的控制范围。信息网络传播行为与复制、发行、表演等其他行为一样，是一种客观行为，对该行为的认定属于对客观事实的认定，应具有客观性及确定性，用户感知标准却难以符合上述要求。该标准强调的"看起来"是，而非"实际上"是谁在实施提供行为，这一特点使得该标准天然缺乏客观性。综上，用户感知标准具有较强的主观色彩和不确定性，与信息网络传播行为的客观事实属性相距甚远。尤其要指出的是，用户的认知以及用户是否会产生误解等因素，通常是商标法或者反不正当竞争法框架下所考虑的问题，并非《著作权法》的职责和功能所在。

3. 实质性替代标准

二审法院认为，实质性替代标准同样不应作为信息网络传播行为的认定标准。该案被告所实施的行为既包括深层链接行为，亦包括对被链接内容所作的选择、整理、编辑行为，以及为设置链接而实施的破坏或避开技术措施等行为。因上述每个行为均是独立的，因此，对每一行为性质的分析均应单独进行，而不能混在一起作出认定。一审判决有关实质性替代观点的核心在于将获益或损害因素作为判断深层链接行为是否构成信息网络传播行为的必要条件。也就是说，被诉行为构成信息网络传播行为的根本原因在于被诉行为使著作权人利益受到了损害，而链接行为人却因此而获益。可见，一审判决认为损失及获益因素与信息网络传播行为的认定之间具有因果关系。但二审法院则认为，这一因果关系的认定有违实际。通常情况下，只可能基于某一行为的发生使行为人获益或他人受损，而绝不可能反过来因为存在获益或受损的情形，从而使得某一行为得以发生。不仅如此，与用户感知标准所存在的问题相同，实质性替代标准中对因果关系的认定还可能使得在不同情形下对同一行为的性质得出不同的结论。如适用实质性替代标准，把损害及获益作为认定信息网络传播行为的依据，则在损害及获益因素发生变化的情况下，即便被诉行为本身并无任何变化，对被诉行为性质的认定同样会发生变化。这显然与信息网络传播行为这一事实认定的属性不相契合。此外，实质性替代标准是在著作权案件中采用了竞争案件的审理思路，著作权每项权利的作用均在于赋予著作权人控制特定行为的权利，如复制权用于控制复制行为，广播权用于控制广播行为，等等。著作权法亦对每项权利所控制的行为的特点、要件和范围作了明确的规定。基于此，在审理侵害著作权案件时，基本审理思路应当是：明确权利人主张的权利，认定被告实施的行为是否落入该权利范围，即判断被诉行为是否具备该权利所控制行为的特点和要件；如果落入，则进一步分析被诉行为是否属于著作权权利限制及例外的情形（是否构成合理使用或者法定许可）；如不属于，再进一步判断被诉行为是否对原告造成著作权方面的损失或者被告是否从中获益，以及被告是否有过错。如果被告有过错，且存在著作权意义上的原告损失或被告获利情形，则被告应承担损害赔偿的责任。至于损失、获益或其他因素，则对这一问题的认定完全不产生影响。但竞争类案件则有所不同。《反不正当竞争法》中并未规定任何法定权利，其强调的是对违反诚实信用原则的不正当竞争行为的禁止，以及对良好竞争秩序的维护。因此，此类案件并不涉及权利范围的确定，不需要首先判断被诉行为是否落入原告权利范围，而更多地着眼于被诉行为本身的正当性，强调被告的主观恶意。由于对被诉行为是否具有不正当性的考虑需要结合各种因素，而获益、损失因素在其中占有重要地位，因此，损害及获益因素可能会对被诉行为正当性的认定产生影响。

基于上述分析可以看出，该案作为侵犯信息网络传播权案件，首要问题应是界定信息网络传播权的权利范围，并在此基础上对被诉行为是否落入该权利范围进行认定。但一审法院并未首先涉及上述问题，而是首先着眼于"专有信息网络传播权人分销授权的商业逻辑"，以及"影视聚合平台经营获益的商业逻辑"，在其第三部分对于被诉行为是否属于链接行为的认定时亦未从权利范围角度着手，而是以前两部分的分析为基础，强调被诉行为所可能导致的获益及损害，并认为上述情形使得该行为具有实质性替代效果，从而得出被诉行为不构成链接行为的结论。纵观一审判决的评述可以看出，其核心考虑因素在于双方当事人的商业模式，并认为"专有信息网络传播权人分销授权的商业逻辑……应成为法院判断影视聚合平台的相关行为是否构成侵犯著作权时，进行法律逻辑推演的重要考量因素和分析论证前提"。这一做法实际上是采用竞争案件的审理思路审理著作权案件，违反了对法定权利保护的基本逻辑和步骤。

但二审法院要指出的是，对服务器标准的确认并不等同于对深层链接行为合法性的确认。服务器标准的采用仅意味着深层链接行为不被认定构成信息网络传播行为，相应地，对该行为的侵权认定不应适用著作权直接侵权的认定规则。但这一确认并不表示二审法院认为深层链接行为不可能违反其他法律规定。实际上，以下法律规则的适用均可以在相当程度上使权利人获得救济，包括共同侵权责任、《反不正当竞争法》第 2 条的原则性条款以及技术措施的相关规定。

基于上述分析，二审法院在该案中适用了服务器标准，认为被告仅提供了链接，在被告未实施将涉案作品置于向公众开放的服务器中的行为的情况下，其虽然实施了破坏技术措施的行为，但该行为仍不构成对涉案作品信息网络传播权的直接侵犯。而因乐视网系合法授权网站，其传播行为属于合法行为，故虽被诉行为对乐视网的传播行为起到帮助作用，但被诉行为仍不符合帮助侵权行为的认定要件，该行为不构成共同侵权行为，不应承担相应民事责任。但对于被告破坏乐视网技术措施进行盗链的行为，原告可以另行选择救济方式。

九、摄　制　权

摄制权是以摄制视听作品的方法将作品固定在载体上的权利。

摄制权首先是"摄"，即将作品如音乐、舞蹈、戏剧、美术等拍摄进相应设备中，这个过程将作品在有形载体上加以再现，实际上包含了复制行为，当然如何拍摄是完全可以体现出独创性的；其次是"制"，即拍摄的画面素材需要经过剪辑、加工、拣选，最终形成不同于拍摄对象的新作品——视听作品，这个过程则是创作。因此摄制是基于已有作品或素材进行创作的一种方式。

对于娱乐产业来说，摄制视听作品是重要的内容，拍摄影视剧和短视频基本上都离不开对已有作品的利用，如音乐、美术、舞蹈等，因此，影视公司拍摄影视剧通常是需要获得相应作品摄制权许可的。

十、改　编　权

改编权是改变作品，创作出具有独创性的新作品的权利。

改编权中的"改变作品"通常采用两种方式：第一种是经过改编，作品的表达形式发生了变化，如文字作品改编为漫画或剧本，形式的变化就是一种创作；第二种是表达形式不变，但增加了新的独创性的内容，如小说续写、音乐改编，增加的新的内容也是一种创作。无论哪种方式，改编权均是对原作加以再创作，产生了不同于原作的独创性，但同时又包含了原作一定表达的行为。据此，改编行为和修改行为的界限就在于是否产生了具有独创性的新表达。

案例研讨

张某某诉上海文艺出版总社著作权纠纷案*

基本案情： 被告上海文艺出版社出版发行了《冬装篇》一书，该书"裁剪篇"登载了 30 幅裁剪图，30 幅裁剪图系被告委托原告绘制，并向原告提供了 30 幅日本图片的复印件，但双方未就委托事项签订书面的协议，原告因绘制裁剪图获得被告给予的报酬 1500 元人民币。原告认为被告应就自己绘制的裁剪图给自己署名。被告则认为原告不是裁剪图的作者，其劳动成果不是作品，而是在被告的责任编辑提供的原创裁剪图的基础上放大而成，因而不享有著作权。

争议焦点： 原告能否对其绘制的裁剪图享有著作权？

司法实务指引： 根据我国《著作权法》（2001 年）的规定，创作作品可以分为两类：一类是原创性的作品，另一类是演绎作品，即在原创作品的基础上进行再创作的作品。从原告图看，是以被告提供的日本图片作基础的，因而日本图片是原作品，其著作权应由日本图片的作者享有。然而，原告图在日本图片的基础上确实做了改动，这些改动是否形成了著作权法意义上的再创作作品，应根据法律的规定来分析。

系争的原告图所作的改动可以分为四种情况。第一种情况是和日本图片基本相似，但将日本原型图改为中国的比例图，扩大了读者面。但是不论原型图还是比例图，都是服装结构设计的一种方法。而比例图是中国服装裁剪

较为普遍采用的设计方法，其裁剪公式已是服装行业的公知公用的公式，这种公式具有唯一的表达形式。第二种情况是将部分日本图片的主设计图和所附的折叠订正图合二为一，即作了简化合并。第三种情况是在简化合并的基础上添加了领弧线及袖笼的凹势。上述三种情况的改动是具有服装专业知识和经验的人员才能做到，确实起到了便于中国普通读者阅读和制作服装的作用。但它只是在原设计图的基础上所做的修改、合并和适当地增加或简化。这种改动虽也付出了智力性的劳动，但由于并未影响原作品的基本内容和表现形式，尚未成为一种新的作品。因此原告所做的上述改动只能属于对原作品的一种修改，而不是著作权法意义上的改编。第四种情况是在 4 幅日本轮廓图上加了横线、公式和具体尺寸。该案所涉及的裁剪图，从作品的分类来讲，属产品设计图。……从被告提供的日本轮廓图来看，仅有服装轮廓的简单线条，无具体的尺寸，由于轮廓图缺少结构设计的基本线条和尺寸，无法直接用来操作，因此尚不能视为产品设计图。经原告改动后，轮廓图变为结构图，这种改动起到了质的变化，即产生了产品设计图纸这一作品，因此这4 幅轮廓图的改动应属我国著作权法所称的"改编"。

另外，需要注意的是，因为《著作权法》只保护表达，不保护思想，因此针对已有作品中包含的思想，他人可以自由利用，不属于改编权控制的范畴。对他人作品中的事实部分、客观数据部分的使用也不是改编权控制的范畴，但这有可能涉及学术不端等诚信问题。

十一、翻　译　权

翻译权是将作品从一种语言文字转换成另一种语言文字的权利。如小说的翻译、游戏的汉化、影视剧的字幕翻译等。翻译需要对另一种语言文字遣词造句，虽然和原文相对应，但翻译依然有较大的选择创作空间，因此属于基于原作的二次创作行为。

十二、汇　编　权

汇编权是将作品或者作品的片段通过选择或者编排，汇集成新作品的权利。汇编行为包括对作品的选择和编排，如将多篇短篇小说加以筛选汇编为小说集；对歌曲进行选择形成主题音乐专辑。在选择和编排的过程中，往往具备一定的创作空间，如主题的确定、排列方式的确定、呈现方式的确定等，因此汇编行为也属于演绎行为。

摄制权、改编权、翻译权和汇编权因为都需要基于原作进行二次创作，如果是原作著作权人本人进行上述演绎，自无问题；但如果是他人进行演绎，就必须获得著作权人许可。后者往往很常见，实践中，著作权人经常将自己作品的改编权、摄制权、翻译权或汇编权通过许可授权他人行使。

十三、其 他 权

最后一项著作权是"应当由著作权人享有的其他权利"，这反映了立法对著作权权利内容给予了一定的开放性，具体哪些属于"其他权"则需要司法自由裁量加以确定。但同时，这种裁量也是受限制的，即司法不能创设立法上没有任何依据的新权利。

常见的其他权来自《著作权法》本身的条文，其一是获得报酬的权利，如《著作权法》第 16 条规定：使用改编、翻译、注释、整理、汇编已有作品而产生的作品进行出版、演出和制作录音录像制品，应当取得该作品的著作权人和原作品的著作权人许可，并支付报酬。第 52 条第 7 项规定：使用他人作品，应当支付报酬而未支付的，属于侵权行为。可见，获得报酬权虽然并未明确列为著作权的一项权利，但其存在法条依据，是可以得到确认的。

其二是得到司法解释确定的权利，主要是作者对其未发表手稿的权利，如《最高人民法院关于审理著作权民事纠纷案件适用法律若干问题的解释》（法释〔2002〕31 号）第 23 条规定，"出版者将著作权人交付出版的作品丢失、毁损致使出版合同不能履行的，著作权人有权依据民法典第一百八十六条、第二百三十八条、第一千一百八十四条等规定要求出版者承担相应的民事责任"。

根据这一规则，丢失手稿致使无法出版实际上引发的是出版社的违约责任，但也变相承认了作者的手稿权益。在"教案手稿案"❶ 中，被告遗失了原告的教案手稿，致使原告无法利用教案内容撰写论文，法院认为：民事活

---

❶ 高某某诉重庆市南岸区四公里小学校著作权纠纷案，重庆市第一中级人民法院（2005）渝一中民初字第 603 号民事判决书。

动应当遵循诚实信用的原则，双方在行使各自的权利时都不得损害对方的权利。一般情况下，所有权人对作品载体的处分只会导致作品载体本身灭失，并不会导致作品也随之灭失，从而不会侵犯作品的著作权。但是，在知道或者应当知道教案本是记载原告教案作品唯一载体的情况下，被告作为所有权人对作品唯一载体的处分不仅会导致作品载体本身灭失，也会导致作品随之灭失，原告享有的教案作品著作权将无法实现，从而侵犯了原告享有的教案作品著作权。

其三是在立法即将修改的背景下，由司法将涉诉相关行为纳入其他权的范畴。典型者如 2001 年以前的信息网络传播行为和 2021 年以前的有线直播行为，这两类行为均属于技术发展快于法律发展导致了立法的滞后，而如果不加管控，则会在信息网络时代大大损害著作权人的利益，而当时相应的立法修改已经提上日程，同时，依照相关著作权领域国际公约，将相应行为纳入"其他权"符合国际公约的基本规则，在这样的背景下，法院在审理相应案件中，适用了"其他权"条款，如王某等六作家诉世纪互联纠纷案❶和安乐影片公司诉时越公司纠纷案❷。

除上述情形外，应坚持著作权权利内容法定的基本原理，审慎扩张其他权的范围。

案例研讨

王某等六作家诉世纪互联纠纷案 *

基本案情：原告王某是作品《坚硬的稀粥》的作者，被告在其网站 http：//www. bol. tom. cn《小说一族》栏目提供原告作品的浏览和下载。原告认为被告的行为未经许可，构成侵权。被告则认为，信息网络传播权等法律问题，应当通过《著作权法》的修正或司法解释来加以明确和规范，使各方面有规可循。在法无明文时，一审法院就将文字作品著作权人的专有权利

---

❶　王某诉世纪互联通讯技术有限公司侵犯著作权纠纷案，北京市第一中级人民法院（1999）一中知终字第 185 号民事判决书。本案适用 1990 年《著作权法》，下同。

❷　北京安乐影片诉北京时越网络技术公司著作权纠纷案，北京市高级人民法院，（2009）高民终字第 3034 号民事判决书。本案适用 2001 年《著作权法》，下同。

*　王某诉世纪互联通讯技术有限公司侵犯著作权纠纷案，北京市第一中级人民法院（1999）一中知终字第 185 号民事判决书。

延伸、扩展到网上传输，特别是在法无明文禁止时，就认定对已有网络资源的转载侵权。这样的判定是对法律的扩大化解释，过分地支持了著作权人的权利扩张，过重地加大了网络传播者的责任。

争议焦点： 如何对被告的行为进行定性？

司法实务指引： 该案的终审法院认为，所谓使用权及获得报酬权，依据我国《著作权法》（1990 年）第 10 条第 5 项之规定，是指"以复制、表演、播放、展览、发行、摄制电影电视、录像或者改编、翻译、注释、编辑等方式使用作品的权利，以及许可他人以上述方式使用作品，并由此获得报酬的权利"。从此规定可看出，我国著作权法对于作品的使用方式采取的是概括式及列举式并用的立法模式。随着科学技术的发展，对作品的使用方式将不断增多。鉴于国际互联网是近几年新兴的一种传播媒介，因此，作品在网络上的使用是制定著作权法时所不可能预见的。虽然我国《著作权法》未明确规定网络上作品的使用问题，但并不意味着对在网络上使用他人作品的行为不进行规范。依法调整网络上的著作权关系，对互联网的健康发展是必要的，也是有益的。我国现行《著作权法》的核心在于保护作者对其作品享有的专有使用权，若著作权人对作品在网络上的使用行为无权控制，那么其享有的著作权在网络环境下将形同虚设。在网络上使用他人作品，也是作品的使用方式之一，使用者应征得著作权人的许可。因此，上诉人提出的《著作权法》（1990 年）第 10 条第 5 项所列举的作品使用方式是指传统的作品使用方式，不包括国际互联网的主张，无法律依据，不能成立。

案例研讨

安乐影片公司诉时越公司纠纷案*

基本案情： 原告安乐公司对涉案电影《霍元甲》享有著作权，被告时越网络公司经营悠视网，该网站的"电影"栏目中显示了影片《霍元甲》的一幅图片和影片的简介，同时显示播放时间分别为 07：18、08：58、10：37、12：16、13：56、15：35、17：15、18：54，并提供该影片的在线播放和录

---

* 北京安乐影片诉北京时越网络技术公司著作权纠纷案，北京市高级人民法院，（2009）高民终字第 3034 号民事判决书。

制服务。在线播放必须安装"UUSee 网络电视"软件，涉案网站的多个页面均提供该软件的下载。点击播放后，该软件即开始播放影片《霍元甲》，但并未从起始时间开始，而是按照上述时间表预订的时间进行播放。该软件还提供录制服务。

争议焦点：被告的行为如何进行评价？是否侵害了原告的著作权？

司法实务指引：二审法院认为，信息网络传播权是指以有线或者无线方式向公众提供作品，使公众可以在其个人选定的时间和地点获得作品的权利。根据上述定义，我国《著作权法》（2001）规定的"信息网络传播权"针对的是"交互式"的网络传播行为，即网络用户对何时、何地获得特定作品可以主动选择，而非只能被动地接受传播者的安排。该案中，悠视网提供的是对涉案电影作品定时在线播放服务和定时录制服务，网络用户只能在该网站安排的特定时间才能获得特定的内容，而不能在个人选定的时间得到相应的服务，因此，该种网络传播行为不属于信息网络传播权所限定的信息网络传播行为。同时，因该种行为亦不能由《著作权法》第 10 条第 1 款所明确列举的其他财产权所调整，故一审法院认定其属于《著作权法》第 10 条第 1款第 17 项"应当由著作权人享有的其他权利"调整的范围是正确的。

第三节　著作权的保护期

著作权有时间性，仅在保护期内产生专有或排他的效力，过了法定的保护期，相关作品将成为公有的智力财富，公众使用不需经过许可，也不需要支付报酬。

一、著作人格权的保护期

《著作权法》第 22 条规定：作者的署名权、修改权、保护作品完整权的保护期不受限制。著作人格权因为和著作权人的精神利益相关，因此《著作权法》对除了发表权之外的著作人格权没有设定保护期限制，也就是说，作品的署名、修改和不受歪曲篡改的权利永久受保护，亦不因作者的去世受影响，在作者去世后，上述权利由作者的继承人依法保护，此时对这些精神利益的保护实际上和公序良俗有关。

《著作权法》第 23 条第 1 款规定："自然人的作品，其发表权……的保护期为作者终生及其死亡后五十年，截止于作者死亡后第五十年的 12 月 31 日；如果是合作作品，截止于最后死亡的作者死亡后第五十年的 12 月 31 日。"第 2 款规定："法人或者非法人组织的作品、著作权（署名权除外）由法人或者非法人组织享有的职务作品，其发表权的保护期为五十年，截止于作品创作完成后第五十年的 12 月 31 日……但作品自创作完成后五十年内未发表的，本法不再保护。"第 3 款规定："视听作品，其发表权的保护期为五十年，截止于作品创作完成后第五十年的 12 月 31 日……但作品自创作完成后五十年内未发表的，本法不再保护。"

可见，发表权是受保护期限制的。那么，作为一项著作人格权，发表权为何存在保护期限呢？对于发表权来说，作品在尚未发表时才具有保护发表权的意义，因此如果允许发表权永久受保护，意味着只要作者不发表、不同意发表，无论其是否在世，作品将永远不能公之于众，这或许尊重了作者意愿，但于人类的文化积累是不利的，会导致优秀的作品无法被公众获知，亦无法获得传播。因此，《著作权法》从公共政策的角度考量，给发表权规定了保护期，过了保护期的作品，无论作者同意与否都不再受保护，也就是说，任何人都可以将作品进行发表而不须承担侵权责任。

二、著作财产权的保护期

根据《著作权法》第 23 条的规定，著作财产权的保护期为：自然人的作品著作财产权的保护期为作者终生及其死亡后五十年，截止于作者死亡后第五十年的 12 月 31 日；如果是合作作品，截止于最后死亡的作者死亡后第五十年的 12 月 31 日。

法人或者非法人组织的作品、著作权（署名权除外）由法人或者非法人组织享有的职务作品，著作财产权的保护期为五十年，截止于作品首次发表后第五十年的 12 月 31 日。

视听作品，著作财产权的保护期为五十年，截止于作品首次发表后第五十年的 12 月 31 日。

第四章　著作权人及权利归属

第一节　作者及其他著作权人

著作权原则上属于作者，但法律另有规定时，他人也会取得著作权，这就产生了除作者外的其他著作权人，作者和其他著作权人取得作品的方式存在不同。

一、作者的含义

（一）自然人作者

《著作权法》第11条第2款规定：创作作品的自然人是作者。

其中，创作是指直接产生文学、艺术和科学作品的智力活动。创作行为属于事实行为，因此，作者可以是无民事行为能力人或限制民事行为能力人。

作品的作者可以有多人，即所谓合作作者，每一个合作作者都应对作品作出直接的智力贡献，在多人合作的过程中，如果是为他人创作进行组织工作，提供咨询意见、物质条件，或者其他辅助工作，均不被视为创作，不能获得作者的身份。

获得作者身份的条件除存在创作行为之外，还应当产生出符合《著作权法》规定的作品出来，仅有智力活动，但没能产生作品，也无法获得作者身份，如仅在创作中提供了创作思想、创意或理念但并未产生直接的成果，创意人无法成为作者。

一般而言，因为创作属于智力活动，而智力活动是人脑的机能，因此只有自然人才能成为作者，但是《著作权法》还规定了"视为作者"的情形，这就出现了法人作者。

（二）法人作者

《著作权法》第11条第3款规定：由法人或者非法人组织主持，代表法人或者非法人组织意志创作，并由法人或者非法人组织承担责任的作品，法人或者非法人组织视为作者。

法人或非法人组织是民事法律规范拟制出的主体，其特征主要在于具有独立意志、独立财产并能独立承担法律责任。第一，法人的独立意志由其表意机关形成，虽然不同于自然人的智力活动，但只要程序和内容合法就能得到法律认可，因此《著作权法》将其视为作者具有一定的合理性。第二，从实践来看，很多法人或非法人组织存在获得作品著作权的需求，这类法人作品并非其某一雇员自由创作的产物，而是法人业务的一部分，典型的有教育机构、文创公司的创作等，因此，法人作者具有一定的实践合理性。

法人作者的条件包含三方面：其一，由法人主持，表现为法人根据其业务需要，对作品包含的内容作出具体要求、配备人员、规划分工并推动创作进行；其二，作品体现的是法人意志而不是员工的个人意志，即作品的具体构成通常是通过法人集体决策机制而形成的；其三，法人对作品承担法律责任，包括作品是否侵害他人著作权或人格权的侵权责任、作品内容上的出版审查责任以及可能的违约责任。

案例研讨

邵某某等与北京教育科学研究院确认著作权权属纠纷案*

基本案情： 人民教育出版社出版了《计算物理基础》（第一册），封面署名为"《计算物理基础》编委会"。被告邵某某等参加了部分章节的写作。原

＊邵某某与北京教育科学研究院确认著作权权属纠纷案，北京市高级人民法院（2006）高民终字第514号民事判决书。

告要求法院确认涉案作品为法人作品，被告等人仅为执笔人之一。

争议焦点：涉案作品《计算物理基础》是否属于法人作品？

司法实务指引：就涉案作品《计算物理基础》（以下简称《计》书）的完成过程而言，首先，根据《北京市教育科学规划课题申请、评审书》，《计》书作为辅助教材在 2002 年 3 月至 10 月完成属于"现代信息技术条件下中学物理教学设计的理论与实践研究"课题项目的预期研究成果之一，而该课题项目是由教科院组织本单位及其他单位有关人员进行申报并具体组织研究的，教科院负有管理职能并提供研究条件和信誉保证；其次，根据邵某某与杨某合写的《关于编写〈高中计算物理基础〉的论证》一文，《计》书的"编写单位和人员构成为教科院基础教育教学研究中心物理室、中学物理整合课题核心成员、北京市二十一世纪物理教材编写组、教科院编审部"。教科院基础教育教学研究中心物理室在"拟组织编写"之前，经过了教科院基础教育教学研究中心领导的同意，成稿由北京市二十一世纪物理教材编写组和北京教科院编审部进行了审议。综上，《计》书的立项、批准、编写和审议的整个创作过程由教科院主持，全书的创作代表了教科院的意志，且该书是由教科院承担责任的。因此，法院关于《计》书为法人作品、著作权属于教科院的认定是正确的。

自然人作者和法人作者取得著作权都离不开创作活动，创作活动是从无到有的过程，因此这种取得著作权的方式被称为原始取得，作者通常是著作权的原始主体。

原始取得著作权的方式除了创作，还有基于法律规定或者合同约定取得著作权的情形，在这两种情况下，非作者的主体会直接成为著作权人。著作权法作为保护创作的法律将著作权赋予作者属于应有之意，但是将著作权赋予非作者，其合理性主要在于这类主体承担了作品创作过程中的投资工作，属于投资者，是投资追求回报这一市场规则在《著作权法》中的体现。非作者直接成为著作权人的规则主要体现于《著作权法》第 17 条第 1 款，影视剧著作权归制作者所有；第 18 条第 2 款，特殊职务作品著作权属于法人或者非法人组织享有；第 19 条，委托作品可以通过合同约定权属。

（三）作者身份的证明

《著作权法》第 12 条规定，在作品上署名的自然人、法人或者非法人组织为作者，且该作品上存在相应权利，但有相反证明的除外。

作者的身份基于创作事实而产生，因此，身份的证明也离不开对创作事实的证明，首先能够体现创作事实的就是署名。作品上署名的自然人、法人或其他非法人组织就是作者，作者可自行决定署什么名以及署名的方式，署名因此具有作者身份推定的效力。

其次，根据《著作权法》第12条的"但书"，当署名和创作事实存在冲突时，如有相反证据能证明，则实际创作人取得作者身份。能够证明创作事实的证据包括作品手稿、底稿、原件等。

此外，署名还具有权利推定的效力。这是因为实践中常见著作权转让这一商业行为，作者可能在仅保留著作人格权的情况下，将著作财产权转让给他人，由于著作权转让依法可以不公示，公众或者第三人无从得知著作权变动的情况，只能以作品的表现状况来确认权属，署名因此就具有了权利推定的效力，即在作品上署名的人首先被认为就是对作品享有著作权的人，当然根据《著作权法》第12条的"但书"，真正权利人如有著作权转让合同等证据证明权属的，应根据证据认定。

（四）著作权登记

著作权登记由我国国家版权局和各省、自治区、直辖市版权局负责，根据《作品自愿登记试行办法》和《计算机软件著作权登记办法》，各省、自治区、直辖市版权局负责本辖区的作者或其他著作权人的作品登记工作。国家版权局负责外国以及我国香港、澳门和台湾地区的作者或其他著作权人的作品登记工作。此外，计算机软件的著作权登记由国家版权局主管，国家版权局设立中国版权保护中心进行软件登记。

登记虽然可以取得官方发放的证书并证明作者身份以及著作权归属，但登记的效力有限。首先，作品不论是否登记，作者或其他著作权人依法取得的著作权不受影响。也就是说，登记并不是著作权的取得方式，证书也不是著作权的权利证明。其次，登记记载事项如果和证明著作权归属的原始资料存在冲突，则依然需要以手稿、底稿、原件等原始资料为准。即著作权登记证书是证明权属的一项初步证据，和其他证据一样在证明著作权归属和作者身份时，需要加以审查。司法实践中，当事人对于著作权登记证书记载的权属情况无异议的，法院一般直接认定登记证书的权属情况；有异议的，存在异议的一方应提交相应证据证明权属，如果无法提交充分的证据，则可以认定登记证书记载的权属情况。

实务视角

作品著作权登记

我国进行作品登记的部门为国家版权局设立的中国版权保护中心，经登记，作品获得"国作登字"的登记证书；作品也可以在省级版权局确定的部门进行登记，获得"（省级简称）作登字"的登记证书，且法律效力并无实质差别，两者均提供在线登记服务。目前，中国版权保护中心建有"全国作品登记信息数据库管理平台"，可以在线查询全国作品登记情况。

申请作品著作权登记需要提交的材料：

1. 《作品著作权登记申请表》；

2. 申请人身份证明文件；

3. 权利归属证明文件（个人作品不需要提供该项）；

4. 委托他人代为申请时，代理人应提交申请人的授权书（代理委托书）及代理人身份证明文件；

5. 作品样本。

二、其他著作权人

（一）基于法律规定直接取得著作权的情形

根据《著作权法》第17条，视听作品中影视剧的著作权由制作者享有，而不属于编剧、导演、摄影、作词、作曲等作者；《著作权法》第18条第2款则规定了单位获得职务作品著作权的情形，此时，作者仅享有署名权。

（二）基于合同约定而由非作者直接取得著作权的情形

其一是《著作权法》第18条第2款第3项规定，合同约定著作权由法人或者非法人组织享有的职务作品，对于雇员因工作需要创作的作品，单位及雇员可以约定权属，因此而可能使单位取得著作权；

其二是《著作权法》第 19 条规定的委托作品，其权属由委托方和受托方约定，因此委托方可能获得著作权。

合同约定属于自治范畴，用于解决作为私权的著作权归属实属正当。

（三）著作权的继受取得

著作权中的财产权具有与其他民事财产权一样的流转性，是可以转让、赠与、遗赠和继承的，原始著作权主体可通过出售或赠与将著作财产权的全部或部分让与他人；著作权人死亡或终止的，著作财产权经继承或继受由他人取得。

特定情况下，国家也可以成为著作权的继受主体，《著作权法》第 21 条第 2 款规定：著作权属于法人或者非法人组织的，法人或者非法人组织变更、终止后……没有承受其权利义务的法人或者非法人组织的，由国家享有。

第二节　特殊作品的著作权归属

一、职务作品

职务作品是自然人为完成法人或者非法人组织工作任务所创作的作品。职务作品的创作完成既离不开自然人的智力创作，也离不开任职单位的投资和要求，因此，其著作权归属需要达成雇员作者和单位之间的利益平衡。

（一）职务作品的认定

1. 职务关系的认定

职务关系是由一方提供劳动，另一方提供工资而构成，本质是货币对劳动力的购买。其中劳动力的提供方是自然人，购买方是法人或非法人组织，包括国家机关、事业单位、各类企业以及社会团体。标准的职务关系通过劳动合同或聘用协议体现，在此之外也存在大量非标准的职务关系，如实习、临时工、借调、挂职、特聘、返聘或缺少书面合同而形成的事实劳动关系等。

如在"《丽江回族简史》著作权纠纷案"❶ 中，原告李某某是中学教师，被借调到当地民宗局，根据民宗局要求编写《永胜回族简史》，其间李某某除领取期纳中学发放的工资外，还领取永胜县发放的补贴。因此，法院认定《永胜回族简史》属于李某某为完成永胜县民宗局的工作任务所创作的职务作品。

可见，只要符合货币购买劳动力的本质，就不影响职务关系的判断。

案例研讨

《丽江回族简史》著作权纠纷案*

基本案情：原告李某某原系云南省丽江地区永胜县期纳中学老师，1989年经永胜县借调到永胜县民宗局撰写《永胜回族简史》《丽江地区回族简史》，借调期间，李某某工资由期纳中学发放，永胜县给李某某发放补助。其中《永胜回族简史》初稿完成后没有出版。1992年9月《丽江地区回族简史（讨论稿)》上、中、下册完成，封面印有"丽江地区民族事务委员会编，一九九二年九月"字样。《丽江地区回族简史》后以《丽江回族简史》作为书名交由云南民族出版社出版。出版的《丽江回族简史》封面标有"丽江回族简史，永胜县民族宗教事务局编，云南民族出版社"等字样，李某某作为编委成员和责任编辑记载于该作品编委名录中。该书后记中有记载"……《丽江回族简史》脱稿，是'千人樵'，是我地区有关领导、编委会成员、各族各界人士大力支持、通力合作的情况下所取得的成果"。李某某认为，其工资是由任教学校发放，人事档案一直在学校，写书并不是其工作，民宗局虽有补贴，但只有每天一元，涉案作品是受永胜县民宗局的委托完成的作品，双方没有签订合同，因此著作权应属于李某某。

被告永胜县民宗局认为，涉案作品系原永胜县民委根据丽江地区民委、永胜县人民政府的指示，组织、抽调社会各界专业人士，代表永胜县民委的意志创作，由永胜县民委承担资金、提供办公设备和编创条件、统一组织编

❶ 李某某、云南民族出版社著作权权属、侵权纠纷二审民事判决书，云南省高级人民法院（2018）云民终 808 号民事判决书。

* 李某某、云南民族出版社著作权权属、侵权纠纷二审民事判决书，云南省高级人民法院（2018）云民终 808 号民事判决书。

撰的作品，其封面上印有"丽江地区民族事务委员会编"，根据《著作权法》（2010年）第11条的规定，该作品的著作权属于丽江地区民委和永胜县民委，现承接原永胜县民委权利义务的永胜县民宗局，在丽江市民宗局的授权下，将《丽江地区回族简史（讨论稿)》正式出版形成《丽江回族简史》，该作品的著作权当然属于永胜县民宗局。

争议焦点：《丽江回族简史》的著作权归属应如何认定？

司法实务指引：一审法院认为，涉案作品《丽江回族简史》是全面系统地记述丽江地区回族人民各个时期的历史与现状的资料性文献，依据《地方志工作条例》第3条的规定，属于地方志作品。根据《地方志工作条例》第15条规定：以县级以上行政区域名称冠名的地方志书、地方综合年鉴为职务作品，依照《著作权法》（2010年）第16条第2款的规定，其著作权由组织编纂的负责地方志工作的机构享有，参与编纂的人员享有署名权。因此《丽江回族简史》应当是职务作品，《著作权法》（2010年）第16条第2款第2项规定：法律、行政法规规定或者合同约定著作权由法人或者其他组织享有的职务作品，因此地方志的著作权由组织编纂的负责地方志工作的机构享有，参与编纂的人员享有署名权。永胜县民宗局是组织编纂《丽江回族简史》组织者之一，享有这一作品的著作权。

二审法院进一步明确了原告被借调到被告处根据被告永胜县民宗局的要求进行编写创作的涉案作品属于职务作品，根据《著作权法》第16条第2款第2项和《地方志工作条例》，永胜县民宗局作为组织编纂人之一，享有该作品的著作权。原告李某某作为参与编纂的人员享有署名权，而原告创作的作品主要被收录在《永胜回族简史》的书稿中，该书稿的内容经对比和涉案作品《丽江回族简史》在编排体例和引用资料方面大致相同，但在内容表述、文字表达等方面存在差别，考虑《著作权法》保护的是对思想观念的表达，而非思想观念本身，因此不能认定李某某是《丽江回族简史》的编写者，其侵害署名权的主张不能成立。

2. 工作任务的认定

在职务关系的前提下，自然人会形成工作岗位和职责，如岗位是程序员，特定工作任务要求编写程序代码，由此形成的计算机软件就是职务作品；如岗位是教师，则工作任务就会包含任课教案的编写，教案就是职务作品；有

时工作任务并未明确包含在岗位职责中，但如果单位明确提出特定工作任务
要求，由此形成的作品也是职务作品。可见，创作就是履职的表现，由此即
形成职务作品。

据此，职务作品和非职务作品的区别就在于作品的创作完成是否是因职
务和工作任务要求，而不在于创作完成的时间是否是工作时间或职务关系的
形成是否正式。

（二）职务作品的著作权归属

因需要考量利益平衡，职务作品著作权的归属情况比较复杂。

1. 作者享有著作权的情形

雇员作者对普通职务作品享有著作权，但任职单位有权在其业务范围内
有优先使用权。其"优先"表现在：作品完成两年内，未经单位同意，作者
不得许可第三人以与单位使用的相同方式使用该作品。这类职务作品通常被
称为"普通职务作品"，即《著作权法》第 18 条第 1 款中的内容。

2. 单位享有著作权的情形

特殊职务作品由单位享有著作权，特殊职务作品指的是《著作权法》第
18 条第 2 款提出的情形，包括：

（1）主要是利用法人或者非法人组织的物质技术条件创作，并由法人或
者非法人组织承担责任的工程设计图、产品设计图、地图、示意图、计算机
软件等职务作品。首先，这类作品由单位进行了物质技术条件方面的投资，
其对职务作品的创作完成起到了关键作用，如软件测试平台和服务器是计算
机程序的重要物质条件；测绘设备是地图绘制的物质条件；试制条件和场地
是设计图和示意图制作的重要物质条件。因此单位的投资应当获得一定回报。
其次，这类作品通常由单位承担责任，是单位业务的组成部分，如这类作品
在实际施工、制作和使用中的安全性和准确性是单位业务能力以及商业信誉
的体现，也需要单位对此负责，因此，单位的责任主体地位就需要被确认。

（2）报社、期刊社、通讯社、广播电台、电视台的工作人员创作的职务
作品。这类职务作品经其工作人员创作完成后是通过其任职的传媒机构刊登
或播放的，反映的是这些传媒机构的声誉和能力，因此需要从法律上确认这
些传播机构的权利主体地位。

（3）《著作权法》之外的其他法律法规如果特别规定了单位享有职务作品著作权的，也属此类情形。如国务院 2006 年颁布的《地方志工作条例》第 15 条规定："以县级以上行政区域名称冠名的地方志书、地方综合年鉴为职务作品，依照《中华人民共和国著作权法》第十六条第二款的规定，其著作权由组织编纂的负责地方志工作的机构享有，参与编纂的人员享有署名权。"❶

（4）职务作品的著作权允许单位和雇员进行合同约定，很多文化创意类企业，设计和创作开发是其重要业务，为避免员工离职或跳槽引起的著作权流失，这类企业通常会和员工约定在职期间为完成工作任务创作的职务作品著作权归属给单位，以此保持业务的稳定性。

上述职务作品的著作权归属给单位后，雇员对其创作的职务作品依然享有署名权，并可以向单位主张相应的物质奖励。

案例研讨

《武夷之春》著作权权属纠纷案*

基本案情： 1986 年，人民大会堂福建厅装修，经福建省机关事务管理局确定由福建工艺美术学校（以下简称"工艺美校"）承接福建厅大型漆画的设计、制作。工艺美校组织学校多名师生参与创作了漆壁画作品《武夷之春》（4.3 米×7.4 米）作为福建厅的主画。1994 年，人民大会堂福建厅重新装修，对画作尺寸提出新的要求，工艺美校又组织创作漆画作品《武夷之春》（4.2 米×10 米）作为福建厅的主画，以代替原 1987 年版画作。两版漆画相比大致相同，但细部存在一些差异。《武夷之春》于 1995 年完成，受到广泛好评。2002 年 10 月，福建美术出版社出版《福州大学工艺美术学院、福建工艺美术学校装饰艺术作品集——福州大学工艺美术学院、福建工艺美术学校校庆 50 周年系列作品集》（2002 年 10 月第一版），收录了《武夷之春》1994 年版，其上署名为设计者吴某希、陈某某。制作者吴某诠、陈某某、黄某某、王某某。福建工艺美校于 2000 年并入福州大学。2013 年经陈

---

❶ 指 2001 年《著作权法》的相应条文，现为第 18 条第 2 款。

* 李某某、陈某某著作权权属、侵权纠纷，厦门市中级人民法院（2018）闽 02 民终 1515 号民事判决书，福建省高级人民法院（2019）闽民申 1368 号民事裁定书。

某某申请,《武夷之春》进行了版权登记,登记信息为:"作品名称:大型漆壁画《武夷之春》;作品类别:美术作品;作者:陈某某;著作权人:陈某某;创作完成时间:1993年8月10日;首次发表时间:1993年9月1日。"2017年12月12日,国家版权局出具《撤销登记通知书》,内容如下:"申请人陈某某申请撤销名称为大型漆壁画《武夷之春》,登记号为国作登字—2013—F—00104957的作品著作权登记。该案虽为一起侵权纠纷,但原告的资格问题成为推进诉讼的前提,案件中原告之一李某某为《武夷之春》创作者之一吴某希的法定继承人,其认为涉案作品应属于普通职务作品。另一创作者陈某某和福州大学则认为涉案作品应为法人作品。

争议焦点: 1994年版《武夷之春》属于职务作品还是法人作品?

司法实务指引: 一审法院认为,综合李某某、陈某某、福州大学提供且各方均予以确认的证据,两幅《武夷之春》的设计、制作工作分别属于人民大会堂福建厅1987年和1994年两次改建装修工程的一部分。陈某某时任工艺美校的法定代表人,两幅《武夷之春》的创作均由陈某某代表学校从省机关事务管理局承接任务,并通过校办企业与之签订合同书。讼争作品的创意产生、方案讨论、实地写生、创作实施、制作等整个过程所涵盖的各方面工作均由学校牵头主持。主创人员包括吴某希、王某某、黄某某、林某某、吴某诠均系该校教师。漆画作品与一般绘画不同,除设计之外,还需要特殊的制作工艺以及多种专业人员的参与配合,加之《武夷之春》创作的尺寸在漆画中属于比较罕见的巨幅,远非个人能够完成。在案证据显示,除作为主要设计者和制作者的上述主创人员,工艺美校还有大量师生参加到画作的设计、制作过程中。没有这些人员的辅助和协助,作品也难以如期完成。吴某希、陈某某等人作为工艺美校教师,绘画是其本职工作,在学校主持下参与该作品的创作团队,完成学校下达的任务,显然讼争作品系由法人主持创作。两幅《武夷之春》的画稿的创作主题武夷风光、表现内容武夷山的春天景色、构成要素"大王峰""玉女峰""鹰嘴岩"等均由学校集体讨论后提出,吸收各级领导的个人意见且需经省政府、北京人民大会堂事务管理局审核通过,以上历史事实也体现于省机关事务管理局与工艺美校校办企业签订的合同书之中。讼争作品的创意确定及最终定稿都要由工艺美校乃至福建省委、省政府等国家机关审核确定,足以说明法人意志体现在讼争作品的主题、内容、形式以及最终的呈现等各方面。此外,李某某未能提供讼争作品的创作草图及其他可以证明讼争作品创意、构思、呈现、构图系由某人或某几个人独立完成，根据"谁主张谁举证"的原则，应当承担举证不能的法律后果。因此，可以认定两幅作品均系代表法人意志创作。《武夷之春》放置于党和国家领导人国事活动的重要场所——人民大会堂福建厅，处于人民大会堂的重要部位，各方均将其创作、制作作为一项重要的政治任务来完成。在当时的历史条件下，如此重大的政治责任，个人难以承担，只能由任务的组织、主持者，也就是法人工艺美校承担。且《武夷之春》的制作经费高达数十万元，在当时如此高昂的工程造价，一般人根本无法承担，工程费用主要由省政府承担，并直接支付给学校，而非吴某希或陈某某。综上所述，1987年版和1994年版《武夷之春》，由法人主持，代表法人意志创作，并由法人承担责任，系属于工艺美校的法人作品。工艺美校并入福州大学后，工艺美院属于福州大学内设机构，其权利义务由福州大学承继。故1987年版与1994年版《武夷之春》为法人作品，著作权人均为福州大学。

二审法院关于讼争两幅作品究竟属于自然人作品、职务作品抑或法人作品的问题有如下看法。1987年版《武夷之春》创作完成之时，我国现行的《著作权法》尚未颁布，其他法律法规也未对特定作品著作权的享有和行使的主体作出明确规定，而1994年版《武夷之春》系在1987年版《武夷之春》的基础上调整修改而来，故对两幅《武夷之春》作品著作权归属的确定，应兼顾历史与现实，将作品的创作置于当时的创作背景、社会历史环境等条件之下，并依照现行《著作权法》的相关规定来予以确定，既最大限度保护创作者的合法权益，褒扬创作者的艺术贡献，又依法维护法人的合法权益和社会公共利益。讼争作品系吴某希等工艺美校的师生为完成工艺美校承接的工作任务而创作的。作品的规格尺寸分别达到4.3米×7.4米和4.2米×10米，对于传统的漆画作品而言实属罕见，远非某个人或数人短期内所能够独立完成。现有的证据可以证明，工艺美校为确保吴某希等主要创作人员顺利完成创作工作，协调安排吴某希等人前往武夷山采风，抽调部分师生参与到作品的创作之中，充分发挥了作品创作过程中所需的组织协调、后勤保障职能作用，有关部门和领导同样为作品创作的提出、立意、审核、组织保障等做了大量工作。创作如此巨幅的漆画作品，所需资金量大，上级有关部门专门下拨创作所需经费，涉案合同书中记载两幅《武夷之春》作品造价分别达到12万元和42万元，讼争作品从创作思路的提出直至作品完成，历时逾两年，耗费大量时间。因此，没有有关部门和领导、工艺美校等提供的组织保障及其为吴某希等人完成作品创作专门提供的资金、场地、人力等物资技术条件，仅凭个人的力量是难以完成两幅《武夷之春》作品的。

同时，讼争作品创作之时，我国尚处于改革开放初期，与市场经济相伴的个人主义观念并未被人们普遍接受，个人利益寓于集体利益之中，以创作者为核心的保护制度也尚未形成。吴某希等人作为工艺美校的工作人员完成单位交付的工作任务是其职责所在，履行工作职责所形成的成果归属于工作单位，符合当时人们的普遍认知。有理由相信，在当时特定的历史背景下，吴某希等作者不会对讼争作品的全部著作权益提出主张。基于上述分析，李某某主张讼争作品的著作权完全由创作者个人享有，既不符合当时的客观实际，也难谓公平合理，且有损社会公共利益。李某某以工艺美校校庆作品集上的署名情况等为由，主张讼争两幅作品属于自然人作品，吴某希等人对作品享有全部的著作权益，缺乏事实和法律依据，不予支持。

关于陈某某、福州大学主张讼争作品属于法人作品能否成立的问题。根据著作权法（2010 年）第 11 条第 3 款的规定，构成法人作品，需符合以下三个构成要件：一是由法人主持创作；二是作品代表法人意志；三是作品产生的责任由法人承担。前已述及，讼争作品由上级有关部门牵头立项，提出创作任务，并下达给工艺美校，再由工艺美校负责召集创作人员实施。在经费来源方面，亦由上级有关部门投入，并对创作过程进行审核把关，讼争作品的创作过程某种程度上贯彻了有关部门及领导的意志。由于讼争作品所使用的场合极为特殊，有着强烈的政治意义，作品产生的责任也只能由有关部门承担，创作者个人实际承担不了作品产生的责任。但是，由于法人作品与职务作品的外延存在交叉，基于讼争作品的上述特征，便将其认定为法人作品，容易陷入任何为完成单位工作任务创作的职务作品均属于法人作品的误区，也无法在法人作品与职务作品尤其是特殊职务作品之间划清界限。并且，由于法人意志的抽象化，在法人意志的认定上如果不加以严格限制，法人在作品创作方面作出的任何指示都可以成为"法人意志"，从而忽视创作者的创造性劳动才是推动作品形成的主要因素。

著作权法是保护文学、艺术和科学作品作者的著作权以及与著作权有关的权益的专门法，保护创作者能够获得直接或间接的利益回报，实现人格独立和自我发展，是著作权法立法的应有之意，没有创作者个人所付出的创造性劳动，就不会有文学、艺术和科学作品的诞生，保护著作权，首要在于保护创作者的权益，鼓励创作的积极性。因此，认识把握是否代表法人意志创作这一关键所在同时也是实践中最具争议的构成要件时，应限定于创作者个人自由思维的空间不大，不能充分发挥主观能动性，创作思想及表达方式完全或主要代表、体现法人的意志的情形。如果创作时仅仅遵循法人总体的思路或是确定的"调子"的，则不能认为作品体现了法人的意志。还需强调的是，将法人视为作者，确认作品的著作权完全归法人所有，系基于某些政策目标或更好地保护法人合法权益的考量，从这个角度而言，在不违背政策目标并能够充分有效保护法人合法权益的情况下，赋予法人以全部的著作权并非必须。具体到该案而言，与单位发布的工作总结、研究报告等典型的法人作品有所不同，讼争作品系美术作品，本质上属于高度个性化的创作行为，创作者在有关部门提出的创作主题和原则性要求下，仍可自由发挥主观能动性和个人创造力，在作品上充分注入个人的思想和情感。

现有的证据表明，1987年省机关事务管理局与工艺美校校办企业签订的合同书只约定漆画的创作主题，并未明确漆画的表达内容等要素，作品的立意、构图和色调等的确定均来自创作者，而1994年省机关事务管理局与工艺美校校办企业签订的合同书，在1987年版《武夷之春》的基础上，明确约定漆画的构成要素包括"大王峰""玉女峰"，但并未涉及1994年版《武夷之春》新增的另一构成要素"鹰嘴岩"，该构成要素来自吴某希早年创作的作品《武夷鹰嘴岩》。在案证据也不能证明讼争作品的构图、色调等系由工艺美校的领导机构集体讨论后提出。从样稿图的审批过程来看，讼争作品的法人意志因素亦主要来自上级有关部门和领导而非工艺美校，不应认定作品贯彻了工艺美校的意志。李某某提交的证据还证明，在创作札记中吴某希对作品的写生过程、构图思路、绘画技法等作了详尽记载，其为绘制设计供后续制作漆画之用的样稿图反复修改，几易其稿。由于漆画创作的特殊性以及讼争作品罕见的规格尺寸，需要制作者在事先绘制好的样稿图的基础上进行再创作，这个过程同样需要制作者的创造性劳动，这也是两幅《武夷之春》作品上的署名既包括设计者又有制作者的原因。两幅《武夷之春》美术作品无论是在绘画技法、漆画材料等的选择和运用上，还是在构图布局、设计元素、色彩效果等方面，都体现了创作者个人的构思、选择和表达，充分彰显了创作者独特而鲜明的思想、情感和美学修养，体现了创作者独特的审美眼光和高超的绘画技法。因此，上级有关部门和领导对作品进行审核把关并提出原则性修改意见的事实，并不影响对讼争作品作出实质性贡献的仍然是吴某希等个人。因此，讼争两幅《武夷之春》美术作品并非完全或者主要体现代表了法人的意志，并且不需要以法人的名义使用作品，不应认定为法人作品。

赋予讼争作品的创作者以有限的著作人身权，也不必然损害福州大学的合法权益，或有违立法者设定的政策目标。故一审法院将讼争两幅作品定性为法人作品并将其中的署名权让渡吴某希等人享有显属不当，二审法院依法予以纠正，对陈某某、福州大学提出的讼争作品属于法人作品的理由，法院不予采纳。考虑到讼争作品系工艺美校的工作人员为完成单位的工作任务、由有关部门提供物质技术条件并由有关部门承担责任的职务作品，讼争作品虽然不属于著作权法（2010 年）第 16 条第 2 款第 1 项所列举的四种具有实用目的的作品之一，但考量立法的本意，可依照该条规定，确定该案讼争作品的著作权归属，即两幅《武夷之春》作品的署名权由吴某希、陈某某等人享有，工艺美校享有除署名权之外的著作权，工艺美校并入福州大学作为内设教学机构之后，相应的著作权由福州大学承继。

该案的再审程序中，再审法院肯定了二审法院的结论，认为法人作品应代表法人意志创作，但讼争作品系工艺美校承接人民大会堂福建厅翻新工程任务而创作，其中的法人意志因素亦主要来自上级有关部门和领导原则性、概括性的要求。讼争作品在构图布局、设计元素、材料选择上都彰显了创作者的匠心独运和绘画技巧，较大程度地体现了创作者个人思想、情感和艺术造诣。因此，讼争作品更多地体现了创作人的思想意志。综合该案情况，原二审判决认定讼争作品为特殊职务作品具有事实和法律依据，陈某某有关讼争作品为法人作品的主张，缺乏依据。

请根据上述法院说理分析法人作品和特殊职务作品的主要区别？

二、委托作品

（一）委托作品的认定

委托作品是委托方提出创作要求并提供费用，受托方按要求提交创作成果而形成的作品。委托创作类似加工承揽，双方通过缔结合同确定彼此的权利义务。

委托作品和职务作品区别在于：委托作品中委托方购买的是一项具体的工作成果，而职务作品中单位购买的则是员工的劳动力。因此区分两者需要考量的要素就包括双方关系是临时达成的还是具有稳定性的、资方对创作进度的控制程度、创作方创作的自由程度、创作方的独立程度。美国联邦最高法院终审的"里德案"中，里德受雇为创意非暴力团体（CCNV）创作雕塑作品，双方就雕塑的外观和成本达成了一个大致协议，但没有论及版权归属的问题。里德花了两个月时间创作雕塑，在此期间，CCNV 成员时常到访并提出建议。雕塑作品完成后用于展览，里德获得了 15000 美元报酬。展览结束之后，里德对雕塑进行细节修改，当 CCNV 要求里德返还雕塑进行再次巡展时，里德认为雕塑版权归属自己，拒绝交付。在判断双方构成何种法律关系时，法院认为需要关注哪一方对作品创作具有较大的控制程度，具体包括哪一方提供了器材和工具、工作地点的位置、双方之间工作关系的时长、资方对如何完成作品的控制权，以及创作者对何时工作和工作多长时间的自行决定权。美国联邦最高法院最终认定里德不是一位雇员而是一位独立的订约人，因此雕塑作品属于委托作品，如果双方没有就版权归属达成任何协议的话，则创作人享有版权。[1]

（二）委托作品的著作权归属

《著作权法》第 19 条规定：受委托创作的作品，著作权的归属由委托人和受托人通过合同约定。合同未作明确约定或者没有订立合同的，著作权属于受托人。

可见，委托作品著作权归属允许当事人自治，当事人可以根据自身需求、作品的使用方式等因素确定委托作品属于受托方或委托方或双方共有。在自治范畴，可能存在的问题是：著作权中的署名权是否可以经自治归属给委托人？对此存在不同的观点，反对的观点认为，著作权法保护的是创作，作者的利益是首要的，其中作者的署名权是重要的人格利益，而人格利益和主体不可分割，因此不能归属给委托人，如果允许，则"枪手"这样的现象将导

---

[1] Community for Creative Non – Violence v. Reid, 490 U. S. 730, 1989.

致创作成果被侵夺，与署名权的保护亦相左；赞成的观点则认为，根据《著作权法》第 19 条的规定，权利归属的自治并没有明确将署名权排除在外，因此也就可以就署名权的归属进行约定。对此，一般认为署名权不属于委托作品中双方约定归属的范畴，主要理由在于署名权属于著作人格权，负载的作者的人格利益不能和创作主体相分离。

在"北京全景公司与北京城建重庆地产公司著作权纠纷案"❶中，法院针对原告提出的要求被告就侵犯原告的署名权承担赔礼道歉的侵权责任这一诉讼请求，作出如下分析：根据《著作权法》（2001 年）第 10 条第 1 款第 2 项"署名权是表明作者身份，在作品上署名的权利"、第 11 条第 2 款"创作作品的公民是作者"之规定，署名权由作品的作者享有，该案中，首先，原告未提交证据证明其实际参加创作，且根据原告提交的《著作权登记证书》能够证明涉案图片的作者为吕某，故原告并非涉案作品的作者，对涉案作品不享有署名权。其次，原告不能通过合同约定取得涉案作品的署名权，署名权属著作人身权范畴，只有作者本人才有权在作品上署名。涉案作品为委托创作的作品，委托人与受托人可就委托创作作品的著作财产权的归属进行约定，但不得约定著作人身权的归属。且署名权的行使，不仅关系作者的权益，还影响社会公众利益，摄影作品的作者是谁不仅代表了该作品本身的艺术水平，还会影响作品的市场价值，如允许他人在自己的作品上署名，势必会影响相关公众的判断，并对其利益造成损害，故原告不能通过合同约定取得涉案作品的署名权。

当委托方和受托方约定由受托人享有委托作品著作权，或缺少约定依法由受托人享有著作权时，委托人能否使用以及如何使用委托作品呢？对此，《最高人民法院关于审理著作权民事纠纷案件适用法律若干问题的解释》第 12 条规定：委托作品著作权属于受托人的情形（时），委托人在约定的使用范围内享有使用作品的权利；双方没有约定使用作品范围的，委托人可以在委托创作的特定目的范围内免费使用该作品。

除上述规则外，《最高人民法院关于审理著作权民事纠纷案件适用法律若干问题的解释》还规定了以下两个和委托作品相关的特殊情况：

---

❶　北京全景视觉网络科技股份有限公司与北京城建重庆地产有限公司侵害作品信息网络传播权纠纷案，重庆自由贸易试验区人民法院（2020）渝 0192 民初 762 号民事判决书。

（1）他人执笔作品。

该解释第 13 条规定：由他人执笔，本人审阅定稿并以本人名义发表的报告、讲话等作品，著作权归报告人或者讲话人享有。著作权人可以支付执笔人适当的报酬。

（2）自传体作品。

该解释第 14 条规定：当事人合意以特定人物经历为题材完成的自传体作品，当事人对著作权权属有约定的，依其约定；没有约定的，著作权归该特定人物享有，执笔人或整理人对作品完成付出劳动的，著作权人可以向其支付适当的报酬。

这两种特殊情况都具有一定的委托性质，但权属规则并没有直接适用委托作品的规则，各有原因。他人执笔作品主要考虑到作品是由报告人或讲话人发表，从公众认知的角度看，作品与报告人或讲话人直接关联，因此著作权直接归属报告人或讲话人。自传体作品直接和特定人物关联，因此无约定时著作权归属特定人物，否则难以成立"自传"。

三、合作作品

《著作权法》第 14 条规定：两人以上合作创作的作品，著作权由合作作者共同享有。没有参加创作的人，不能成为合作作者。

（一）合作作品的认定

合作作品中的作者人数为两人以上，作者身份的认定如《著作权法》第 14 条规定所述。

合作作品还需要作者之间达成创作的合意，如选集、文集类的作品会收录来自不同作者的多篇作品，但作者之间并没有创作同一个作品的合意，只是事后被收录在一起，因此不构成合作作品。他人对原作的续写一般也不构成合作，亦是因为缺少合意。

（二）合作作品著作权的归属

合作作品著作权共同享有，由合作作者通过协商一致行使著作权；不能协商一致，又无正当理由的，任何一方不得阻止他方行使除转让、许可他人专有使用、出质以外的其他权利，但是所得收益应当合理分配给所有合作作者。如果合作作品可以分割使用，如教科书的各章节、带歌词的歌曲等，作者对各自创作的部分可以单独享有著作权，但行使著作权时不得侵犯合作作品整体的著作权。

四、视听作品

视听作品包括电影、电视剧以及其他视听作品。

（一）电影、电视剧的著作权归属

影视剧的创作是一个复杂过程，既需要智力投入，也需要资金投入，同时离不开一定的组织管理能力。影视剧创作完成后的上映和播放更离不开商业和市场运作的支持，因此其著作权归属如果仅考虑创作者的利益是远远实现不了影视剧的传播和获利的。在创作者之外，能够实现影视剧拍摄、上映和盈利的主体就是其制作者了，因此，《著作权法》第 17 条第 1 款规定：视听作品中的电影作品、电视剧作品的著作权由制作者享有。制作者主要指的是策划、组织、拍摄和制作影视剧作品的主体，实践中基本上只能是法人，主要为影视公司。实践中常见影视剧上的署名为：出品公司、出品人、联合出品公司、联合出品人、联合摄制（制作）等，那么这些主体是否就是"制作者"？一方面，由于影视实践所采用的称谓客观上和《著作权法》的规定不一致，因此，涉及认定影视剧著作权权属时，上述称谓是否都属于《著作权法》上的"制作者"，主要考量影视剧的各方参与者承担的主要工作是否属于"策划、组织、拍摄和制作"；另一方面，影视实践注重合同自治，尤其涉及多方投资参与拍摄时，必然通过合同来确定影视剧权属问题以及投资收益问题，只要合同是各方真实意思表示且不违反法律强制性规定，法院也认同这类合同的效力。因此合同约定影视剧著作权归属优先，在缺少合同明确约定的情况下，应按实际承担的工作认定"制作者"。

案例研讨

上海全土豆网络科技有限公司诉北京天中
映画文化艺术有限公司侵犯著作财产权案*

基本案情： 42 集电视连续剧《新上海滩》DVD 彩封标明：出品单位北京某艺术公司、上海东上海国际文化影视有限公司、潇湘电影集团、广东星河传媒有限公司；北京某艺术公司提供版权；领衔主演：黄某某、孙某、李某某等。

片尾显示：联合摄制北京某艺术公司、上海东上海国际文化影视有限公司、潇湘电影集团、广东星河传媒有限公司等 29 家单位；发行公司北京某艺术公司、东阳百艺影视制作有限公司；联合出品北京某艺术公司、上海东上海国际文化影视有限公司、潇湘电影集团、广东星河传媒有限公司；制作发行北京某艺术公司、东阳百艺影视制作有限公司，拍摄许可证：甲第 133 号。

该电视剧的投资拍摄过程为：北京某艺术公司与上海东上海国际文化影视有限公司、广东欣欣向荣广告有限公司签订《合约书》，约定三方同意共同投资拍摄由香港版电视剧《上海滩》改编的电视连续剧《新上海滩》，由北京某艺术公司投资 50%，上海东上海国际文化影视有限公司、广东欣欣向荣广告有限公司各投资 25%。三方中任何一方提议其他机构或者个人投资该剧，书面通知另两方备案，署名只能列入联合摄制单位，并只能由提议方在自己所认缴投资比例中分拆。该剧完成后，三方共同享有《新上海滩》的全部版权，所有收益由三方按投资比例分配。

三方商定由北京某艺术公司负责该剧在全世界范围的发行工作，并在合约签订之日同时由三方共同向北京某艺术公司出具发行授权委托书。

2005 年 11 月 28 日，北京某艺术公司与潇湘电影集团签订《合拍协议书》，约定双方联合摄制电视连续剧《新上海滩》，由北京某艺术公司、上海东上海国际文化影视有限公司、潇湘电影集团共同投资，剩余部分由北京某艺术公司负责筹款并告知潇湘电影集团。北京某艺术公司享有该剧的全部版

---

* 上海全土豆网络科技有限公司诉北京天中映画文化艺术有限公司侵犯著作财产权纠纷，上海市高级人民法院（2010）沪一中民五（知）终字第 63 号民事判决书。

权，该剧著作权纠纷与潇湘电影集团无关，立项申报由北京某艺术公司负责办理。潇湘电影集团享有该剧"联合出品及联合制作"之署名权。

2005年12月5日，北京某艺术公司与上海东上海国际文化影视有限公司、广东欣欣向荣广告有限公司出具《授权书》，称涉案电视剧的全部版权归属于三方共同享有，现三方共同商定将该剧发行权利授权于东阳百艺影视制作有限公司全权处理。

争议焦点： 电视剧《新上海滩》的著作权人如何确定？

司法实务指引： 一审法院认为，电影作品和以类似摄制电影的方法创作的作品的著作权由制片者享有。从片中署名看，涉案电视剧由北京某艺术公司、上海东上海国际文化影视有限公司、潇湘电影集团、广东星河传媒有限公司4家单位联合出品，虽然署名中有29家单位联合摄制，但根据北京某艺术公司提供的北京某艺术公司与上海东上海国际文化影视有限公司、广东欣欣向荣广告有限公司签订的《合约书》，上述三家公司投资拍摄涉案电视剧并共同享有著作权，如果提议其他机构投资的，只能在提议方认缴投资比例中分拆，署名只能列入联合摄制单位。这说明除《合约书》中的三方签约单位外，其他投资方并不享有涉案电视剧除署名权以外的著作权。同时根据北京某艺术公司与潇湘电影集团的《合拍协议书》，北京某艺术公司享有涉案电视剧的全部版权，潇湘电影集团仅享有联合出品及联合制作的署名权。

二审法院基本确认了一审法院的结论，认为涉案电视剧《新上海滩》信息网络传播权的权利主体，应当结合涉案电视剧DVD彩封与片尾的署名、各方签订的协议等证据综合予以判断，同时广东星河传媒有限公司、东阳百艺影视制作有限公司、上海东上海国际文化影视（集团）有限公司以及潇湘电影集团等单位相继出具声明、委托书、确认书等，确认被上诉人北京某艺术公司对涉案电视剧享有2006年12月26日起三年的信息网络传播权。

另外，对影视剧进行了智力投入的创作者也被赋予一定权利，首先，表现在法律对其作者身份的确认，影视剧的作者包括编剧、导演、摄影、作词、作曲等作者，其获得在影视剧上署名的权利；其次，这些作者还可以根据其与制作者签订的合同获得报酬，即所谓"片酬"。

影视剧创作完成后上映或播放形成的收益、发行复制品形成的收益全部属于影视剧的著作权人，即制作者所有，不再分配给影视剧的作者。

（二）其他视听作品

目前尚无官方解释何为"电影、电视剧以外的视听作品"，本书认为其主要包括三种情况：其一为视频广告，视频广告和影视剧一样以连续画面作为主要表达方式，但时长很短，也不需要上映审查。视频广告为追求宣传效应和观赏效果大多可以满足独创性。其二为目前各短视频平台上满足独创性标准的短视频。短视频和电影、电视剧一样以连续活动画面作为表达方式，但需要注意的是，并非所有的短视频都属于视听作品，因为我国《著作权法》对视听作品和录像制品❶作了明确区分，区分的标准就是独创性，因此有独创性的短视频应适用视听作品相关规则进行著作权归属。其三为网络游戏，网络游戏的连续画面在表达形式上和影视剧是相同的，因此构成视听作品。

按照《著作权法》第 17 条第 2 款规定，这类视听作品著作权由当事人约定；没有约定或者约定不明确的，由制作者享有，但作者享有署名权和获得报酬的权利。此处制作者的含义可以参照影视剧制作者加以认定。

实务视角

影视实践中著作权归属和收益分配的方式

例 1：《电视剧〈凡人的品格〉联合投资摄制合同》（部分条款）❷

甲方：咚咚锵公司

乙方：苏宁公司

甲方法定代表人：李某某，授权代表：李某某，通信地址、电话、电子邮箱略

乙方法定代表人：贾某，授权代表：郑某，通信地址、电话、电子邮箱略

2.1 甲、乙双方共同出资制作该剧，

---

❶ 见本书"邻接权"部分。

❷ 董某某等与苏宁环球传媒有限公司合作创作合同纠纷，上海知识产权法院（2021）沪 73 民终 552 号民事判决书，该案主要涉及的是合同解除和违约责任认定问题。

2.2.1　该剧名称暂定为《凡人的品格》;

2.2.2　导演:徐某某(已定);

2.2.3　主演:林某某(已定)、江某某、蒋某(暂定);

2.2.6　拍摄周期90天;

2.2.7　开机时间:2016年10月(依据演员情况暂定);预计送审日期:2017年5月。

3.1　该剧总投资预算为9000万元;

3.3　甲方出资70%即6300万元,乙方出资30%即2700万元;

3.4　甲方提供摄制该剧的专用账户,该账户提供该剧收取投资款、支付制作费用、收取该剧收入使用,开户名:上海咚咚锵影视文化发展有限公司,开户行及账号。甲方保证全部投资款专款专用;

3.5.1　本合同签订并生效之日起5个工作日内,乙方向摄制专用账户汇入投资款的20%即540万元;

3.5.2　该剧开机拍摄5日前,乙方向摄制专用账户汇入投资款的30%即810万元;

3.5.3　该剧开机拍摄后30日内,乙方向摄制专用账户汇入投资款的30%即810万元;

3.5.4　该剧开机拍摄后60日内,乙方向摄制专用账户汇入投资款的15%即405万元;

3.5.5　甲方完成本剧所有后期制作并提交全部完成母带于国家新闻出版广电总局申办发行许可证之日起10日内,乙方向摄制专用账户汇入投资款的5%即135万元。

3.6　该剧全部摄制工作完成后,如总投资预算尚有未使用的剩余款项,按照合同约定的出资比例进行分配和返还给甲乙双方。

3.7　原则上不能超出总预算,如遇特殊原因该剧总投资预算金额不足以完成摄制的,双方另行协商,自确定总投资预算不足起3日内,双方共同核定不足部分具体金额。

3.8　就本合同约定的甲乙双方各自对该片的出资(包括追加出资),双方按照本合同约定的出资比例,共享收益和盈利,共同承担投资该片的亏损。

3.10　乙方支付的投资款只得用于本剧拍摄制作,该账户内资金调度与支出均应按照双方共同审定的总投资预算和剧组专项资金的使用进度计划及财务管理规定执行，甲方擅自支取的，该款项由甲方自行承担，不计入本剧成本，并承担挪用资金总额的 5% 的违约金，拒不归还的，乙方有权解除合同。

3.11　自乙方首笔投资款划款之日起，剧组财务应向乙方提供银行对账单，每个月向乙方提供真实、完整、详细的财务资料供乙方备案，并于关机及获得发行许可证后一个月内，向乙方提供财务结算书。同时甲方向乙方提供全部制作费相等的正式发票复印件或者剧组工作人员劳务费相关的凭证，原件在甲方保存。如乙方认为需要的，甲方及剧组同意乙方委托第三方审计机构对本剧拍摄、制作、收入等进行审计。

4.1　甲乙双方共同负责该剧的拍摄和制作包括但不限于：挑选和确定剧组成员、导演、全部演员、组建剧组等。乙方同意甲方以自己名义（××组××组的名义）对外签订与拍摄和制作该剧有关的所有合同（包括但不限于：演员合同、导演合同、其他所有参与摄制该剧的人员的聘用或委托合同、制作合同、道具等租赁合同及配音、配乐、主题曲、片头曲、片尾曲等合同）等与该剧拍摄和制作有关的全部摄制工作。

4.2　该剧剧组的组建以及拍摄过程中的行政和生产管理由甲方委派人员全权负责，乙方指派专人任本剧监制，负责监督制作品质和拍摄进度。

5.1　该剧的项目备案、拍摄许可由甲方负责申请，制作完成后由甲方负责准备相关材料并报送相应电视剧审查机构审查，如需修改，甲方进行修改，直至审查通过取得发行许可证为止。

6.2　甲乙双方作为该剧的共同出资方和出品方，对该剧享有以下署名权。各方的署名，应在本剧的片头、片尾、各类宣传资料等材料中采用相同的字体、颜色、字号按照双方约定的顺序（第二位）呈现。

6.2.1　出品单位：苏宁环球传媒有限公司上海咚咚锵影视文化发展有限公司；

6.2.2　出品人：张某某（××公司代表）　监制：陈某　制片人：郑某，乙方可署名为出品方、联合摄制方。

7.1　甲方负责在全世界范围内发行该剧。

8.2　甲方发行该剧，有权收取 15% 的发行代理费，剩余全部发行收入，甲乙双方按照合同约定的出资比例进行分配。

8.11　本剧首轮发行结束后，每年度进行一次结算与利润分配。

10.4　未经乙方书面同意，甲方不得随意更换本剧主创及主要演员、开机时间、送审日期等双方已商定的重要条件。

12.1　任何一方未能在本合同约定期限内及时且足额地履行出资（含追加出资）义务的视为违约方，每逾期一日，向守约方支付本合同约定一方出资总额万分之五的逾期违约金，逾期出资超过 15 日的，授权方有权解除本合同，违约方逾期出资给守约方造成损失的，违约方还应赔偿守约方全部损失。

12.3　无论何种原因，导致本剧已确定的男主演林某某未能如约出演男主角，则乙方有权解除本合同，甲方应立即返还乙方已支付的全部投资款，如系甲方过错导致这一结果，甲方还应当支付相当于乙方应投资总额 20% 的赔偿款。如更改导演、女主角等其他重要主创的，也应提前经乙方确认，否则乙方有权要求甲方支付相当于乙方应投资总额 20% 的违约金。

12.4　任何一方出现违约行为，守约一方可书面通知该违约一方说明上述可能造成不履行或违反本协议的行为，而该违约方未能在下述期限内进行补救的：（1）自收到守约方通知为履行金钱给付义务或补偿义务后的 15 个工作日；（2）自收到守约方通知其他非金钱违约事项的 30 日内。违约方应当向守约方承担相应违约责任，赔偿守约方因此遭受的实际损失。同时，守约方有权在补救期满后向未纠正违约行为的违约方发出书面通知终止本协议，并要求违约方赔偿损失，本协议另有约定的除外。

12.5　本合同所称损失，包括但不限于直接损失、对该剧的全部投资、第三人（包括引入的投资方）索赔款项、因调查违约行为及向其主张权利而支出的调查费、差旅费、误工费、律师费及其他全部合理费用。

15.3　双方因本合同而做出的任何书面往来文件，包括但不限于：甲方或乙方与第三方（包括法人、个人和其他组织）签订的合同、汇款通知、主张要求、催款通知、权利义务转让通知以及对账单等，均为本合同的附件，附件系合同不可分割的有效组成部分，与合同具有同等法律效力。

15.4　本合同及附件构成双方就联合投资摄制该剧事项的全部内容，取代本合同签订日前双方关于本合同约定事项而做出的任何口头和书面约定及承诺，以及签订的任何书面文件（备忘录、意向书等，如有）；除本合同及附件外，双方并无任何其他口头协议。

15.5　如需变更本合同约定的甲乙双方联系人、住址、电话、电子邮件等信息，变更一方应提前 7 日通知对方；否则，均以本合同确定的信息为准，对方发送给该变更一方的任何书面文件或信息，到达本合同确定的该变更一方的地址、电子邮件中，即视为对方完成送达或交付；收到不能的全部不利后果，由该变更一方承担。

例2：相关公司声明、函告确定影视著作权归属❶

涉案电视剧《石敢当之雄峙天东》的权利人因被告侵权诉至法院，诉讼中需要对其著作权人的身份进行确认。电视剧片尾播放画面显示"本剧信息网络传播权由华视网聚（常州）文化传媒有限公司独家享有"、"出品：山东卫视传媒有限公司 北京完美影视传媒有限责任公司 天津完美文化传媒有限公司"。

涉案电视剧于2014年12月26日取得国产电视剧发行许可证，载明：剧目名称：石敢当之雄峙天东，长度50集（常规剧集），申报机构：山东卫视传媒有限公司。

2015年1月23日，山东卫视传媒有限公司出具版权声明函，声明其作为电视剧《石敢当之雄峙天东》的联合出品方及署名单位，只享有该片出品方署名权及该片投资收益的分配权，并有权按电视剧《石敢当之雄峙天东》联合投资摄制合同的约定分享由此产生的全部总收入，其不享有该片其他任何版权，该片（含剧本）之所有版权及其他衍生权利归北京完美影视传媒股份有限公司。

同日，天津完美文化传播有限公司出具版权声明函，声明其作为电视剧《石敢当之雄峙天东》的联合出品方及署名单位，只享有该片出品方署名权及该片投资收益的分配权，并有权按电视剧《石敢当之雄峙天东》联合投资摄制合同的约定分享由此产生的全部总收入，其不享有该片其他任何版权，该片（含剧本）之所有版权及其他衍生权利归北京完美影视传媒股份有限公司。

通过以上两例，请思考：

1. 例1中的合同条款能否清楚界定相应电视剧的著作权人？合同条款中对于署名主体和署名方式的约定是否就是对该电视剧著作权的认定？

2. 例2中的版权声明函是否有效？著作权的归属能否和署名以及投资收益相分离？

---

❶ 华视网聚（常州）文化传媒有限公司诉天脉聚源（北京）传媒科技有限公司侵害作品信息网络传播权纠纷，北京市东城区人民法院（2015）东民（知）初字第15582号民事判决书。

五、演绎作品

（一）演绎作品著作权的归属

著作权法领域所称的"演绎"指的主要是改编、翻译、注释、整理和汇编行为。首先，这些行为离不开原作，是对原作的二次创作，并产生了不同于原作的新表达或新作品。其次，这些行为通常由原作著作权人以外的人实行，因此才产生新作品著作权归属的问题。《著作权法》保护创作而产生的利益，演绎人进行了创作就会获取著作权，因此《著作权法》第 13 条规定：改编、翻译、注释、整理已有作品而产生的作品，其著作权由改编、翻译、注释、整理人享有。

汇编行为较为特殊，汇编行为并不一定都会产生汇编作品。《著作权法》第 15 条规定：汇编若干作品、作品的片段或者不构成作品的数据或者其他材料，对其内容的选择或者编排体现独创性的作品，为汇编作品。因为产生了不同于原作的汇编作品，因此其著作权由汇编人享有。

（二）演绎作品著作权的行使

首先，演绎行为在对原作进行演绎时首先都应获得原作著作权人许可；其次，在对自己的演绎作品行使著作权时，也不得侵犯原作品的著作权，包括指明演绎来源，为原作者署名，不得歪曲和篡改原作。

演绎作品如果需要进行出版，或者他人对演绎作品进行演出和制作录音录像制品，应当获得双重许可，即取得该作品的著作权人和原作品的著作权人许可，并支付报酬。

第三节　外国著作权人

著作权有地域性的特点，原则上不保护外国人的著作权，但随着国际文化交流的扩大和版权贸易全球化，外国著作权人具有在他国获得著作权保护的需求，否则盗版、抄袭必然损害跨国的文化交流活动，这一问题主要可以通过缔结著作权国际公约或双边协议加以解决。著作权领域影响最大的国际公约是《伯尔尼公约》，我国于 1992 年成为《伯尔尼公约》的成员国，对于外国著作权人的保护规则也被纳入我国《著作权法》中。

一、属人原则

对于不具有中华人民共和国国籍的主体而言，其作品获得中国著作权法保护的条件就是：其国籍国和中国共同参加了相关著作权国际公约，如《伯尔尼公约》。依照公约中的国民待遇原则，其在中国获得著作权保护；除国籍之外，也可以依其经常居住地确认国际公约成员国国民身份。

二、互惠原则

对于尚未参加著作权领域国际公约的国家而言，若该国和中国签订了著作权方面互相保护的双边协议，则该国国民的著作权也可以获得中国《著作权法》的保护。

三、出版原则

外国人或无国籍人也可以通过作品首先在中国境内出版获得中国《著作权法》的保护，其著作权自首次出版之日起受保护。"首先"这一时间标准可以被适当放宽，《著作权法实施条例》第 8 条规定：外国人、无国籍人的作品在中国境外首先出版后，30 日内在中国境内出版的，视为该作品同时在中国境内出版，从而能按"首先"的标准获得保护。

根据《著作权法》第 63 条的规定，出版指作品的复制、发行，复制和发行的具体含义分别适用《著作权法》第 10 条第 5 项、第 6 项的规定。据此，信息网络传播、广播、展览、表演等行为均不属于"出版"。

此外，若某一国家既非著作权国际公约的成员国，也未与中国签订双边协议，其国民以及无国籍人的作品还可以通过首次在中国参加的国际公约的成员国出版的，或者在成员国和非成员国同时出版的方式获得中国《著作权法》的保护。

实务视角

法院对涉外著作权案件的审理

一、涉外因素的确定

涉外著作权案件应根据《中华人民共和国涉外民事关系法律适用法》（以下简称《涉外民事关系适用法》）及《最高人民法院关于适用〈中华人民共和国涉外民事关系法律适用法〉若干问题的解释（一）》（以下简称《涉外民事关系司法解释一》）进行确定，《涉外民事关系司法解释一》第1条规定，民事关系具有下列情形之一的，人民法院可以认定为涉外民事关系：

（一）当事人一方或双方是外国公民、外国法人或者其他组织、无国籍人；

（二）当事人一方或双方的经常居所地在中华人民共和国领域外；

（三）标的物在中华人民共和国领域外；

（四）产生、变更或者消灭民事关系的法律事实发生在中华人民共和国领域外；

（五）可以认定为涉外民事关系的其他情形。

据此，如果著作权案件当事人之一不具有中国国籍、经常居住地位于国外、诉争作品如建筑作品位于国外、侵权行为或创作作品的行为发生在国外的，均会使案件具备涉外因素。一旦确定著作权案件属于涉外案件，则是否对当事人争议的作品进行保护以及适用何地法律如何进行保护就是接下来需要明确的问题。

二、涉外著作权案件适用的法律

根据《涉外民事关系适用法》第48~50条的规定，知识产权的归属和内容，适用被请求保护地法律。当事人可以协议选择知识产权转让和许可使用适用的法律。当事人没有选择的，适用该法对合同的有关规定。知识产权的侵权责任，适用被请求保护地法律，当事人也可以在侵权行为发生后协议选择适用法院地法律。根据上述规定，涉外著作权权属纠纷和侵权纠纷应适用请求保护地法；涉外著作权转让和许可合同纠纷可以协议选择准据法，没有选择的，适用履行义务最能体现该合同特征的一方当事人经常居所地法律或者其他与该合同有最密切联系的法律。以下分别述之。

首先，对于涉外著作权权属纠纷和侵权纠纷，"被请求保护地"指被请求保护的权利地，或者说产生该权利的国家。被请求保护地并非可以直接等同于受理案件的法院地，而是诉争作品产生著作权的权利地，其可能是法院地，也可能是原告在寻求保护时所依据的实体法所属的国家。如果为后者且该国家为外国时，审理案件的法院需要对外国法进行查明并听取当事人对适用该外国法的意见，均无异议的，可以适用；不能查明的，根据《涉外民事关系适用法》第 10 条的规定，适用中华人民共和国法律。被请求保护地既然可以是诉争作品产生著作权的权利地，这一概念即指向《伯尔尼公约》中的"起源国"，根据《伯尔尼公约》第 5 条之 4，起源国指的是：

（a）对于首次在本同盟某一成员国出版的作品，以该国家为起源国；对于在分别给予不同保护期的几个本同盟成员国同时出版的作品，以立法给予最短保护期的国家为起源国；

（b）对于同时在非本同盟成员国和本同盟成员国出版的作品，以后者为起源国；

（c）对于未出版的作品或首次在非本同盟成员国出版而未同时在本同盟成员国出版的作品，以作者为其国民的本同盟成员国为起源国，然而（1）对于制片人总部或惯常住所在本同盟一成员国内的电影作品，以该国为起源国。（2）对于建造在本同盟一成员国内的建筑作品或构成本同盟某一成员国建筑物一部分的平面和立体艺术作品，以该国为起源国。

我国司法实践中，对于著作权原始权利归属通常适用起源国法，即涉及职务作品、委托作品、合作作品等著作权归属于哪一方时适用起源国法。而对于权利的保护、侵权行为的认定和侵权责任的承担通常适用法院地法，即中国法。

其次，著作权转让和许可合同纠纷，一是应根据合同中的条款确定是否存在选择准据法的情形，选择外国法为准据法的，审理法院同样需要对外国法加以查明，不能查明的，适用中国法；二是在无协议的情况下，适用履行义务最能体现该合同特征的一方当事人经常居所地法律或者其他与该合同有最密切联系的法律。因著作权转让合同或许可合同通常涉及的是权利人允许对方当事人永久或暂时地实施某一项或几项著作权的行为，因此应根据合同目的判断该具体行为的实施地，该地即与合同具有最密切联系，从而确定适用的法律。

案例研讨

《小猪佩奇》著作权权属、侵权纠纷案*

基本案情：原告艾贝戴公司为一家英国公司，享有涉案动画片《小猪佩奇》的著作权。被告在其运营的途歌共享汽车上贴附了小猪佩奇形象，共享汽车在北京国际汽车展览会上展出，被告运营的微信公众号、微博、微博话题发布了相应照片。

争议焦点：原告在案件中主张，涉案动漫形象权利形成于英国，故相应的权属认定标准应按照英国相关法律来确定，并提交了英国相关法律。原告提交了1988年《英国版权、外观设计和专利法》第11条"版权所有权"第2项规定："除非雇佣合同有相反规定，由雇员在受雇期间创作之文学、戏剧、音乐或艺术作品，其雇主为首位版权所有人。"原告明确主张该案中除涉案动漫形象的权利归属适用英国法律外，其他需要认定的事项均适用中国法律。

司法实务指引：对此，法院首先肯定了该案的涉外因素，原告为外国法人，且其主张著作权的涉案动画片、涉案动漫形象创作完成于外国，故该案为涉外知识产权民事纠纷案件。对于该案适用的法律，法院认为，原告是英国法人，中国和英国同为《伯尔尼公约》的成员方，依据自动保护原则，英国主体的著作权在我国自动受到我国《著作权法》的保护，即在我国无须履行登记注册手续，其作品自创作完成即产生著作权，其著作权的权利归属（原始权利归属除外）、权利内容和侵权责任等问题适用我国法律进行评判。为确保著作权权利归属问题的确定性，应当明确，作品的原始权利归属适用作品起源国的法律调整。按照作品起源国法律确定原始权利归属既是明确的，也是稳定的，不会因为其他国家的法律有不同规定而发生变化，这样有利于激励创作者创作的积极性，有明确的权利人，亦便于作品使用者寻求许可和支付报酬，有利于作品在不同国家的传播。该案《小猪佩奇》的国外版权登记证书记载，该美术作品的起源国为英国。如前述分析，《小猪佩奇》美术

---

* 艾斯利贝克戴维斯有限公司等与北京途歌科技有限公司著作权权属、侵权纠纷案，北京互联网法院（2018）京0491民初1045号民事判决书。

作品的原始权利归属应适用该美术作品起源国的法律调整，即英国法。1988年《英国版权、外观设计和专利法》第 11 条"版权所有权"第 2 项规定："除非雇佣合同有相反规定，由雇员在受雇期间创作之文学、戏剧、音乐或艺术作品，其雇主为首位版权所有人。"该案中，《小猪佩奇》美术作品在英国创作，该美术作品是为了《小猪佩奇》动画片而创作的雇佣工作成果，《小猪佩奇》动画片的制片者是雇主，故原告享有《小猪佩奇》美术作品的著作权。

第五章 邻 接 权

邻接权也叫相关权，即和著作权相关权利的总称，我国的邻接权包括表演者权、录音录像制作者权、广播组织权和出版者权。这些权利和著作权的相关联处体现在表演活动、录制活动、广播活动和出版活动均离不开作品，是作品重要的传播渠道，也以作品为重要的传播内容；另外，作品往往通过这些渠道获得商业利益。因此，著作权的存在是邻接权得以产生的前提，而邻接权和著作权相比，其所保护的表演、录制品、广播活动以及出版活动并没有创生出完全不同于原作的新作品出来，因此，这些活动没有被纳入著作权体系，而是在著作权之外由法律创设了邻接权，来保护表演、录制、广播和出版活动中的智力投入和商业利益。

和著作权保护相比，邻接权对上述活动的保护水平不会高于著作权，保护期限也较短。

第一节 表演者权

一、表演者权的主体和客体

（一）权利主体和归属

表演者是表演者权的主体，表演者指的是表演文学、艺术作品的人。这里的"人"是自然人，表演本质上是需要人利用自身的生理条件如声音、动作、表情、肢体等传达作品，法人等组织体并不具有这样的生理条件。在

2020 年《著作权法》修改前，表演者还可以由演出单位构成，但是即使是演出单位，也需要通过具体的演员来完成演出。《著作权法》修改后，考虑到演出单位演出时的团体性、组织性以及责任地位，《著作权法》建立了职务表演规则，允许演出单位在不具有表演者身份的情况下也能获得表演者权。

《著作权法》第 40 条规定：演员为完成本演出单位的演出任务进行的表演为职务表演，演员享有表明身份和保护表演形象不受歪曲的权利，其他权利归属由当事人约定。当事人没有约定或者约定不明确的，职务表演的权利由演出单位享有。职务表演的权利由演员享有的，演出单位可以在其业务范围内免费使用该表演。

这一规定较好地平衡了表演者和演出单位之间的权益分配。

（二）权利客体

表演活动是表演者权的权利客体，指表演者利用动作、语言、声音、表情、形体或道具对作品进行的公开传播活动。表演活动指向作品，因此如果不具备作品这一前提就不构成《著作权法》意义上的表演，即使存在通常意义上的表演，表演者也无法获得表演者权。如体育竞技比赛中的体操、花样游泳均带有一定的表演性，但体操动作、游泳动作不构成作品，而只是某种运动方法或竞技技巧，因此运动员不能对此享有表演者权。又如海豚表演，在"长沙动物园诉当代商报社案"❶ 中，法院认为：驯养员通过种种方式驯养海豚，但驯养员只是作为表演的指挥者参与节目，通过各种暗示方法指挥海豚进行不同的表演，驯养员本身并未向观众展示与众不同的艺术造型或以其他方式体现其独特的艺术性。即使因对海豚训练方法的差异，海豚的表演动作可能存在不同的难度，但单纯的技巧和难度，不属于著作权法保护的范围。海豚所作出的"表演"，实质上是因驯养员的训练而产生的条件反射，是驯养员训练思维的一种机械性、生理性反映工具，海豚不具有法律上的人格意义，既不是表演者，也不能构成著作权的权利主体。在实际表演中，诉争的海豚表演并未通过表演造型或编排，展现出独创的艺术性，因此该节目不属于著作权法上的杂技艺术作品，其表演形式不受著作权法保护。

---

❶ 长沙动物园诉当代商报社、海底世界（湖南）有限公司不正当竞争案，湖南省长沙市中级人民法院（2003）长中民三初字第 90 号民事判决书。

表演者权保护的是"活表演",即人的现场表演。如果表演需要借助机器设备传播,那么这种表演就不是表演者权的客体。因此,话剧、歌剧、舞剧、相声、曲艺等现场表演的表演者均受表演者权保护;影视剧表演因为表演必须被固定在存储介质上并需要通过设备传播,不能获得表演者权。

表演者权之所以只保护"活表演",是因为现场表演的经济收益依赖门票,如果被非法录制传播,将降低公众观看现场表演的兴趣,从而影响表演者收入;而影视表演被设备录制是正常情况,影视演员在片场的"现场表演"不具有独立的经济意义,影视演员的经济收入由其和制片者签订合同、获得片酬来实现,不依赖于其在片场的"现场表演"活动。如在"王某某等诉安徽音像出版社案"❶ 中,法院认为:我国《著作权法》规定,演员、演出单位对其表演享有表演者权。因此,戏曲演员对其现场的唱腔表演享有表演者权。但是,对于包括电影唱腔表演者在内的电影演员的表演者权,法律却未作明确规定。基于电影演员与现场表演演员表演初衷的不同,权利行使方式的差异,考虑到方便电影著作权行使,促进电影事业发展的电影权利归属的立法目的,关于现场演出意义上的演员、演出单位享有表演者权这一法律规定,的确不应适用于电影演员。需要指出的是,影视演员虽然不属于《著作权法》意义上的表演者,但其表明身份和保护自己表演形象的人格利益参照表演者的人身权受到保护。

案例研讨

高某诉梅赛德斯奔驰表演者权侵权案*

基本案情: 原告高某签约担任奔驰汽车广告片拍摄的模特工作,其所属经纪公司和被告约定:

一、拍摄内容:奔驰汽车睿智二手车;

二、拍摄时间:2011 年 7 月 8 日;

---

❶ 王某一、王某二和王某三诉安徽音像出版社、深圳南山书城侵害著作权纠纷案,深圳市中级人民法院(2009)深中法民三终字第 86 号民事判决书。

* 高某诉梅赛德斯奔驰表演者权侵权案,北京市朝阳区人民法院(2013)朝民初字第 23148 号民事判决书。

三、模特姓名：高某；

四、发行媒体：网络媒体；

五、发行区：互联网；

六、使用时限：一年；

七、费用：（1）模特及经纪人劳务费、肖像权许可使用费共计2万元整；（2）模特及经纪人机票、车费、食宿费甲方实报实销；（3）前期模特试镜费3000元整。

拍摄后的广告片是以凸显奔驰汽车品质为主题的汽车宣传广告，通过画面、声音以及音乐的结合表达了一定的故事情节。高某系上述广告片的主要演员。高某认为虽然广告片的拍摄获得了其授权，但被告奔驰销售公司在汽车展销会上及其4S店内使用了涉案广告片，已经超出了授权范围，侵害了其享有的表演者权。

争议焦点： 原告对涉案广告片是否具有表演者权？

司法实务指引： 法院认为，虽然涉案广告片中包含了高某作为演员的表演，但其参与涉案广告片的表演系带有劳务性质的履约行为，其为涉案广告片拍摄所进行的表演属于涉案广告片的一部分内容，并且与声音、场景画面相结合形成了以类似摄制电影的方法创作的作品，即涉案广告片。在涉案广告片的整体著作权依法归属于制片者的情况下，高某作为该作品中的表演者，其所从事表演部分的权利已经被吸收，其在享有表明表演者身份及保护其形象不受歪曲等人身性权利的同时，仅享有依据合同获得报酬的权利，而不再享有其他经济权利，无权对其在广告片中的表演单独主张表演者权。对于原告提出奔驰销售公司的涉案广告片使用方式超出了其授权范围的主张，法院认为，虽然双方的合同对于涉案广告片的发行媒体、使用期限等进行了限定，但奔驰销售公司的涉案使用行为超出此种限定不能成为原告主张表演者权受到侵害的依据，如其认为因此受到了损失，应通过相应的合同另行救济。

二、表演者权的权利

表演者的权利包括人身权和财产权两部分。表明表演者身份的权利和保护表演形象不受歪曲的权利属于人身权，这是因为表演者在表演作品时，一般都会将个人化的理解融入所表演的作品中，带有表演者自己的特色，从而形成独特的表演形象，其中包含的就是人格利益。以下两项权利均包含了表演者的人格利益，属于表演者人身权，其余则是表演者的财产权。

（一）表明表演者身份的权利

表演者有权表明表演者的身份，这一权利类似于作者的署名权。如何为表演者署名可以根据表演者和演出场所、录制公司或其他传播主体的协议确定，或者依照行业惯例确定，总之需要以适当的方式让观众或听众知悉实际的表演者。

（二）保护表演形象不受歪曲的权利

这一权利规制的行为是对表演形象的歪曲性利用。歪曲利用会使得表演者声誉受损、社会评价下降，损害表演者人格。歪曲利用有别于通常的商业使用行为。如他人未经许可对带有表演形象的海报、宣传、照片等进行转发、刊载，甚至用于其他商品的商业广告，只要利用行为和表演形象不相抵触，不贬损表演形象，都不会侵害表演者权，但此时有可能会涉及侵害表演者的肖像权，尤其是表演者肖像和表演形象重合时。

需要注意的是，表演形象有别于表演者自己的肖像，但很多时候表演者的表演形象和个人肖像是重合的，那么当"形象"被非法使用时，表演者可以根据使用情形选择表演者权或者肖像权来进行保护。《民法典》第 1019 条规定，肖像权侵权包括使用、制作他人肖像以及丑化、污化、伪造他人肖像，可见肖像权也可以保护表演者"形象"的使用。其和表演者权的保护区别在于：表演形象来自作品，因此表演形象产生的独特性和相应作品是分不开的，是以作品作为"环境"依托的。而肖像权中的"形象"仅仅是权利人的客观外表。

而当表演形象和个人肖像不重合时，如特效化妆形成的表演形象被他人非法利用的，则属于表演者权保护的范畴，一般不能主张肖像权保护，除非相应的表演形象和表演者之间产生了特定的、专门的联系。在"六小龄童诉蓝港在线（北京）科技有限公司案"❶ 中，法院指出：当某一形象

---

❶ 章某某与蓝港在线（北京）科技有限公司肖像权、名誉权纠纷，北京市西城区人民法院（2010）西民初字第 10534 号民事判决书，北京市第一中级人民法院（2013）一中民终字第 05303 号民事判决书。

能够充分反映出个人的体貌特征，公众通过该形象直接能够与该个人建立一一对应的关系时，该形象所体现的尊严以及价值，就是该自然人肖像权所蕴含的人格利益。章某某（六小龄童）饰演的"孙悟空"完全与其个人具有一一对应的关系，即该形象与章某某之间具有可识别性。在相对稳定的时期内，在一定的观众范围里，看到其饰演的"孙悟空"就能认出饰演者章某某，并且答案是唯一的，因此"美猴王"的表演形象可以落入章某某的肖像范畴。

（三）现场直播权

表演者对其现场表演活动有权许可他人现场直播和公开传送，并有权获得报酬。因此，未经表演者许可，不得对现场表演直播传送。直播和传送所采用的技术方式不限，只要能使不在现场的观众或听众同步欣赏到现场表演，就属于表演者权控制的范畴。这一权利确保了现场表演活动的经济收益，随意直播将降低公众现场购票观看的兴趣，影响其经济收益。

（四）首次固定权

表演者有权许可他人对自己的现场表演活动录音录像并获得报酬。录音录像就是将现场表演固定在存储介质上的过程，因此这一权利又被称为首次固定权。未经许可，不得对现场表演进行录制，很多演唱会、剧场表演等均不允许观众录制，正是表演者行使权利的体现。未经许可录制现场表演活动可能会损害现场演出的收益，因为录制下来的录制品是难以阻止其后续传播的，而一旦传播，也将降低公众现场观看的兴趣。

（五）表演制品的复制权、发行权和出租权

经表演者允许后，表演活动可以被录制，因此就会形成录音、录像制品，如磁带、光盘、存储盘等。这些制品的复制、发行和出租也需要获得表演者许可并支付报酬。这里的复制、发行和出租的含义和著作权中相应权利的含义保持一致。

表演者的出租权是 2020 年《著作权法》修改后新增的一项权利，出租权的赋予使得我国《著作权法》进一步满足了《世界知识产权组织表演和录音制品公约》（WPPT）的规则，WPPT 第 9 条之（1）规定：表演者应按缔

约各方国内法中的规定享有授权将其以录音制品录制的表演的原件和复制品向公众进行商业性出租的专有权，即使该原件或复制品已由表演者发行或根据表演者的授权发行。

（六）信息网络传播权

表演活动被录制后还可以通过信息网络传播，此处的信息网络传播指的是通过网络向公众提供表演，使公众可以在个人选定的时间和地点获得表演。通过网络传播现场表演活动的制品也可能会减损公众观看现场表演的兴趣，影响其经济利益，因此需要获得表演者许可并支付报酬。

上述表演者的权利，其人身权永久受保护，其余四项财产权的保护期为五十年，截止于该表演发生后第五十年的 12 月 31 日。

需要注意的是，表演者权的产生依托于已经存在的作品，因此表演他人作品需要获得作品著作权人许可并支付报酬，表演演绎作品需要获得原作著作权人和演绎作品著作权人的双重许可，并支付报酬。

第二节　录音录像制作者权

一、录音录像制品

（一）录音制品

根据《著作权法实施条例》第 5 条，录音制品是指任何对表演的声音和其他声音的录制品。表演的声音往往包含人的声音或者人使用的道具或乐器的声音；其他声音指的是自然存在的声音、动物的声音等和表演活动无关的声音。这些声音被机器设备记录固定后就成为录音制品。有的录音制品包含了一定的智力创造，如唱片公司录制歌曲，需要考量所采用的乐器种类并作编排；有的没有任何智力创造成分，如录制的动物叫声、海浪声。无论哪一种，录音制品的制作均需要录制者的物质投入，包括器材、场地和人员。录音制品的界定表明这一权利并非因为智力创造而进行赋权，而是因为录制者的物质投资而赋权。如果不加以保护，则录音制品将被擅自复制，首次录制者的投资将无法实现回报。

（二）录像制品

根据《著作权法实施条例》第5条，录像制品是指电影作品和以类似摄制电影的方法创作的作品以外的任何有伴音或者无伴音的连续相关形象、图像的录制品。根据该定义，所有以连续形象或图像构成的表达被分为两类：一类是视听作品，受著作权保护；另一类是录像制品，受录制者权保护。因此，录像制品指的绝不是影视剧等视听作品的 DVD 光盘或录像带，因为 DVD 或录像带是影视剧等视听作品的复制件。

视听作品和录像制品的区分标准就在于独创性，具备独创性的连续视听画面属于作品范畴，而不具备独创性的就是录像制品。如网络视频日志（VLOG）、短视频平台上记录客观活动的视频等。是否具备独创性，对这类短视频来说主要可以考量是否具有剧情设计、拍摄角度、画面切换频次和方式、镜头多少以及画面和情节所体现出的独特性。

总的来说，录音录像制作者权对录音录像制品的保护都不是基于创作行为，而是侧重于所录制活动的商业价值。

二、录音录像制作者权的权利主体

录音录像制作者权保护的是录音录像制品的首次录制者。录制者是对录制活动进行组织、制作和投资的主体，主要表现为唱片公司等法人，也不排除自然人从事录制活动。但录制者不等于实际从事录音录像的主体。如在"歌曲《常来常往》邻接权纠纷案"❶ 中，法院认为：关于李某某主张权利的性质，与交响乐的编曲不同，该案所涉的歌曲编曲并无具体的编曲曲谱，它的劳动表现为配置乐器、与伴奏等人员交流、加诸电脑编程等，编曲劳动需借助于演奏、演唱并最终由录音及后期制作固定下来。不可否认，经过编配、演奏、演唱、录音等诸项劳动所形成的"活"的音乐与原乐谱形式的音乐作

---

❶ 李某某诉李某等侵犯邻接权、录音制作合同纠纷案，北京市海淀区人民法院（2003）海民初字第9033号民事判决书。

品并不完全相同，构成了一种演绎。但是离开了乐器的演奏（或者电脑编程）及其他因素的配合，编曲的劳动无法独立表达，因此一般并不存在一个独立的编曲权。作为录音制作过程中的一个重要环节，就如同录音师并不享有特定的权利一样，按照行业惯例，上述劳动在被整合为录音制品后，该劳动成果所形成的权利由制作者享有。因此原告李某某所主张的编曲权即著作权法中的录音制作者权。《常来常往》伴奏带属于著作权法上的录音制品，那么原告李某某对该录音制品是否享有录音制作者权呢？按照著作权法的精神及行业惯例，出资人为录音制作者，对录音制品享有权利。

在"歌曲《香烟爱上火柴》案"❶中，法院持类似观点：虽然原告田某制作了相应的录音制品，但根据被告张某提交的《制作协议》及田某出具的收条，张某作为《香烟爱上火柴》的词曲作者和表演者，为田某的制作工作支付了报酬，田某的工作需要达到张某的要求，可见，田某的制作工作系按照张某的要求进行的，张某对相关录音制品的制作享有决定权并承担风险，田某具有获得报酬的权利，其对相应的录音制品不具有录音制作者权。

三、录音录像制作者权的权利内容

（一）音像制品的复制、发行、出租权

音像制品的主要商业利用方式就是出售，即将音像制品制作成实体，如CD、VCD或DVD进行销售，因此复制、发行和出租是其首要权利。这一系列权利的具体含义和著作权中的复制、发行、出租一致。其中出租权的行使出于和视听作品、计算机软件出租权同样的原因，即出租这种商业模式在中国已经式微，因此主要具有宣示意义。

（二）音像制品的信息网络传播权

在网络时代，实体音像制品的销售式微，CD、DVD的销量持续下降，而数字媒体成为主流，音像制品借助网络传播成为最重要的途径，因此《著作

---

❶　田某诉北京乐海盛世国际音乐文化发展有限公司、中国移动通信集团公司、张某纠纷案，北京市第一人民法院（2009）一中民终字第5897号民事判决书。

权法》赋予了录音录像制作者信息网络传播权。网络平台或其他的网络服务提供者需要获得信息网络传播权许可才能上架音像制品进行在线传播或提供在线下载。

（三）录音制品的播放报酬权

《著作权法》第 45 条规定：将录音制品用于有线或者无线公开传播，或者通过传送声音的技术设备向公众公开播送的，应当向录音制作者支付报酬。这是 2020 年《著作权法》修改后增加的条款，该条赋予了录音制作者播放报酬权，即有线或无线广播播放、扩音播放录音制品应向其支付报酬。有线或无线播放方式中，受众在远端；扩音播放方式中，受众在现场。新增这一权利是因为网络时代实体音像制品的销售已经大幅度缩水，购买实体唱片或CD 已经不再是中国消费者获取音乐的主要途径。音乐要么在网络上以交互式方式进行信息网络传播，要么以非交互式方式在传统媒体或网络上进行广播或直播，唱片公司的收入受到极大影响，增加这项报酬权，有利于实现唱片公司等录音制作者的收益。

这一权利仅仅是报酬权，而不包含取得录音制作者许可的权利，也就是说，录音制品通过有线或无线播放以及扩音播放不需要获得许可，使用方仅需要支付报酬即可。但需要注意，这种不需许可但支付报酬的规则也并非著作权法上的法定许可制度，这是因为，法定许可制度的前提是利用著作权或相关权应当获得许可，只是通过立法免除了使用人获得许可的这一必要步骤。而录音制品播放报酬权本就没有赋予录音制品制作者许可权，因此也就不存在依法免除许可的要义了。法定许可制度详见本书第六章第二节。

（四）录像制品电视台播放的广播权

《著作权法》第 48 条规定：电视台播放他人的视听作品、录像制品，应当取得视听作品著作权人或者录像制作者许可，并支付报酬。因此电视台播放录像制品应当获得录像制作者许可并支付报酬。该项权利仅赋予录像制作者，仅限于录像制品的电视台播放行为。

上述录制者权的权利保护期为五十年，截止于该制品首次制作完成后第五十年的 12 月 31 日。

四、录音录像制作者权的行使

（一）录制作品应获得许可

他人作品或表演经常是录制对象，因此《著作权法》第 42 条第 1 款规定：录音录像制作者使用他人作品制作录音录像制品，应当取得著作权人许可，并支付报酬。根据《著作权法》第 16 条的规定，录音录像制作者使用演绎作品进行录制，应当取得演绎作品著作权人和原作品著作权人的双重许可，并支付报酬。

第 43 条规定：录音录像制作者制作录音录像制品，应当同表演者订立合同，并支付报酬。

（二）音乐录制法定许可

《著作权法》第 42 条第 2 款建立了一项重要的法定许可制度，允许音乐二次录制时可以不经过音乐作品著作权人许可。

所谓"二次录制"主要是音乐作品的"翻唱"行为，翻唱指的是对已经录制的音乐，更换歌手和演奏乐队后重新演唱、演奏并录制的行为。如周杰伦的《烟花易冷》曾被林志炫翻唱过，李健的《传奇》曾经被王菲翻唱过。"翻唱"行为在音乐行业非常常见，既有个人出于喜好和兴趣的翻唱，也有商业性的翻唱。《著作权法》的宗旨之一就是促进社会主义文化和科学事业的发展与繁荣，同一首歌曲如果仅能由某一歌手演唱或许会造成著作权或录制者权的过度垄断。因此《著作权法》第 42 条第 2 款规定：录音制作者使用他人已经合法录制为录音制品的音乐作品制作录音制品，可以不经著作权人许可，但应当按照规定支付报酬；著作权人声明不许使用的不得使用。

首先，该规定只能针对已经录制的音乐作品，尚未被制作的音乐如果进行录音制作必须获得歌曲著作权人的许可。其次，录制行为只能针对录音制品中的音乐作品，因此影视剧或录像制品中的音乐并不适用这一法定许可。再次，"翻唱"后形成的录制品只能是录音制品，而不能将音乐作为视听作品或录像制品中的组成部分。最后，音乐作品的著作权人有权通过声明排除该法定许可的适用，当然这种声明应当是事先的，应随着音乐作品的发表或出版一起声明，而不是在他人已经翻唱录制时才作出声明。

案例研讨

《丝路驼铃》著作权侵权案[*]

基本案情： 原告宁某是《丝路驼铃》阮曲音乐的著作权人，1985 年陕西音像出版社首次出版的盒带《中国民族乐曲精选》收录了由宁某作曲的《丝路驼铃》，署名为"宁某作曲"，该曲由当时在西安音乐学院民乐系任教的原告宁某演奏，演奏时长为 8 分 11 秒。1994 年中国唱片上海公司录制出版的《中国中阮名家名曲》CD 中收录了《丝路驼铃》等 8 首音乐，该 CD 对于《丝路驼铃》署名为"宁某编曲、刘某演奏"。被告中影公司拍摄了电影《卧虎藏龙》，其中玉娇龙与罗小虎沙漠打斗追抢梳子一段情节使用了著作权人为宁某的《丝路驼铃》阮曲音乐，时长 2 分 18 秒，使用的版本为 1994 年中国唱片上海公司录制出版的版本。该片国内版 VCD 没有注明涉案音乐的作者，海外版 VCD 片尾字幕注明"丝路驼铃、新疆民歌、编曲：宁某，演奏：刘某"。被告在电影制作过程中一方面向中国唱片上海公司购买了涉案音乐的版权，另一方面曾努力联系原告，但仅联系到了该音乐的演奏刘某，被告向刘某邮寄了两张 200 美元的汇票分别作为刘某和宁某的报酬，其中一张 200 美元汇票由刘某代为向原告宁某转交。刘某将汇票转交给宁某后，宁某在承兑时被告知汇票已过期。原告认为被告摄制电影未经许可使用了自己的音乐作品构成侵权。此外电影使用的涉案音乐片段还被进行了删减，侵害了保护作品完整权。被告认为其已经履行了付酬义务，主观没有侵权故意。对涉案音乐片段的使用是根据电影的需要，对音乐作品作出适当的、小范围的删节。

争议焦点： 以摄制电影的方式使用音乐作品是否应获得著作权人许可？该案是否属于对已录制的音乐作品再录制为录音制品的行为？被告删减涉案音乐片段的行为是否侵害保护作品完整权？

司法实务指引： 该案二审法院的判决部分推翻了一审法院的结论，一审

---

[*] 宁某诉中国电影合作制片公司、北京北大华亿影视文化有限责任公司、英国联华影视公司、广东省电影公司、中国唱片上海公司侵犯著作权纠纷，广东省高级人民法院（2006）粤高法民三终字第244 号民事判决书。

法院认为被告在电影拍摄中使用音乐作品属于"音乐录制法定许可"的范畴，因此可以不经著作权人许可，但是二审法院认为，该案被告使用音乐作品的方式不是对已制作的音乐制品进行简单的复制，而是符合以拍摄电影方式首次将作品固定在一定载体上的特征，属于以摄制电影方式使用作品，根据《著作权法》（1990 年）第 10 条之规定，应当征得著作权人许可，并支付报酬。一审法院的结论混淆了被许可复制发行的录音制作者与电影制片者使用音乐作品在载体、表现形式上的区别，免除了电影制片者应履行的征得著作权人许可的法律义务，不符合著作权法的规定，不予认可。

对于被告对音乐进行删减的行为是否侵害原告的保护作品完整权，二审法院认为，该案中制片人对音乐作品使用时虽然进行了缩节性的技术处理，但这只是为了适应剧情节奏的改编，主观上没有歪曲、篡改原作者创作思想的故意，客观上也没有给作者及作品的声誉造成损害，没有侵犯著作权人的保护作品完整权。

（三）他人使用音像制品的许可

音像制品制作完成后的复制、发行和信息网络传播活动往往由录制者和复制品生产商、销售商或网络服务提供者合作，根据《著作权法》第 44 条第 2 款，这些主体除了需要和录制者签订相关合同获得许可，还应获得著作权人、表演者许可，并支付报酬。音像制品的出租还应当获得表演者许可并支付报酬。

第三节 广播组织权

一、广播组织权的主体

广播组织权的主体是广播电台和电视台，广播电台、电视台的设立依照我国《广播电视管理条例》确定。根据该条例第 8 条第 2 款，广播电台、电视台是指采编、制作并通过有线或者无线的方式播放广播电视节目的机构。第 10 条规定：广播电台、电视台由县、不设区的市以上人民政府广播电视行政部门设立，其中教育电视台可以由设区的市、自治州以上人民政府教育行政部门设立。其他任何单位和个人不得设立广播电台、电视台。因此，广播组织者这一主体在我国只能是依法设立的广播电台、电视台。

广播电台、电视台播放的节目分为两类：一类是自己制作的节目，另一类是他人制作的节目。对于自己制作的节目，如果节目满足独创性，广播电台、电视台是该节目的著作权人；如果不满足独创性，则广播电台、电视台是节目的录制者，获得录音录像制作者权，这两种权利的权利内容均多于广播组织权，因此广播电台、电视台播放自己制作的节目，并不需要以广播组织权的方式进行保护。广播组织权的意义主要在广播电台、电视台播放他人制作或享有权利的节目之时体现出来。在播放他人享有权利的节目或作品时，广播电台、电视台通常需要获得许可并支付报酬，即使可以不经许可，但也要支付报酬，这一许可过程和应支付的报酬就成为广播电台、电视台对这类节目的投资，这一投资是需要法律加以保护的，否则，他人就可以随意复制和传播广播电台、电视台播放的节目，广播电台、电视台的投资也就很难得到回报，保护的方式就是广播组织权。

二、广播组织权的客体

广播组织权的权利客体存在一定争议，主要包括"节目说"和"信号说"。"节目说"认为广播组织权保护的是广播电台、电视台播放的全套节目或节目群❶，反对的观点认为广播电台、电视台播放的节目要么可以构成作品，此时产生著作权，无须广播组织权加以保护，要么构成录像制品，形成录制者权，亦无须广播组织权加以保护❷。"信号说"认为广播组织权保护的是节目播放时形成的信号❸，反对的观点认为，信号是无线电波，具有物质

---

❶ 刘云开. 广播组织权客体之再辨析——兼评我国新《著作权法》第 47 条 [J]. 电子知识产权，2020（11）：13 – 28.

❷ 《罗马公约》即针对节目来保护广播组织权，见《罗马公约》第 13 条；王超政. 论广播组织权客体的界定——兼评"广播信号说"之谬误 [J]. 北方法学，2018，12（6）：54 – 62.

❸ 王迁. 广播组织权的客体——兼析"以信号为基础的方法" [J]. 法学研究，2017，39（01）：100 – 122. 胡开忠；网络环境下广播组织权权利内容立法的反思与重构——以"修正的信号说"为基础 [J]. 法律科学（西北政法大学学报），2019，37（2）：39 – 50；曹新明，叶霖. 网络环境下广播组织权中的转播权探析 [J]. 知识产权，2017（11）：31 – 37.

性，与知识产权保护非物质性的智力成果相悖❶。

　　根据 2020 年修改后的《著作权法》，第 47 条规定的权利均指向"广播、电视"，那么，其指的是节目还是信号？根据 2020 年 4 月 26 日司法部人员"关于《中华人民共和国著作权法修正案（草案）》的说明"，第三次《著作权法》的修改明确了：广播电台、电视台作为邻接权人时，权利客体是其播放的"载有节目的信号"，对其播放的"载有节目的信号"享有信息网络传播权。❷ 从广播组织权的国际规则来看，WIPO 一直致力于缔结一部专门的广播组织权条约，在其历次形成的草案中，均强调广播组织权保护的是"信号"，如 WIPO《广播组织权条约（草案）》的序言中指出，承认提供有效和一致地保护，制止非法使用广播信号的行为，会对版权作品和相关权作品的所有人带来利益。该草案在条款中规定："信号"系指通过电子手段生成，由声音或图像，或声音和图像，或其表现物构成，并载有信息、数据和/或音像内容的无论是否加密的载体。依本条约授予的保护仅延及广播信号，而不延及广播信号所载的作品及其他客体，而无论其仍受版权保护，还是已流入公有领域。❸

　　广播组织权可能会产生和著作权的协调问题，如电视台播放电影时，电视台对播放的电影享有广播组织权，但电影有自己的著作权人，如果该电影已过保护期进入公有领域，但在电视台播放尚属首次，则广播组织权还处在保护期之内，此时就会出现著作权人不再对该电影享有权利而广播组织还享有权利的情形，根据著作权和邻接权关系的原理，邻接权保护水平不应高于著作权，则这种情况显然违背了此原理。在《著作权法》修改草案三审的过程中，就出现了这样的意见，一些协会、企业、专家和社会公众提出，广播组织权利的行使往往会涉及他人的著作权保护问题，建议明确广播电台、电视台在行使上述权利时，不得影响他人享有的著作权或者与著作权有关的权利。对此，修正案草案三审稿增加一款规定："广播电台、电视台行使前款

❶ 王超政. 论广播组织权客体的界定——兼评"广播信号说"之谬误［J］. 北方法学，2018，12（6）：54 - 62.
❷ 2020 年 4 月 26 日在第十三届全国人民代表大会常务委员会第十七次会议上关于《中华人民共和国著作权法修正案（草案）》的说明［EB/OL］.［2023 - 11 - 26］. http://www.npc.gov.cn/npc/c30834/202011/f254003ab9144f5db7363cb3e01cabde.shtml.
❸《广播组织条约》草案（中文版）［EB/OL］.［2023 - 11 - 23］. https://www.wipo.int/meetings/zh/doc_details.jsp?doc_id=190239.

规定的权利，不得影响、限制或者侵害他人行使著作权或者与著作权有关的权利。"❶ 该规定后被正式确认为《著作权法》第 47 条第 2 款。

三、广播组织权的权利内容

（一）转　播　权

广播组织有权禁止他人未经许可以有线或者无线方式转播广播、电视。转播指的是同步实时转播，包括目前较为流行的网络同步转播。转播既可以经由无线技术方式，也可以经由有线技术方式。转播权主要解决的是广播信号盗播问题，广播组织对于播放的节目往往要投入设备、资金、人员，并对节目进行编排，盗播主体则无须这些投入即可拥有观看市场，因此极大地损害了广播组织的利益。目前流行的网络同步转播行为因为互联网能够覆盖更广的地域和人群，因此不加以规制的话，对广播组织经济收益影响更大，2020 年修改《著作权法》时便将这一情况考虑进来，禁止有线或无线的转播。

（二）录制、复制权

广播、电视未经许可禁止录制及复制，是因为广播、电视被他人录制后可以播放，自然会影响广播组织的收视。录制后的复制同样会扩大广播组织允许公众接触的范围，因此为确保广播组织播放形成的收视收益，法律禁止未经许可的录制和复制。

（三）信息网络传播权

这一权利是 2020 年修改《著作权法》为广播组织新增的。因为网络已经成为目前作品或节目传播的重要途径，数字媒体的收益较传统传播方式增长快，收益大。作为重要的邻接权人和作品传播主体，广播组织需要在网络中占有一席之地，因此法律赋予其信息网络传播权，《著作权法》第 47 条规

---

❶　全国人民代表大会宪法和法律委员会关于《中华人民共和国著作权法修正案（草案）》审议结果的报告 ［EB/OL］．［2023 - 11 - 23．］ http：//www.npc.gov.cn/npc/c30834/202011/16a796a57f 1649d295993 9519c4701df.shtml.

定：广播电台、电视台未经许可有权禁止广播、电视通过信息网络向公众传播。

但是，在禁止他人通过信息网络传播广播、电视时，需要注意信息网络传播的应是他人制作或享有权利的节目，广播电台、电视台是在行使广播组织权中的信息网络传播权，否则其完全可以著作权人或录音录像制作者的身份禁止自己制作节目的信息网络传播。

四、广播组织权的行使

广播电台、电视台是作品重要的传播渠道，一般来说，广播组织播放他人作品需要获得著作权人许可，但在《著作权法》初颁时，为促进我国广播事业的发展，降低广播组织使用作品的经济成本，《著作权法》为广播组织建立了法定许可制度。《著作权法》第 46 条规定：广播电台、电视台播放他人未发表的作品，应当取得著作权人许可，并支付报酬。广播电台、电视台播放他人已发表的作品，可以不经著作权人许可，但应当按照规定支付报酬。例如，广播电台、电视台需要使用大量音乐、文字作品作为节目素材，此时可在向著作权集体管理组织支付报酬后直接使用。但是根据《著作权法》第 48 条，电视台如果播放的是影视剧等视听作品、录像制品，则必须获得权利人许可并支付报酬，其中如果录像制品中还包含了他人作品的，还应获得著作权人的许可。

第四节　出版者权

一、出版者权的权利主体

根据《著作权法》第四章第一节的规定，出版者包括出版社、报社和期刊社。这些机构在中国需要依照《出版管理条例》设立再从事出版活动。根据《出版管理条例》第 9 条第 2 款规定：出版单位，包括报社、期刊社、图书出版社、音像出版社和电子出版物出版社等。第 12 条规定：设立出版单位，由其主办单位向所在地省、自治区、直辖市人民政府出版行政主管部门提出申请；省、自治区、直辖市人民政府出版行政主管部门审核同意后，报国务院出版行政主管部门审批。设立的出版单位为事业单位的，还应当办理机构编制审批手续。因此出版者只能由依法设立并取得资质的法人构成。

二、出版者权的权利客体

根据《著作权法》第 37 条以及《著作权法实施条例》第 26 条，出版者权保护的是图书、期刊的版式设计。版式设计是对印刷品的版面格式的设计，包括对版心、排式、用字、行距、标点等版面布局因素的安排。版式设计中的布局因素在独创性方面尚达不到《著作权法》的要求，但依然体现出版者一定程度的设计投入，因此为法律所保护。

版式设计不是图书或期刊的作品内容，而是为作品内容服务的，是为了更好地展示作品内容，其在图书等作品的传播中起到提高品位的积极作用，并具有独立地位。

版式设计不同于图书的装帧设计，装帧设计包括图书的装订方式和封面封底上的图案、色彩、字体等装饰元素。这些元素如果满足独创性的话，能以作品获得著作权保护。

三、出版者权的权利内容

出版者有权禁止他人对自己的版式设计原样复制。在"吉林美术出版社和海南美术出版社等著作权案"❶ 中，法院指出：图书和期刊的出版者对其出版的图书、期刊独立进行智力创作的版式设计，应受《著作权法》（2010年）第 36 条的保护，禁止其他人未经许可擅自原样复制，或者很简单的、改动很小的复制以及变化了比例尺的复制。被告海南出版社有限公司出版的《剪纸大全》《描红大全》《学画大全》《学前三百字》在版式设计方面与原

---

❶ 海南出版社有限公司与吉林美术出版社、长春欧亚集团股份有限公司欧亚商都著作权侵权纠纷再审案，最高人民法院（2012）民申字第 1150 号民事裁定书。

告吉林美术出版社相对应图书的版式设计除在个别版式设计元素上作微小改动外，基本一致，构成对吉林美术出版社版式设计的使用，侵犯了原告的版式设计专用权。

四、出版合同相关规则

《著作权法》除了规定出版者的版式设计专用权，还规定了出版者出版他人作品时的合同规则，具体为图书出版必须签订图书出版合同；报刊出版可以投稿行为和收稿刊登通知的方式订立合同。

（一）图书出版合同规则

根据《著作权法》的规定，出版指的是作品复制、发行，图书出版就是著作权人将图书的复制权和发行权许可给出版社的行为。一般来说，许可的方式包括普通许可和专有性许可，但《著作权法》第33条规定，图书出版只能采用专有出版的方式。这是为了防止出版社之间可能的不正当竞争，也是为了确保一定期间内市场上同一作品不会出现版本混淆。《著作权法实施条例》第23条规定：许可使用的权利是专有使用权的，应当采取书面形式。因此图书出版合同一般应具有书面形式。

通常来说，图书出版合同中应约定出版权属于专有出版权，如果约定图书出版者享有专有出版权但没有明确其具体内容的，根据《著作权法实施条例》第28条，视为图书出版者享有在合同有效期限内和在合同约定的地域范围内以同种文字的原版、修订版出版图书的专有权利。

图书出版合同中常见条款包含作品名称、专有出版授权、交稿时间和出版时间、出版质量和违约责任等条款，当事人可以协商确定印数、报酬、争议解决方式等其他条款。

图书可以根据市场需求情况进行重印，重印是指保持图书原有排版和内容均不变而再次印刷。图书也可进行再版，再版是指由原出版社重新排版或内容有较大修改后经重新排版而再次出版。《著作权法》第34条第3款规定：图书出版者重印、再版作品的，应当通知著作权人，并支付报酬。

《著作权法》第34条第3款还规定了一项图书出版合同中的单方法定解除权：图书脱销后，图书出版者拒绝重印、再版的，著作权人有权终止合同。

图书脱销指的是著作权人寄给图书出版者的两份订单在 6 个月内未能得到履行，这意味着出版合同出现履行不能，丧失了其存在意义，因此著作权人可以单方终止合同。

（二）报刊出版合同规则

《著作权法》第 35 条第 1 款规定：著作权人向报社、期刊社投稿的，自稿件发出之日起 15 日内未收到报社通知决定刊登的，或者自稿件发出之日起 30 日内未收到期刊社通知决定刊登的，可以将同一作品向其他报社、期刊社投稿。双方另有约定的除外。

根据《著作权法实施条例》第 23 条，报刊出版合同可不采用书面形式，报刊出版原则上也属专有出版，作品禁止一稿多投。

《著作权法》第 35 条第 2 款为报刊出版建立了法定许可规则：作品刊登后，除著作权人声明不得转载、摘编的外，其他报刊可以转载或者作为文摘、资料刊登，但应当按照规定向著作权人支付报酬。该规则的具体解释和适用详见本书第六章中的"法定许可"一节。

实务视角

图书出版合同示例

例 1：刘某与中央广播电视大学出版社有限公司出版合同（部分条款）❶

甲方：刘某

乙方：中央广播电视大学出版社有限公司

作品：《×××知识宣传手册》

第一条　甲方授权乙方在合同有效期内，在中国大陆地区仅以纸质图书简体版形式出版发行上述作品，甲方保留该作品的其他权利。乙方享有专有出版权。

第四条　对作品稿件的要求见附件及作者交稿须知，如甲方修改三次仍未达到乙方要求，乙方应协助甲方修改并达到出版要求。

---

❶ 刘某与国家开放大学出版社有限公司出版合同纠纷，北京知识产权法院（2020）京 73 民终 551 号民事判决书。

第五条 甲方已于 2016 年 2 月 25 日前将上述作品的誊清稿交付乙方。

第六条 乙方应于甲方交稿后 90 日内出版上述作品，因故不能按时出版，应在出版期限届满前 5 日通知乙方，双方另行约定出版日期。

因乙方原因到期不能出版，甲方有权解除合同。

第七条 为使上述作品尽快出版，甲方给予乙方出版补贴，金额为人民币 40000 元，乙方按本协议第十一条要求制作并赠送甲方上述图书 10000 册，并负责将图书送达甲方指定地点。

图书下印前，甲方须向乙方付清上述费用（已含版面设计、审校，图片改样、字体版权、运输、存储等全部费用）。

乙方不再支付甲方及作者署名人等稿酬。

第八条 对于封面、封底等设计，乙方应给予甲方多样选择，双方沟通后定稿，乙方对本手册再版时免费修改。

第九条 建议作者交作品的复印件、打印件。

乙方若将稿件丢失或部分损坏，应及时通知甲方，甲方有义务及时采取必要的补救措施，但不承担延期出版的责任（双方另行约定期限除外）。

本作品首次出版后原稿由乙方保存。

第十条 为提高出版质量，乙方有权加工著作稿，但如认为对上述作品的名称、实质性内容有进行修改、删节的必要，以及增加图表及前言、后记，则须与甲方商量并得到甲方认可。

第十一条 双方约定本手册封面、封底采用 250 克铜版纸彩色印刷并覆膜，内页采用 105 克铜版纸彩色印刷，印刷费用采用阶梯方式以人民币计算，即：每次印刷一万册，总费用不超过 31300 元，合每本 3.13 元，广电公司应接到甲方下单通知六天内发货到甲方指定地点；每次印刷三万册，总费用不超过 75000 元，合每本 2.50 元，乙方应接到甲方下单通知九天内发货到甲方指定地点；每次印刷五万册，总费用不超过 117500 元，合每本 2.35 元，乙方应接到甲方下单通知十二天内发货到甲方指定地点；每次印刷十万册，总费用不超过 208000 元，合每本 2.08 元，乙方应接到甲方下单通知及时发货到甲方指定地点；每次印刷十万本以上，乙方应在市场平均印刷价格的基础上给予甲方更大的优惠幅度。

每次印刷前，甲方以照片形式网络传输下单通知乙方，并须按约定支付乙方上述费用；总费用已包含库存费及送货上门到学校或甲方指定地点的费用、因质量问题的调换费用（含运输费用）等全部费用，乙方不收取其他名目收费。

乙方出现不能按时发货情形，甲方有权自行印制，乙方应出具相关印制手续。

第十二条　上述作品的付印样由双方审校，甲方应在收到付印样5日内签字退还乙方。

因甲方对原稿进行修改造成版面改动超过30%或未能按期出版，甲方承担改版费用或推迟出版的责任。

第十三条　本图书纸质版销售事宜由甲方全权解决，乙方应配合甲方出具相关手续；乙方对外销售，需从甲方处购买。

第十四条　对有利于本图书的推广、销售，甲方与有关国家部门、单位的请示文件、合作手续，乙方应以中央广播电视大学出版社名义积极配合并加盖出版社印章等筹办手续。

第十五条　双方任一方违约，赔偿对方出版补贴，但不得影响本手册甲方在全国的销售。

第十六条　双方因合同的解释或履行发生争议，由双方协商解决，或请双方同意的上级主管部门、出版管理机构调解，也可向石家庄市人民法院起诉。

第十八条　本合同有效期限为5年，自签字盖章之日起生效。

例2：余某与和平出版公司出版合同（部分条款）❶

甲方：余某

乙方：和平出版公司

作品名称：《红墙细节——×××红色记忆》

1. 作者署名及著作权人为余某，合同有效期为5年；

2. 在本合同有效期内，甲方将本作品的中文版本（包括简体字和繁体字）在世界范围内的专有出版权转让后给乙方；乙方有权以各种版本形式独家或转让第三者在世界范围内出版销售本作品，未经乙方书面同意，甲方不

---

❶　余某与中国和平出版社有限责任公司出版合同纠纷，北京知识产权法院（2017）京73民终826号民事判决书。

得再将本作品的全部或部分，或将其内容进行修改后，以原书名或改换名称授权第三方出版；若甲方违反本规定，乙方有权要求甲方赔偿经济损失，并有权解除本合同；

3. 本作品不得含有政治性问题、淫秽迷信内容，以及中国法律法规禁止的其他内容，并符合下列条件：符合乙方的选题策划方案要求和双方商定的编写大纲；稿件无科学性和技术性差错，结构严谨，条理清楚，文字表达准确通顺，错别字低于万分之五；稿件因上述问题无法通过乙方三审，乙方可无条件终止合同；

5. 甲方应于2014年2月10日前将符合本合同第五条要求的书稿交于乙方，如甲方不能按时交稿，应在交稿期限满前30日通知甲方（合同原文），双方另行约定交稿日期，甲方如果到期仍不能交稿，乙方有权终止本合同；

6. 甲方交付书稿不符合第五条要求，乙方有权要求甲方修改；甲方拒绝修改或经修改仍未达到约定要求，乙方有权终止本合同；

7. 稿酬按版税付酬，甲方交稿后，乙方应在30日内完成审读，经乙方审读合格的稿件应在通过审读以后的120日内出版（如需报批，另行约定），如有特殊情况不能按期出版时，应提前30日与甲方协商，双方另行约定出版日期，乙方在另行约定期限内仍不能出版时，甲方可以终止本合同，乙方需按本合同约定稿酬总额的30%支付赔偿（若因不可抗力导致不能出版则不需赔偿）；

8. 本作品以纸质图书形式出版时，乙方按下列类标准与方式向甲方支付稿酬（只能选一项）：A. 按版税付酬：定价×11%（版税率）×实际销售数；

9. 本作品起印数20000册，首次出版后120日内首付首次印数100%的版税（税后的版税稿费），其余部分每半年结算一次。

请分析上述两个合同中的授权条款、交付条款、付酬条款和出版质量条款。

第六章 著作权的限制

著作权所保护的作品和文化发展、文艺繁荣密切相关，文学艺术和科学作品在产生著作权的同时，也会产生积极的社会效果，其传播有利于社会发展。但是著作权的排他性禁止他人未经许可使用作品，公众获取新知、新作品的需求和著作权有一定的对立性。法律出于公共利益的考量，允许在法定情形下公众可以不经许可使用他人作品，这一制度被称为著作权的限制。我国《著作权法》中著作权限制方面的制度包括合理使用和法定许可。在我国加入的著作权国际公约中，还存在著作权强制许可的规则。

第一节 合理使用

著作权的合理使用指的是使用他人已发表作品可以不经著作权人许可，也不用支付报酬，但需要指明作者身份和作品名称。从我国合理使用规定的具体情形来看，合理使用只能针对已经发表的作品，并且基本是出于公共利益或公共管理方面的考量，为此著作权人应当适当容忍公众出于公益目的使用作品。合理使用不但限制著作权，也限制邻接权。

我国合理使用制度经不断修法完善，目前由总则性规定、具体行为的列举以及兜底条款共同构成。这样的方式使合理使用的判定既具有一定的开放性，又包含具体的行为指引。

合理使用经常在著作权侵权诉讼中作为被告主张其不构成侵权时所援引的一项抗辩理由，其并不意味着赋予公众以某种方式使用作品的"权利"。

一、"三步检验法"

合理使用的总则性规定包括以下三点：首先，使用行为属于法律规定的特定情形；其次，不得影响作品的正常使用；最后，不得不合理地损害著作权人的合法权益。以上内容又被称为"三步检验法"。其中的特定情形主要指的是《著作权法》第24条第1~13项罗列的情形，也包含其他法律、法规中可能包含的合理使用情形。其他法律法规主要指的是《计算机软件保护条例》和《信息网络传播权保护条例》。

"作品的正常使用"主要指的是根据作品特性确定的通常使用方式，如音乐作品通常的使用方式包括单独播放或表演，也包括作为背景音乐对画面起一定烘托作用；美术作品的通常使用方式除了单独使用，作为场景、环境、网页、图书的装饰也是常见的；文字作品的通常使用方式是阅读；视听作品的通常使用方式是播放并观看欣赏。作品的正常使用之所以会受到未经许可使用行为的影响，原因在于未经授权的使用行为往往会替代著作权人自己的正常使用行为或正常许可行为，从而影响著作权人获得报酬的权利或市场利益。反之，如要构成合理使用，则使用行为就不应替代著作权人的正常使用或许可。

"著作权人的合法权益"指的是著作权人通过许可他人使用作品能够获得的收益。影响合法权益的行为往往是指未经授权的使用行为减少了著作权人许可收益的机会，或者减少了著作权人作品的市场份额。

在"孙某某与上海教育出版社有限公司著作权纠纷案"❶ 中，被告上海教育出版社在《说题做题：语文课后练习精讲》一书中引用了原告享有著作权的诗歌《西行畅想》近百字，涉及29行。对于引用行为是否构成合理使用，法院认为，对权利作品的正常使用和权利人的合法权益造成负面影响，主要指被控侵权作品是否会因其中的引用而对被引用的权利作品产生替代效应，从而导致读者可以用被控侵权作品替代对权利作品的选择。在该案中，原告作品系语文课本收录的课文，而被控侵权作品系帮助理解课文的教学辅

---

❶　孙某某与上海教育出版社有限公司著作权权属、侵权纠纷，上海市高级人民法院（2020）沪民申2416号审判监督民事裁定书。

导和参考材料，故从日常生活常识角度而言，被控侵权作品不仅不会产生替代效应，导致教师、学生等主要读者从权利作品转而选择被控侵权作品，相反会对读者加深课文理解有所助益。

关于合理使用的目的，实际上《著作权法》并未将合理使用行为的目的限定为非营利或非商业目的。在前述案件中，被告上海教育出版社出版涉案书籍的行为显然是商业行为，但是尚未逾越《著作权法》规定的著作权权利边界，亦未损害著作权人法定权益，仍在《著作权法》"适当引用"的合理使用范畴内❶。

二、合理使用的具体行为

（一）个人合理使用

为个人学习、研究或者欣赏，使用他人已经发表的作品可以不经著作权人许可，也不用支付报酬。

1. 个人的范围

个人使用中的个人仅指使用者本人或和使用者构成家庭的家庭成员，不包括使用者的其他亲属或朋友。个人范围的限定主要是从著作权人的经济收益角度考量的，一旦扩大就会超出合理范围，损害著作权人本应从许可授权中获得的经济收益。因此，个人使用可能出于兴趣进行学习或欣赏，但一旦将使用作品的行为或活动向公众传播出去，通常就超出了"个人"的范围，不属于合理使用，常见的网站刊登、公众号传播均不属于个人合理使用范畴。

2. 使用目的

本项合理使用的目的仅限学习、研究或欣赏，不包括任何商业目的的使用。学习、研究或欣赏是公众基本的精神生活需求和知识获取需求的体现，为公众划出一定的自由空间，能够较好地协调公共利益和著作权人的利益。

"欣赏"这一使用目的在之前的《著作权法》修改过程中曾一度被删除，理由是文学艺术和科学领域的作品被人欣赏是应有之义，并且欣赏作品往往

---

❶ 孙某某与上海教育出版社有限公司著作权权属、侵权纠纷，上海市高级人民法院（2020）沪民申 2416 号审判监督民事裁定书。

就体现为作品的消费，因此将"欣赏"规定为合理，可能不当地压缩了著作权人的权利空间。反对删除"欣赏"的理由主要是，学习和欣赏往往难以区分，都属于人的主观认知活动，难以用客观标准分别评价；而将欣赏排除在外会增加公众获取作品的成本，对于我国来说，许多人还无力为欣赏作品支付对价，这会大大减少优秀文化广泛传播的空间。因此，最终"欣赏"作为个人合理使用的目的之一仍被法律保留。

3. 具体的使用行为

个人使用作品的具体行为主要是复制和演绎，其他如发行、表演、放映、展览、广播、信息网络传播等均是面向公众的，因此不属于个人合理使用。

个人可以出于学习目的复制作品，形成复制件，复制的数量应受到"三步检验法"的制约，即作品复制产生的收益不能取代本应由著作权人获得的市场收益。

个人演绎也由立法所允许，常见的如粉丝对原作的改编、个人对优秀作品的翻译和注释等，但是演绎后的作品如果向公众传播则超出合理的范畴，因此"合理"的演绎使用仅限于"自娱自乐"。

（二）引　　用

为介绍、评论某一作品或者说明某一问题，在作品中适当引用他人已经发表的作品可以不经著作权人许可，也不用支付报酬。

根据《信息网络传播权保护条例》第 6 条的规定，引用行为也包括通过网络向公众提供作品中的引用情形。

1. 引用的目的

本项合理使用的行为是引用，引用可能是复制，包括原文复制和措辞改写上的复制；也有可能是改编，即在原作基础上的进一步创作。

无论何种引用，均只能出于介绍、评论或说明的目的，而非对作品本身进行展示。典型的有图书和论文学术写作、文艺评述、新作介绍、影视推荐或影评等。如果主要目的是展示作品，则会使公众直接获得作品，替代了著作权人行使权利，从而构成侵权。

介绍、评论和说明目的中的一种方式如今越来越常见，即对原作进行讽刺性、解构性，甚至嘲笑性的评论，这种使用通常将原作作为自己的创作素材，并因为其独创性的讽刺或解构而使由此产生的新作具有了全新意义，理论上将之称为"转换性使用"，其中被转换的主要是公众的关注对象，相较于原作，公众更关注的是引用人的讽刺性、解构性评论。

美国联邦最高法院终审的"坎贝尔案"❶是关于转换性使用的典型案件，该案被告对原告享有著作权的歌曲《Pretty Woman》的歌词进行了"引用"，创作出了另一首同名歌曲，新歌的歌词采用了和原歌词大体相同的写作结构，并保留了部分原歌词的内容。在作曲方面，新歌的前奏和主旋律基本和原歌曲一致。新歌主要对原歌曲所描绘的"爱情"进行了嘲讽，歌词对比如图6-1所示。

LYRICS

"OH, PRETTY WOMAN" - BY ROY ORBISON AND WILLIAM DEES	"PRETTY WOMAN" - AS RECORDED BY 2 LIVE CREW
Pretty Woman, walking down the street, Pretty Woman, the kind I like to meet, Pretty Woman, I don't believe you, you're not the truth, No one could look as good as you Mercy Pretty Woman, won't you pardon me, Pretty Woman, I couldn't help but see, Pretty Woman, that you look as lovely as can be, Are you lonely just like me? Pretty Woman, stop a while, Pretty Woman, talk a while, Pretty Woman, give your smile to me, Pretty Woman, yeah, yeah, yeah Pretty Woman, look my way, Pretty Woman, say you'll stay with me 'Cause I need you, I'll treat you right, Come to me baby, Be mine tonight Pretty Woman, don't walk on by, Pretty Woman, don't make me cry, Pretty Woman, don't walk away, Hey, O.K. If that's the way it must be, O.K., I guess I'll go home now it's late There'll be tomorrow night, but wait! What do I see Is she walking back to me? Yeah, she's walking back to me! Oh, Pretty Woman.	Pretty Woman, walking down the street, Pretty Woman, girl you look so sweet, Pretty Woman, you bring me down to that knee, Pretty Woman, you make me wanna beg please, Oh, Pretty Woman Big hairy woman, you need to shave that stuff, Big hairy woman, you know I bet it's tough Big hairy woman, all that hair ain't legit, 'Cause you look like Cousin It Big hairy woman Bald headed woman, girl your hair won't grow, Bald headed woman, you got a teeny weeny afro Bald headed woman, you know your hair could look nice, Bald headed woman, first you got to roll it with rice Bald headed woman here, let me get this hunk of biz for ya, Ya know what I'm saying, you look better than Rice a Roni Oh, Bald headed woman Big hairy woman, come on in, And don't forget your bald headed friend Hey Pretty Woman, let the boys Jump in Two timin' woman, girl you know it ain't right, Two timin' woman, you's out with my boy last night Two timin' woman, that takes a load off my mind, Two timin' woman, now I know the baby ain't mine Oh, Two timin' woman Oh, Pretty Woman.

图6-1 "坎贝尔案"原告歌曲歌词（左）和被告歌曲歌词（右）

❶ Campbell v. Acuff Rose Music, Inc. 510 U. S. 569（1994）.

美国联邦最高法院认为：转换性使用如果构成合理使用，需要考量新作在多大程度上构成对原作的替代。转换性越强的作品离原作的市场利益越远，越不可能损害原作市场利益。著作权法所救济的损害是市场损害，而不是来自作品遭批评上的损害。被告在使用原告歌词及曲调时通过嘲讽创作出了足够明显区别于原告的音乐，其中不仅包括戏仿，也包括说唱音乐，因此被告合理使用的抗辩成立。

案例研讨

《80 后的独立宣言》著作权侵权纠纷案*

基本案情：被告浙江新影年代文化传播有限公司拍摄了电影《80 后的独立宣言》，电影宣发上映使用的海报上除了男女主角的大幅人像，在海报背景上还包含了原告享有著作权的"葫芦娃"卡通形象和"黑猫警长"卡通形象，此外还有如铁皮青蛙、二八大杠自行车、弹玻璃球等"80 后"的典型成长元素（见图 6-2）。原告上海美术电影制片厂认为被告未经许可，在电影海报中复制了原告享有著作权的作品，构成侵权。被告主张合理使用作为抗辩。

争议焦点：被告行为构成侵权还是合理使用？

司法实务指引："葫芦娃""黑猫警长"是 20 世纪 80 年代家喻户晓的少儿动画形象，对于在 80 年代经历少年儿童期的人们来说可谓深入人心，因此，"葫芦娃""黑猫警长"动画形象自然亦是 80 年代少年儿童的部分成长记忆。涉案电影海报中不仅引用了"葫芦娃""黑猫警长"美术作品，还引用了诸多 80 年代少年儿童经历的具有代表性的人、景、物，如黑白电视机、落地灯、缝纫机、二八式自行车、热水瓶、痰盂、课桌、铅笔盒、铁皮青蛙、陀螺、弹珠、无花果，以及着白绿校服的少先队员升旗仪式、课堂活动、课余游戏等时代元素，涵盖了 80 年代少年儿童日用品、文教用品、玩具、零食以及生活学习场景等多个方面，整个电影海报内容呈现给受众的是关于 80 年代少年儿童日常生活经历的信息。因此，电影海报中引用"葫芦娃""黑猫

---

* 上海美术电影制片厂与浙江新影年代文化传播有限公司、华谊兄弟上海影院管理有限公司著作权权属、侵权纠纷，上海知识产权法院（2015）沪知民终字第 730 号民事判决书。

警长"美术作品不再是单纯地再现"葫芦娃""黑猫警长"美术作品的艺术美感和功能，而是反映一代共同经历 80 年代少年儿童期，曾经经历"葫芦娃""黑猫警长"动画片盛播的时代年龄特征，亦符合电影主角的年龄特征。因此，"葫芦娃""黑猫警长"美术作品被引用在电影海报中具有了新的价值、意义和功能，其原有的艺术价值功能发生了转换，而且转换性程度较高，属于我国《著作权法》（2010 年）规定的为了说明某一问题而进行引用的情形。

图 6 - 2　"《80 后的独立宣言》著作权侵权纠纷案"被控侵权的电影海报

2. 引用的量

法律规定构成合理使用的引用应该"适当"，"适当"的判断标准应结合"三步检验法"加以判定，即引用的量是否影响了作品的正常利用，是否损害了本应由著作权人获得的利益。如当公众可以从作品中完全获得其所引用的原作时，意味着引用行为已经实质替代了原作，就超过了"适当"的程度。

引用"适当"与否还应结合引用目的加以判断，如介绍、评论目的的引用，为了评论而引用原作的核心部分或引用量较大，也属合理。如《一个馒头引发的血案》视频纷争中，视频制作者是为了评论电影《无极》而使用了大量的影片镜头，制作者用戏谑的方式解读了影片的核心情节，《无极》的导演认为其侵害了自己的著作权。这一事件虽然并没有进入司法程序，但是视频制作者对影片的使用应属合理范畴。

而以说明为目的的引用，则可能构成侵权。如"明信片上看上海案"❶中，原告徐某某在2000—2008年拍摄了涉案34幅摄影作品，包括《陆家嘴夜景》《卢浦大桥》《外滩信号台》《和平饭店》《外滩夜色》等上海城市风光。34幅摄影作品经原告授权制作成明信片出版。后原告发现被告上海大学出版社出版了《美好城市的百年变迁——明信片上看上海》一书，书中收录了上述34幅摄影作品，且未署名，遂起诉侵权。被告认为涉案书籍对34张明信片图案的使用，属于为说明某一问题的合理使用。法院认为：涉案书籍全书基本每页均有两张明信片正面（即使用摄影作品的一面）上下排列，其实质系通过明信片使用的摄影作品反映上海城市及建设的演变，在使用时亦未对摄影作品的作者予以署名。涉案书籍对明信片的使用方式，超过了我国《著作权法》规定的介绍和评论的幅度，使涉案书籍产生了较强的欣赏性、收藏性，同时客观上阻碍了摄影作品作者独立行使复制权并获得报酬的权利，这种使用方式不能构成合理使用。

（三）新闻报道合理使用

为报道新闻，在报纸、期刊、广播电台、电视台等媒体中不可避免地再现或者引用已经发表的作品，可以不经著作权人许可，也不用支付报酬。

根据《信息网络传播权保护条例》第6条的规定，该行为也包括通过网络向公众提供新闻报道的情形。

这一合理使用可以保证媒体以较低的成本较为自由地报道新闻，有利于公众及时获得事实消息。

1. 使用目的

本项合理使用的目的是报道新闻，新闻是单纯的事实消息，非此目的，

---

❶ 上海大学出版社有限公司与徐某某侵害作品著作权纠纷，上海市第二中级人民法院（2014）沪二中民五（知）终字第39号民事判决书。

则不构成合理使用。在"华某诉天府早报社案"❶ 中，被告天府早报社刊登了文章《骑纯血马悠游草堂》，该文以"早报讯"的形式介绍了成都杜甫草堂将在国庆节"黄金周"期间推出的系列活动，并在介绍盆景艺术展和马球对抗赛的同时，作为配图使用了原告拍摄的照片。被告以合理使用作为抗辩。法院认为：天府早报社刊登的涉案文章《骑纯血马悠游草堂》，从内容看，意在向读者介绍成都杜甫草堂预备在国庆节黄金周推出的系列活动，其中既有关于细节的描述，也加入了作者的评论性语言，并非报道的"单纯事实消息"，不属于"时事新闻"。

2. "不可避免"地再现作品

为新闻报道使用的作品应基于"不可避免"的情形。如前述"华某诉天府早报社案"中，法院指出：该报道的内容是对未来活动的介绍，相关事件也未实际发生，不使用任何照片也能如实反映其报道内容，因此不属于"不可避免"地再现。

"不可避免"的情形应为新闻报道所必需。在"北京美好景象公司诉佛山日报社案"❷ 中，被告佛山日报社在其网站刊登《好消息！7 月 1 日起在禅城就可以接种到 13 价肺炎疫苗》的报道，其中使用了原告的摄影作品。对于使用行为是否构成新闻报道合理使用，法院认为：该案中，涉案图片系涉案文章的配图，涉案文章是为了报道禅城可接种 13 价肺炎疫苗的事实及介绍该疫苗的作用，而涉案图片是一幅婴儿打针的照片，与涉案文章的主题具有一定的相关性。但为清楚说明疫苗接种事宜，并不一定要引用涉案图片，因此佛山日报社使用涉案图片的行为具有非必要性，不是不可避免的，因而不构成合理使用。

（四）时事性文章转载使用

报纸、期刊、广播电台、电视台等媒体刊登或者播放以及通过网络提供其他报纸、期刊、广播电台、电视台等媒体已经发表的关于政治、经济、宗教问题的时事性文章可以不经著作权人许可，也不用支付报酬。但著作权人

---

❶ 天府早报社与华某著作权侵权纠纷上诉案，四川省高级人民法院（2008）川民终字第 735 号民事判决书。

❷ 北京美好景象图片有限公司与佛山日报社侵害作品信息网络传播权纠纷，北京互联网法院（2020）京 0491 民初 4531 号民事判决书。

声明不许刊登、播放的除外。

时事性文章不同于时事新闻，其往往包含了媒体的评论、观点分析，是具有独创性的作品。通常来说，媒体刊登的内容除了单纯的事实消息，一大部分是时事性文章，其具有较强的时效性、政策性和目的性，需要通过多种渠道广而告之，以实现最广泛的传播。为此目的，《著作权法》通过建立合理使用规则允许媒体能自由转载这类已经被刊登的文章。

为保护著作权，避免不当扩大合理范围，本项合理使用将时事性文章限定在政治、经济和宗教方面。这类文章一般关乎国计民生，具有重要的传播价值和社会意义，需要被广泛传播。另外，《伯尔尼公约》第 10 条之二对此也作了同样的规定，我国《著作权法》与之保持一致。《伯尔尼公约》制定该规则的理由是，信息在国际的自由流动，特别是让一国民众了解其他国家报刊上出现的政治观点，比保护作者的著作权更为重要。从《伯尔尼公约》对该规则的修订过程来看，被允许转载的作品范围越来越小，因此，对何为"政治、经济和宗教问题的时事性文章"应作严格解释，即只有当一篇文章涉及对当前政治、经济和宗教生活中重大问题的讨论且具有很强的时效性时，才应被认定为可以被"合理使用"的"关于政治、经济、宗教问题的时事性文章"。

在"经济参考报社诉北京世华时代案"❶ 中，法院认为，涉案文章为《樊纲：去美元化宜选"货币互持"机制》《避险魅力大展金价连创新高》《经济持续乏力隐形 QE3 或成美联储首选》《大宗商品一周回顾》《欧洲救助西班牙方案启动在即减赤期限延长一年》，系对当下金融财经领域相关问题所作的具体介绍和评述，尚难以达到对经济生活中重大问题的讨论层次。因此不构成合理使用中所指的时事性文章。

另外，这一合理使用的限定体现在著作权人有权通过声明禁止时事性文章的合理使用，一般来说，声明应在文章初次刊登或传播时就明确并公开作出，而不能在其他媒体已经转载后作出，否则就丧失了该项合理使用的意义。

（五）公众集会讲话合理使用

报纸、期刊、广播电台、电视台等媒体刊登或者播放，以及通过网络提

---

❶ 北京世华时代信息技术有限公司上诉经济参考报社侵害作品信息网络传播权纠纷，北京知识产权法院（2017）京 73 民终 51 号民事判决书。

供在公众集会上发表的讲话可以不经许可，也不用支付报酬，但作者声明不许刊登、播放的除外。

在公众集会上发表的讲话本身具有公开宣传的性质，媒体刊登或播放这些讲话符合其公开宣传的目的，因此法律规定为合理使用。

"公众集会"的认定是本项合理使用的关键，公众集会是指为一定目的在公共场所（如广场、体育场）举行的集会。它可以发生在室外开放性的公共场所，也可以发生在室内的公共场所，因此只要具有公众参与性，没有入场、观看和人员上的限制，均属公共集会。同时，是否是公众集会还要看讲话人对自己讲话的现场环境和传播范围的认知。

案例研讨

于某某诉凤凰网案 *

基本案情：原告于某某曾在 2010 年 1 月 19 日辽宁省知青文化研究会第一次会员代表大会上作了题为《坚持知青文化研究的正确方向，推进知青事业科学健康的发展》（以下简称"坚文"）的学术讲话报告。"坚文"第一段末尾存在如下表述："对以上领导机构及参加今天大会的各位领导、专家、学者、教授、知青朋友及新闻媒体的朋友表示真挚的谢意。"被告在凤凰网知青频道刊发了全文。

争议焦点："坚文"是否属于公共集会上的讲话从而被告行为不构成侵权？

司法实务指引：法院主要考量了原告在讲话中的表述和对会议现场的认知，认为：原告在"坚文"第一段末尾已经明确表示出席会议的人员有：领导、专家、学者、教授、知青、新闻媒体，该表述显然是按照与会人员的社会分工的角色来划分的，上述人员的参会足以说明于某某的讲话是在公众集会上作出的。即使领导、专家、学者、教授、新闻媒体人员亦属于知青，但也不足以否认本次会议人员的公众参与性。原告作为知青领域的知名学者，对于知青工作有较大影响，其在相关公众的集会上发表自己的讲话，为知青工作提出要求、指明方向，具有一定的社会影响性，新闻媒体作为与会者，

---

* 于某某诉北京天盈九州网络技术有限公司著作权纠纷，北京市海淀区人民法院（2010）海民初字第 16161 号民事判决书。

势必会转载于某某的讲话内容，扩大本次会议讲话内容的社会影响力。法院认为"坚文"是原告作出的公开讲话，属于在公众集会上发表的讲话。

作为适用上的例外，著作权法允许作者以声明的方式禁止媒体合理使用，声明应当在讲话的同时作出。

（六）教学科研合理使用

为学校课堂教学或者科学研究，翻译、改编、汇编、播放或者少量复制以及通过网络提供已经发表的作品，供教学或者科研人员使用，可以不经著作权人许可，也不用支付报酬，但不得出版发行。

1. 使用目的

教学合理使用的目的是满足公益性教学活动所需。教育教学担负知识传播、传承和人才培养的重要职能，教学活动中如果不能以较低的成本及时获得最新的知识和作品，教育的费用和时间成本就会大幅度增加，在人才培养上就会滞后甚至落后。除教学之外，科研活动也可以合理使用作品，科学研究是在总结、汲取前人经验或者知识的基础上，用科学方法探求事物的本质和规律的活动，离不开对知识的积累和探求。限制科研中的作品使用也会变相推高科研成本，不利于知识的进一步发展和积累。同时，《著作权法》对本项合理使用规定了"不得出版发行"，原因也在于此，因为出版发行属于市场行为，这就超出了教学和科研的公益性目的。

案例研讨

美国教育考试中心（ETS）诉新东方著作权侵权案*

基本案情： 被告新东方学校在其英语培训的教学活动中未经许可使用和出版了 ETS 的托福（TOEFL）试题，原告托福试题的版权方 ETS 认为该行为侵害了其著作权。被告新东方学校主张，其系社会力量办学，根据《民办教育促进法》的规定，属于非营利机构，因此其行为属于合理使用。

---

* 北京市海淀区私立新东方学校与（美国）教育考试服务中心侵犯著作权和商标专用权纠纷上诉案，北京市高级人民法院（2003）高民终字第 1393 号民事判决书。

争议焦点：被告行为是否构成侵权？

司法实务指引：新东方学校未经著作权人 ETS 许可，以商业经营为目的，以公开销售的方式复制发行了 TOEFL 试题，其使用作品的方式已超出了课堂教学合理使用的范围，故对新东方学校关于其相关行为系合理使用 TOEFL 试题的抗辩理由不予采信。新东方学校成立的目的与是否侵犯 ETS 著作权并无必然联系，只要新东方学校实施的行为具有营利性，则必然对 ETS 的著作权构成侵害，新东方学校的这一抗辩理由亦不能成立。但法院同时指出，鉴于 TOEFL 试题的特殊性质以及新东方学校利用这一作品的特别形式及目的，新东方学校在不使用侵权资料的情况下在课堂教学中讲解 TOEFL 试题应属于《著作权法》（2001 年）第 22 条规定的合理使用相关作品的行为，并不构成对他人著作权的侵犯。

2. 教学空间限制

著作权法对教学合理使用设定了限制：课堂教学。课堂教学指的是面授，是教师与学生在教室、实验室等处所进行的现场教学，面授总是受到物理空间的限制，因此被使用的作品接触的受众范围有限并且可控，不会对著作权人的利益产生较大影响。

随着网络技术的发展，在线教学逐渐成为课堂教学之外的另一种常见形式，在线教学活动中能否合理使用他人作品呢？根据"课堂教学"在本项中的作用，在线教学使用作品也应当受到一定限制，即在线教学不能是面向所有公众的，而应对在线登录人员进行限定，采取登录 IP、登录密码等措施限定接触作品的范围。如在"毕某某诉淮北中学著作权纠纷案"❶ 中，原告毕某某的作品《红处方》被被告淮北实验高级中学置于学校网站供学生作为阅读和学习资料。《红处方》在其网站上的提供方式为：登录中学网站，点击涉案作品即可被下载，因此法院认为被告网站将涉案作品提供给不特定的公众进行浏览和下载，已经超出了合理使用的范围。

3. 教学科研人员

课堂教学活动中，使用作品的是教学科研人员，一般包括教师、研究人员等。问题是学生是否是本项合理使用的主体？从课堂教学的性质来看，缺

---

❶ 毕某某诉淮北市实验高级中学侵犯著作权纠纷上诉案，安徽省高级人民法院（2009）皖民三终字第 0014 号民事判决书。

少学生,课堂教学是无法开展的,教学或科研人员使用作品亦是向学生展示、分析和说明的,因此学生也属于教学或科研人员范畴。

4. 使用行为

教学合理使用中的使用行为主要包括翻译、改编、汇编、播放、少量复制以及通过网络提供。2020 年修改之前的《著作权法》允许的教学使用行为仅限翻译和少量复制,考虑到各类学校教学的实际需要和教学手段的革新,2020 年修改的《著作权法》,对其中的使用行为进行了一定扩展,改编、汇编、播放也被允许,同时根据《信息网络传播权保护条例》,网络提供也被纳入进来,当然应限于前文所述的情形。

(七) 公务合理使用

国家机关为执行公务在合理范围内使用或向公众提供,包括通过网络提供已经发表的作品可以不经著作权人许可,也不用支付报酬。

1. 国家机关

国家机关包括国家立法、行政、司法以及军事机关。国家机关是行使国家权力、管理国家事务的机关,不包括事业单位和社会团体。其履行法定职责的行为具有公共性,因此可以合理使用作品。

本项国家机关公务合理使用可以适用于国家机关的派出机构以及受国家机关委托执行公务的机构。这类机构虽然不是法律定义上的国家机关,但因法定或约定暂行相关职责,其活动同样具有公共性,在"曾某某和赣州市场建设综合开发有限公司著作权纠纷案"❶ 中,原告享有著作权的口号"客家风红土情山水绿古城新"被赣州市场建设综合开发有限公司和深圳市建安(集团)股份有限公司江西分公司使用。法院基于相关证据认定:赣州开发公司提交的赣州市建设工程质量监督管理站的电子邮件以及该管理站出具的证明、说明等在案证据形成了证据链,足以证明赣州开发公司、建安江西分公司系受赣州市建设工程监督管理站及其上级部门等国家机关的委托,在江西省第十四届运动会期间使用涉案作品等宣传口号,用意在于宣传赣州形象,浓厚赛事氛围,并不具有营利目的。因此构成国家机关公务合理使用。

---

❶ 曾某某与赣州市场建设综合开发有限公司著作权纠纷案,最高人民法院(2019)最高法民申 1261 号民事裁定书。

2. 执行公务为目的

执行公务指的是执行与国家机关的法定职能直接相关的事务，如立法机关为制定法律，复印或者摘编某些法学论文或研究报告。司法机关、法律监督机关为办案需要复制与案件有关的文字作品、摄影作品等。行政机关为行政管理的需要复制政治、经济、文化、教育、科学技术等方面的资料。军事机关为演习、作战需要复制地图等。

在判定是否为"执行公务"时，应考量使用行为和具体国家机关法定职能的关联性。如在"余某某诉茂县人民政府著作权纠纷案"❶ 中，茂县人民政府在茂县召开羌族"瓦尔俄足"庆典暨国际学术研讨会期间，所采用的大型宣传画、小型宣传牌、礼品袋、《会议指南》上的图片使用了原告已发表的《领歌节上的妇女们》《阿坝州汶川县龙溪乡阿尔村羌族祭山会》《茂县营盘山》《羌笛》《肖释比》等摄影照片 17 张。对于被告茂县政府的使用行为是否构成合理使用，法院认为：国家机关使用的作品不仅应当是已经发表的作品，使用的目的是为执行公务，而且使用的必要程度、方式、范围、所使用部分的数量和内容等均应合理，且国家行政机关执行公务的行为亦应当是指从事制定政策，行政管理等事务。茂县人民政府举办"瓦尔俄足"庆典暨国际学术研讨会，不属于履行政府机关管理政务的常规职能，其使用原告的涉案作品，亦并非完成该项任务所必需，且从其使用的方式、范围、数量等方面来看，不属于合理使用。

在"三面向公司诉邵阳市农业局著作权纠纷案"❷ 中，原告北京三面向公司拥有文章《透过"三农"现象看农村脱贫与返贫》的著作权，被告邵阳市农业局在其创办的"邵阳市农业信息网"（www.sysagri.gov.cn）网站上转载了该文。对于农业局网站上转载农业问题的文章是否构成合理使用，法院认为：邵阳市农业局在其经营管理的邵阳市农业信息网上转载涉案文章是为社会公众提供服务，具有广泛性，该行为不属于我国《著作权法》规定的国家机关为执行公务在合理范围内使用已经发表作品的情况。

---

❶ 余某某诉茂县人民政府著作权纠纷，四川省高级人民法院（2012）川民终字第 105 号民事判决书。

❷ 湖南省邵阳市农业局与北京三面向版权代理有限公司著作权侵权纠纷上诉案，湖南省高级人民法院（2008）湘高法民三终字第 67 号民事判决书。

3. 使用他人作品的必要性

国家机关公务使用作品是以必要为前提的，必要性可以从使用方式、使用范围等因素考量，在"北京河图创意图片公司与荆州市文化和旅游局著作权案"❶ 中，被告荆州文旅局将原告的 10 幅摄影照片置于自己运营的微信公众号上，发布了标题为《停下来，看一看自己家乡有多美！"荆州人游荆州"活动开启！》的文章，涉案摄影作品作为配图。法院认为，首先，荆州文旅局作为国家行政机关，虽然根据相关规定，负有指导管理荆州市文化和旅游宣传推广的职责，但其使用涉案摄影作品并非完成该项职责所必需；其次，从使用方式和范围来看，其系通过互联网传播涉案摄影作品，互联网的开放性使该作品能为不特定公众获得，传播范围十分广泛；最后，荆州文旅局使用涉案摄影作品亦未指明作者、作品名称，不利于对著作权的保护。因此，荆州文旅局的行为不属于执行公务的合理使用。

（八）馆藏机构复制使用

图书馆、档案馆、纪念馆、博物馆、美术馆、文化馆等为陈列或者保存版本的需要，复制本馆收藏的作品可以不经著作权人许可，也不用支付报酬。

《信息网络传播权保护条例》第 7 条规定：图书馆、档案馆、纪念馆、博物馆、美术馆等可以不经著作权人许可，通过信息网络向本馆馆舍内服务对象提供本馆收藏的合法出版的数字作品和依法为陈列或者保存版本的需要以数字化形式复制的作品，不向其支付报酬，但不得直接或者间接获得经济利益。当事人另有约定的除外。

上述馆藏机构承担的是保存人类知识和文化的功能，本身具有公益性。为避免知识和文化传承上可能发生的流失，《著作权法》允许其对作品进行合理使用，但只能针对作品的脆弱版本。

1. 本馆收藏作品的脆弱版本

脆弱版本指的是作品有形载体已经损毁或者濒临损毁、丢失或者失窃，或者其存储格式已经过时，并且在市场上无法购买或者只能以明显高于标定的价格购买的作品版本，如绝版书籍或仅有一份真迹的作品，其载体一旦被

---

❶ 北京河图创意图片有限公司与荆州市文化和旅游局侵害作品信息网络传播权纠纷，北京互联网法院（2020）京 0491 民初 7771 号民事判决书。

毁损，作品所承载的知识和文化有可能灭失。而对于复制件较多、版本物理情况良好的作品，不能适用本项合理使用。

此外，只有本馆收藏的作品出现形成脆弱版本的状况才能进行合理复制，因此，非本馆收藏的对象，甚至是非法获得的作品版本不能适用合理使用。

2. 以陈列和保存版本为目的

这一目的具有公益性，因此为法律所允许。超出这一目的，如馆藏机构对所复制的版本进行发行、出售则不属于合理使用。

3. 行为限制

馆藏机构只能对作品的脆弱版本进行复制，复制的数量受到"三步检验法"的限制，复制可以包含数字化复制。

随着现代馆藏机构的信息化发展，通过网络提供收藏的作品也是馆藏机构的服务内容之一。对于以本项合理使用复制的作品，《信息网络传播权保护条例》限定了网络传播范围：只能针对馆舍内人群，且不得直接或间接获取经济收益。因此这类作品不能向远程访问馆藏机构网络资源的用户提供。可见，从上述限定来看，当前各类数字图书馆、数字资源类网站都不是本项合理使用适用的主体。

案例研讨

詹某某和深州图书馆的著作权纠纷案*

基本案情：被告深圳图书馆和北京方正阿帕比技术有限公司合作，向后者购买方正数字资源平台－中华数字书苑数字资源阅读服务并向公众提供，图书馆读者通过互联网进入深圳图书馆的页面，分别点击"数字资源""中华数字书苑"后的"馆外访问"，通过证号和密码登录，可以检索到并在线阅读涉案作品。其中包含原告享有著作权的作品。

争议焦点：被告深圳图书馆的行为是否构成合理使用？

---

* 詹某某与深圳图书馆侵害作品信息网络传播权纠纷，广东省高级人民法院（2018）粤民申11343号再审民事裁定书。

司法实务指引： 首先，涉案作品并非深圳图书馆收藏的合法出版的数字作品和依法为陈列或者保存版本的需要以数字化形式复制的作品，而是深圳图书馆与阿帕比公司约定，与阿帕比公司合作收集的馆外作品，且该等作品未经作者授权通过信息网络传播，获取作品的途径非法，因此属于未经许可使用作品。

其次，公共图书馆具有的公益性质并不意味着可以对馆藏作品以及馆外海量作品进行无限制的使用。在使用作品的同时，公共图书馆应当确保作者著作人身权和财产权的正当行使，平衡社会公共利益与作者合法利益。如果作品的获得途径是合法的，鉴于公共图书馆的公益性质，作者应当对一定范围内的读者免费阅读以及对作品少量内容进行复制等行为予以容忍。

但即使是经过合法授权的作品，公共图书馆在使用时仍然受到相关规定的约束，即"不得影响该作品的正常使用，也不得不合理地损害著作权人的合法利益"。因此，深圳图书馆应当在职责范围内，确保作者著作人身权和财产权的正当行使，而不能仅因为图书馆未收取费用，就认为自己可以不受限制地使用作品。因此深圳图书馆的行为不属于合理使用。

（九）免费表演作品

免费表演已经发表的作品，该表演未向公众收取费用，也未向表演者支付报酬，且不以营利为目的可以不经著作权人许可，也不用支付报酬。

1. 行为限定

作品的表演包括现场表演和机械表演两种情况，本项合理使用中规定的表演仅指现场表演。

机械表演不被允许的原因在于通过技术设备播放作品的表演通常覆盖更广的人群，因此会扩大公众接触、获得作品的范围，从而影响著作权人的权益。

2. 目的限定

使用他人作品进行表演不得以营利为目的，具体包括表演者不收取报酬，也不能间接以赞助费等名义收受费用；观众不用付费观看，组织方也不得销售门票。因此典型的可以进行合理使用的表演如群众性社区演出、学校举行的学生或职工的汇报演出等，这类表演活动均属公益性的基层文艺活动。需要注意的是，"义演"这种演出方式通常不属于合理使用，因为义务演出要向公众收费，即存在门票收入。义务演出只不过是演员把自己应得的演出费捐赠给有关单位或个人。

（十）公共场所艺术作品合理使用

对设置或者陈列在公共场所的艺术作品进行临摹、绘画、摄影、录像可以不经著作权人许可，也不用支付报酬。

设置或者陈列在公共场所的艺术作品主要指设置在广场、街道、路口、公园、旅游风景点及建筑物上的绘画、雕塑、书法等。这些艺术作品美化了城市，是市民生活中的美丽风景。对这类艺术作品来说，难以避免在游人、行人以及有关的新闻报道中被拍摄、绘画和临摹，此时获得其著作权人许可几乎不可能，也会影响公众的日常活动。因此《著作权法》允许对其进行合理使用。

1. 地点限定

本项合理使用只能针对公共场所的艺术作品。2020 年《著作权法》修改后比照之前的相关条款，删除了公共场所前的"室外"两字，扩大了本项中公共场所的范围。这意味着无论是室外的公共空间还是室内的公共空间，陈列其中的艺术作品均可以法定的方式被合理使用。但是，私人场所陈列的艺术作品无法适用本项合理使用。

2. 使用方式限于临摹、绘画、摄影、录像等非接触的方式

直接接触这类艺术作品进行利用不属于合理使用，如拓印、铸模等，因为其存在破坏艺术作品的可能性。

本项合理使用中最为关键的问题是，临摹、绘画和拍摄后的后续使用行为是否仍属合理，如将拍摄的雕塑、建筑艺术作品等制作成明信片、宣传资料或作为文字的配图？对这一问题，《最高人民法院关于审理著作权民事纠纷案件适用法律若干问题的解释》第 18 条第 2 款规定：对前款规定艺术作品的临摹、绘画、摄影、录像人，可以对其成果以合理的方式和范围再行使用，不构成侵权。因此关键在于判断后续利用行为是否符合"三步检验法"。

案例研讨

杨某与湖北孝商股份有限公司等的著作权纠纷案*

基本案情： 原告杨某是雕塑作品"董永与七仙女"的著作权人，该雕塑位于孝感市董永公园孝子祠内，被告拍摄了涉案雕像，将照片印刷在其生产经营的"国光麻糖"食品包装盒上。

争议焦点： 被告行为是否构成合理使用？

司法实务指引： 对于被告拍摄涉案雕像的行为，法院认定，原告雕塑作品设置在董永公园内，融入周围的环境之中，成为公园景观的一部分，同样可以供游人随意观赏，拍照留影，其艺术作品本身就具有长期的公益性质，因此属于合理。

对于被告将其印刷在包装盒上的行为，法院认为：麻糖生产者在产品的包装上使用了反映"董永与七仙女"神话故事的图片，其目的是向消费者传递该麻糖生产于孝感这样的信息，也起到了美化包装的作用。但是，麻糖的生产者和销售者生产、销售的产品内容是麻糖食品，消费者购买的也是麻糖食品并非包装，更不是印刷在包装上的图片。因此，经营利益只能产生于产品本身。该案"国光麻糖"产品包装上使用原告杨某的雕塑作品图片，并不影响原告杨某对该作品的正常使用，也不存在不合理地损害原告杨某著作权项下的合法利益的问题，其生产和销售行为属于对原告杨某设置在公共场所雕塑作品的拍摄成果以合理的方式和范围再行使用，不构成侵犯原告杨某"董永与七仙女"雕塑作品著作权。

（十一）扶助少数民族地区合理使用

将中国公民、法人或者非法人组织已经发表的以国家通用语言文字创作的作品翻译成少数民族语言文字作品在国内出版发行或通过网络向中国境内少数民族提供，可以不经著作权人许可，也不用支付报酬。

本项合理使用是我国特有的，因此对所使用的作品、使用的范围均存在

* 杨某诉孙某某、湖北省孝商股份有限公司等侵犯著作权纠纷案，湖北省高级人民法院（2008）鄂民三终字第14号民事判决书，最高人民法院（2013）民申字第2090号民事裁定书。

地域上的限定。我国民族众多，各民族所在的地区存在教育、文化发展上的差异，用汉语和中文创作的作品较多，而采用各少数民族语言文字创作以及呈现的作品较少，相较之下，少数民族获得知识、文化的机会也就较少。因此，为使各民族获得公平发展的机会，《著作权法》以合理使用的规则允许特定作品低成本且自由地被翻译成少数民族语言文字。

1. 合理使用的对象

为了避免国际纠纷，本项合理使用只能针对中国公民、法人或非法人组织享有著作权的作品。对于外国人享有著作权的作品，即使作品在中国首先发表或出版，亦不论何种语言文字，也不得合理使用。

根据本项合理使用的目的，为使少数民族获得更多以本民族语言文字呈现的作品，原作必须是以国家通用语言文字，即汉语和中文创作的作品。如果原作是以外国语言文字或某少数民族语言文字进行创作的，不能依照合理使用翻译成其他的少数民族语言文字。

2. 使用行为

本项合理使用行为仅限对原作的翻译，而不得以表演、放映、改编、摄制等方式使用原作，因为表演等行为已经可以直观地传播作品，实现不了少数民族获取更多本民族语言文字作品的目的。翻译后的译作仅允许出版和网络提供，对于译作同样不能以表演、放映、改编、设置等行为加以利用，这是从保护著作权人的角度出发来进行考量的，毕竟翻译作品的出版和网络传播已经影响了著作权人的收益。

出于同样的目的，上述的翻译指的是翻译成我国少数民族的语言文字，不包括译成外国语言文字。

3. 使用范围

翻译成少数民族语言文字后的作品只能在我国出版发行，不能发行至国外，国外出版发行同样不符本项合理使用的目的。在进行网络提供时，根据本项合理使用的立法精神，此时网络服务提供者应当采取技术措施确保作品只提供给我国境内的少数民族。

（十二）无障碍版本合理使用

以阅读障碍者能够感知的无障碍方式向其提供作品，包括通过网络提供已经发表的作品可以不经著作权人许可，也不用支付报酬。

本项合理使用的目的是确保阅读障碍人士在获得作品上和无阅读障碍人士机会均等，其内容相比 2020 年修改之前的《著作权法》有所变化。

世界知识产权组织（WIPO）于 2013 年 6 月通过了《关于为盲人、视力障碍者或其他印刷品阅读障碍者获得已出版作品提供便利的马拉喀什条约》（以下简称《马拉喀什条约》），我国于当年加入，该条约于 2022 年 5 月 5 日在我国正式生效。

根据《马拉喀什条约》的规定，"无障碍格式版"是指采用替代方式或形式，让受益人能够使用作品，包括让受益人能够与无视力障碍或无阅读障碍者一样切实可行、舒适地使用作品的版本。无障碍格式版为受益人专用，必须尊重原作的完整性，但要适当考虑将作品制成替代性无障碍格式所需要的修改和受益人的无障碍需求；《马拉喀什条约》中的"受益人"包括盲人、有视觉缺陷、知觉障碍或阅读障碍的人，以及在其他方面因身体残疾而不能持书或翻书，或者不能集中目光或移动目光进行正常阅读的人。

2020 年之前这项合理使用仅限于"将已经发表的作品改为盲文"，《著作权法》修改后显然扩大了受益人群，同时提供的作品不限于盲文形式，也包括其他无障碍方式，如大字版作品、音频形式作品等，但大字版和音频这类版本在提供时应当加以限定。根据《马拉喀什条约》的规定，这些版本应当只能由公益性实体提供给被确认的受益人，公益性实体可以对无障碍格式版本采取技术措施以保证为受益人专用。

（十三）其他情形

合理使用中还包含了法律、行政法规规定的其他情形。如《计算机软件保护条例》第 17 条规定：为了学习和研究软件内含的设计思想和原理，通过安装、显示、传输或者存储软件等方式使用软件的，可以不经软件著作权人许可，不向其支付报酬。

《信息网络传播权保护条例》第 6 条、第 7 条亦规定了网络提供作品中的合理使用情形，本书在前述合理使用各项中已经分别进行解释，这里不再赘述。

第二节 法定许可

法定许可指的是在法律规定的情形下，使用他人已发表的作品，可以不经许可，但应支付报酬。

法定许可制度的功能和合理使用有所不同，法定许可中使用作品并非免费，也就是说其不影响著作权人获得报酬的权利，只是限制了著作权人向使用人进行授权的自由。因此法定许可的主要目的是降低作品交易成本，包括确定著作权人的成本、寻找和联系著作权人的成本以及和著作权人谈判获得授权的成本。这一制度能够使使用人高效利用作品，加速作品的传播，对于经常、反复或大量使用作品的使用人来说非常重要。

我国《著作权法》从义务教育、报刊事业、广播事业、音乐行业惯例以及我国文化扶贫的实际出发，规定了五种法定许可。法定许可既限制著作权人的权利，也限制邻接权人的权利。法定许可使用他人作品应当尊重著作人格权，即进行署名，并注明作品出处或来源。

法定许可的规则根据著作权人是否有权通过声明方式排除适用，分为绝对法定许可和相对法定许可，绝对法定许可不允许著作权人以声明的方式排除适用；相对法定许可则允许事先声明排除适用。

一、教科书法定许可

《著作权法》第25条规定：为实施义务教育和国家教育规划而编写出版教科书，可以不经著作权人许可，在教科书中汇编已经发表的作品片段或者短小的文字作品、音乐作品或者单幅的美术作品、摄影作品、图形作品，但应当按照规定向著作权人支付报酬，指明作者姓名或者名称、作品名称，并且不得侵犯著作权人依照本法享有的其他权利。

教科书的编写包含汇编他人作品的过程，而且往往涉及较多作品的著作权人，对于编写者来说，分别确定著作权人并获得许可成本巨大，同时教科书的使用具有一定的公共性，据此，《著作权法》以法定许可的制度允许编写者在支付报酬后可以直接使用作品。

1. 教科书的范围

能够适用法定许可的教科书只能是以实施义务教育和国家教育规划为目的编写的教科书。我国当前的义务教育为九年制，从小学至初中。义务教育的目的是保障适龄儿童、少年接受义务教育的权利，从而提高全民族素质。所使用的教科书具有广泛性，受益人群数量较多。根据《中华人民共和国义务教育法》，义务教育的教科书根据国家教育方针和课程标准编写，国家对此实行教科书审定制度。[❶]《全国中小学教材审定委员会章程》规定的审定方式为：教科书的编写必须经中央或省级教育行政部门批准，经学科审查委员会通过，并报送审定委员会批准后，由国家教育委员会列入全国普通中小学教学用书目录。可见，能进行法定许可的教科书是必须进入审定目录中的教科书。

除义务教育教科书外，实施国家教育规划的教科书也可以法定许可的方式使用作品。根据国家版权局颁布的《教科书法定许可使用作品支付报酬办法》第二条，上述教科书的范围进一步被明确为：为实施义务教育、高中阶段教育、职业教育、高等教育、民族教育、特殊教育，保证基本的教学标准，或者为达到国家对某一领域、某一方面教育教学的要求，根据国务院教育行政部门或者省级人民政府教育行政部门制定的课程方案、专业教学指导方案而编写出版的教科书。但不包括教学参考书和教学辅导材料。我国教参、教辅的出版市场巨大，显然具有很强的营利性，并不符合教科书编写的公共性。

案例研讨

陈某某诉仁爱研究所和西苑出版社著作权案*

基本案情：被告出版《英语同步练习册》（九年级上、下册）（2009 年 6 月第 1 版），第 45 页的英语短文《I've Had My Mouth for Thirty Years》与原告陈某某在《98 中考英语模拟试题（六）》中的英语短文《I've Had My Mouth

---

❶ 《中华人民共和国义务教育法》第 38～39 条。

* 陈某某等与西苑出版社等著作权纠纷案，海口市中级人民法院（2010）海中法民三初字第 41 号民事判决书，海南省高级人民法院（2011）琼民三终字第 59 号民事判决书。

《for Thirty Years》相同，字数大约在 550 字。

争议焦点： 被告未经许可将原告作品编入自己出版的练习册的行为是否构成侵权？

司法实务指引： 法院认为：根据《中华人民共和国义务教育法》的规定，义务教育的教学制度、教学内容、课程设置和教科书审定，应当由国务院教育行政主管部门确定。国家教育委员会制定的《全国中小学教材审定委员会章程》规定，教科书的编著必须经中央或省级教育行政部门批准，经学科审查委员会通过，并报送审定委员会批准后，由国家教育委员会列入全国普通中小学用书目录。因此，《著作权法》（2010 年）中规定的教科书并非泛指中小学使用的所有教材，而应当界定为经省级以上教育行政部门批准编著、经国家专门设立的学科审查委员会通过，并报送审定委员会批准后，由国家教育委员会列入全国普通中小学教学用书目录的中小学课堂正式用书。因仁爱研究所、西苑出版社系在其出版发行的教辅书中使用作品，而非上述教科书中使用，不属法定许可的情形，仁爱研究所、西苑出版社的上述主张于法无据。二审法院对此亦予以确认。

总的来说，上述教科书从规划上必须符合义务教育和国家教育规划要求，从程序上必须经过立项—编写—审核的流程，才属于本项法定许可中所指的教科书。

2. 被使用的作品

教科书法定许可只允许使用已发表作品，并且只能是短小作品或作品片段，这是权衡了著作权保护和法定许可的制度功能后作出的规定。国家版权局《教科书法定许可使用作品支付报酬办法》第 3 条规定：

作品片断或者短小的文字作品，是指九年制义务教育教科书中使用的单篇不超过 2000 字的文字作品，或者国家教育规划（不含九年制义务教育）教科书中使用的单篇不超过 3000 字的文字作品。

短小的音乐作品，是指九年制义务教育和国家教育规划教科书中使用的单篇不超过 5 页面或时长不超过 5 分钟的单声部音乐作品，或者乘以相应倍数的多声部音乐作品。

美术、摄影和图形作品只能使用单幅的。

3. 使用行为

教科书法定许可使用作品仅限于汇编行为，即对作品进行复制，当然教科书编写者可以自行决定编写体例。但对作品进行修改、改编、翻译等行为的，应经过著作权人许可。

教科书编写后必然要进行出版，因此虽然《著作权法》第 25 条仅明确允许对作品进行汇编，但显然汇编后的发行行为也应包含其中，否则就背离了本项法定许可的初衷。

4. 付酬标准

根据法定许可的规定，教科书编写必须向著作权人支付报酬，如何确定报酬以及支付方式就成为重要的问题。法定许可既然可以不经许可，著作权人议价的机会就会丧失，为解决价格和报酬支付问题，国家版权局颁布了《教科书法定许可使用作品支付报酬办法》，在第四条确定报酬内容：

（1）文字作品：每千字 300 元，不足千字的按千字计算；

（2）音乐作品：每首 300 元；

（3）美术作品、摄影作品：每幅 200 元，用于封面或者封底的，每幅 400 元；

（4）在与音乐教科书配套的录音制品教科书中使用的已有录音制品：每首 50 元。

对于何时支付报酬，《教科书法定许可使用作品支付报酬办法》第 6 条规定，教科书出版发行存续期间，教科书汇编者应当每年向著作权人支付一次报酬。报酬自教科书出版之日起 2 个月内向著作权人支付。

上述报酬一般借助著作权集体管理制度（详见本书第七章"著作权集体管理"）转付给著作权人。

2020 年的《著作权法》和修改之前相比，在教科书法定许可中删除了著作权人通过声明排除适用这一内容。原因主要是：首先，实践中著作权人几乎不会在自己作品发表或出版之时作出排除教科书法定许可的声明，因此原有规定的实际意义不大；其次，如果允许声明的话，则教科书法定许可的效果可能会大打折扣，对教科书编写产生不利影响。

二、报刊转载法定许可

《著作权法》第 35 条第 2 款规定：作品刊登后，除著作权人声明不得转载、摘编的外，其他报刊可以转载或者作为文摘、资料刊登，但应当按照规定向著作权人支付报酬。

本款所指的转载，是指原封不动或者略有改动之后刊登已经在其他报刊上发表过的作品。摘编是指对原文主要内容进行摘录、缩写，其结果应该对原文内容有较系统、全面的反映。可见转载、摘编的本质是复制，受著作权人复制权的控制。转载和摘编只能针对已经在其他报刊上刊登过的作品，著作权法之所以允许报刊内容自由转载，主要是从报刊出版的短周期性考量的。

1. 报刊的范围

报刊包含报纸、期刊，不包括图书。报纸一般需要每日出版，期刊有周刊、半月刊、月刊和双月刊。报刊共同的出版特点是出版周期短，需要大量的新鲜内容满足持续出版的需要，而目前我国大多数报刊尚无法保证在较短的周期内不断编辑出新的内容，因此存在对其他报刊内容进行转载的实际需要。从这一实际出发，允许报刊转载法定许可既可以满足我国报刊行业发展的实际需要，又能迅速将作品提供给更多的公众，可谓一举两得。当然，为了保护著作权人的利益，本款法定许可允许著作权人声明排除。

图书的出版周期则相对较长，一般首版印刷过后，除非是特别畅销的图书，否则往往要经历三到五年才会印刷第二版，图书出版依法应订立书面的出版合同，出版社获得的是专有性出版权，因此不会允许其他出版机构在出版合同期限内再次出版，自然也不会允许报刊等机构进行转载。

据此，转载主体必须是报刊，所转载的作品也必须是刊登在报刊上的作品。

2. 转载的范围

纸质出版行业目前都在积极拓展在数字传媒领域的发展，因此传统的纸质报刊现在也都基本具有网络版，这就引发了网络报刊能否援引本款法定许可转载作品的问题。网络转载的本质不再仅仅是复制，还包含了信息网络传播。

对此，在互联网发展早期，为促进网络经济的发展，我国曾经以司法解释的方式作出允许网络转载的法定许可，但后来考虑到网络转载法定许可会使作品的接触范围大大扩张，对著作权人的利益影响较大，因此又删除相应规定，其具体变迁内容如表6-1所示。

表 6 - 1　网络转载法定许可内容变迁

年份	司法解释	具体内容
2000 年	《关于审理涉及计算机网络著作权纠纷案件适用法律若干问题的解释》（法释〔2000〕48 号）	第 3 条：已在报刊上刊登或者网络上传播的作品，除著作权人声明或者上载该作品的网络服务提供者受著作权人的委托声明不得转载、摘编的以外，网站予以转载、摘编并按有关规定支付报酬、注明出处的，不构成侵权。但网站转载、摘编作品超过有关报刊转载作品范围的，应当认定为侵权
2004 年	《关于审理涉及计算机网络著作权纠纷案件适用法律若干问题的解释》（法释〔2004〕1 号）	第 3 条：已在报刊上刊登或者网络上传播的作品，除著作权人声明或者报社、期刊社、网络服务提供者受著作权人的委托声明不得转载、摘编的以外，在网络进行转载、摘编并按有关规定支付报酬、注明出处的，不构成侵权。但转载、摘编作品超过有关报刊转载作品范围的，应当认定为侵权
2006 年	《最高人民法院关于修改〈最高人民法院关于审理涉及计算机网络著作权纠纷案件适用法律若干问题的解释〉的决定（二）》（法释〔2006〕11 号）	删去第 3 条

据此，现在报刊转载法定许可仅限于纸媒之间的转载、摘编。

3. 报酬的支付

由于法定许可使得著作权人丧失了议价的机会，因此国家版权局在 2014 年颁布《使用文字作品支付报酬办法》，对报刊转载报酬支付给出了官方定价，其第 13 条规定：报刊依照《中华人民共和国著作权法》的相关规定转载、摘编其他报刊已发表的作品，应当自报刊出版之日起 2 个月内，按每千字 100 元的付酬标准向著作权人支付报酬，不足五百字的按千字作半计算，超过五百字不足千字的按千字计算。

报酬的支付一般借助著作权集体管理制度实现，报刊可以将报酬连同邮资以及转载、摘编作品的有关情况送交中国文字著作权协会代为收转。中国文字著作权协会收到相关报酬后，向著作权人转付，并编制报酬收转记录。

报刊将相关报酬转交给中国文字著作权协会后，对著作权人不再承担支付报酬的义务。

4. 著作权人的声明

报刊转载法定许可允许著作权人声明排除适用，那么声明的时间和具体内容如何确定呢？一般来说，声明应在作品发表或首次在报刊上刊登时作出。实践中报刊上常见这样的声明内容为："未经许可，不得/拒绝转载。"这种声明需要明确是著作权人作出的，还是报刊作出的。因为著作权法只赋予著作权人这一权利，报刊没有声明资格，因此只有著作权人才能有效地作出排除报刊转载法定许可适用的声明；如果是报刊作出的，则必须经著作权人同意才有效。

案例研讨

谷某某诉中国贸易报社案[*]

基本案情：被告在《中国贸易报》刊登文章《政府采购行政处罚——为何法律与实践相去甚远？》（以下简称《处罚2》）时对原告《政府采购行政处罚：游走在违法的边缘》（以下简称《处罚1》）的文章进行了摘编，该文章已经在《国际商报》上刊登过。

争议焦点：被告的转载行为是否构成侵权

司法实务指引：声明不得转载、摘编其作品的，应当在报纸、期刊刊登该作品时附带声明。谷某某在《国际商报》发表《处罚1》一文时没有作出不得转载、摘编该文的声明，因此，包括《中国贸易报》在内的其他报刊可以对该文进行转载、摘编。中国贸易报社在其所办的《中国贸易报》上刊登《处罚2》一文，将谷辽海的《处罚1》一文的"案情"部分内容进行提炼，作为文章开头部分，并以黑体字区别于文章其他部分，是报刊中常用的突出提示，吸引读者的手法。考虑到报社、杂志社出版报纸、杂志的特殊的版面的需要，中国贸易报社虽然删除了《处罚1》一文中的部分标题和文字，但

---

[*] 谷某某与中国贸易报社侵犯著作权纠纷案，北京市第二中级人民法院（2006）二中民终字第3264号民事判决书。

《处罚2》也较系统、全面地反映了原文内容，并在文章结尾标明了该文略有删节。此外，中国贸易报社在对《处罚1》一文进行转载、摘编时，对文章标题的修改仅是改换标题中的部分文字，且是抽取原文加框突出黑体字的标识性文字进行的替换，综观全文，该题目仍然体现了该作品内容、主旨和标题的统一性。因此，该行为亦未超出报刊转载、摘编的范畴。中国贸易报社刊登《处罚2》一文时，已注明了作品作者为谷某某，并在刊登后两个月内向谷某某支付了合理的稿酬。虽然其刊登《处罚2》时没有注明转载、摘编自原文最初登载的《国际商报》，但不能就此否定该行为为转载、摘编的性质。而且，在法院审理期间，中国贸易报社已就此采取了补救措施，在其所办的《中国贸易报》上声明《处罚2》一文摘编自《国际商报》。综上，中国贸易报社刊登《处罚2》一文，符合法律关于转载、摘编的有关规定。

三、音乐录制法定许可

《著作权法》第42条第3款规定：录音制作者使用他人已经合法录制为录音制品的音乐作品制作录音制品，可以不经著作权人许可，但应当按照规定支付报酬；著作权人声明不许使用的不得使用。

（一）使用对象：录音制品中的音乐作品

本款法定许可允许录制者在使用音乐时可以使用已经合法被录制的音乐再进行制作，这就是实践中常见的"翻唱"，即更换演唱者、演奏者再进行录制的行为。翻唱具有一定的社会效益，一是可以促使音乐作品形成多个演唱和录制版本，有利于文艺繁荣；二是有利于防止唱片公司的音乐垄断，这是因为唱片公司虽然是录制主体，但实践中其往往会向词曲作者购买音乐作品的全部著作财产权，甚至很多词曲作者就是唱片公司的员工，因此音乐作品的著作财产权往往会集中于各大唱片公司。有了音乐录制法定许可规则，拥有大量音乐著作权的唱片公司就无法禁止他人使用，同时也就避免了不合理定价的出现。

音乐录制法定许可只能使用已经录制的音乐作品，如果使用未发表的音乐作品或者尚未被录制的音乐作品，则必须获得著作权人的许可。

音乐录制法定许可只能使用录音制品中的音乐作品，而不能使用视听作品或录像制品中的音乐作品。首先，视听作品和录像制品中使用的音乐如果是已经录制的音乐作品，此时对其再次进行录制法定许可，于法有据。其次，如果是专为视听作品或录像制品录制的音乐作品，则其与视听作品或录像制品的画面或者剧情关联紧密，这类音乐不能适用法定许可进行再次录制，否则会影响视听作品或录像制品的完整性。

（二）使用行为：制作录音制品

录制者使用法定许可进行录制的成品限于录音制品，而不能是录像制品或视听作品。后者不会在录音制品的唱片市场上增加多样性，并且配以画面和剧情的使用行为对音乐的影响也会相对较大，因此需要获得著作权人的许可。

在"宁某诉中国电影合作制片公司等著作权纠纷案"❶中，被告将原告已经在盒带《中国民族乐曲精选》中出版的音乐《丝路驼铃》使用在电影《卧虎藏龙》中，节选了《丝路驼铃》中 2 分 55 秒的内容，缩节为 2 分 18 秒作为电影背景音乐，来表现女主人公玉娇龙愤然与匪首罗小虎激烈打斗的场景，烘托了玉娇龙倔强坚韧的性格。对此行为，法院认为被节选的《丝路驼铃》经过具有创造性的技术处理，被赋予了适合剧情的新内涵，成为电影一个有机的组成部分。这种使用音乐作品的方式不是对已制作的音乐制品进行简单的复制，而符合以拍摄电影的方式首次将作品固定在一定载体上的特征，属于以摄制电影方式使用作品，应当征得著作权人许可，并支付报酬。

（三）制作后的行为

本款法定许可允许录制者使用音乐录制录音制品可以不经许可，但是未涉及录制后的行为。从常理来说，录制者不会仅对音乐进行录制，而没有后续的录音制品出版以及信息网络传播行为。那么上述后续行为是否属于法定许可的范畴呢？从本款的立法本义来说，为促进文艺繁荣，著作权法免除了录制者和著作权人进行授权方面的交易成本，加速了音乐版本的推陈出新，

---

❶ 宁某诉中国电影合作制片公司、北京北大华亿影视文化有限责任公司、英国联华影视公司、广东省电影公司、中国唱片上海公司著作权纠纷案，广东省高级人民法院（2006）粤高法民三终字第 244 号民事判决书。

如果录制完成后，后续行为仍然要获得许可才能进行，那么录制行为可以不经许可这一法定许可就丧失了意义。

案例研讨

王某成、洪某某等分别诉广东大圣文化等公司的著作权纠纷 *

基本案情：原告王某成等是我国西部歌王王某宾的子女，在王某宾去世后作为法定继承人继承了王某宾音乐作品的著作财产权。罗某（刀郎）将王某宾的歌曲《亚克西》进行翻唱。由被告广东大圣文化制作并收录进罗某的唱片《喀什噶尔胡杨》，该唱片由被告广东音像出版社出版发行，由被告三峡公司进行光盘复制。被告向中国音乐著作权协会支付了复制和发行 20 万张光盘的使用费 21900 元。被告方实际复制的唱片光盘有 90 万张。

争议焦点：被告未经许可录制并出版涉案音乐的行为是否构成侵权？

司法实务指引：对于被告的录制行为，法院认为构成法定许可使用，但对于唱片的复制发行，主审法院持不同看法。最终最高人民法院经再审认为：（法定许可）虽然只是规定使用他人已合法录制为录音制品的音乐作品制作录音制品可以不经著作权人许可，但该规定的立法本意是便于和促进音乐作品的传播，对使用此类音乐作品制作的录音制品进行复制、发行，同样应适用著作权法（2001 年）第 39 条第 3 款法定许可的规定，而不应适用第 41 条第 2 款的规定。经著作权人许可制作的音乐作品的录音制品一经公开，其他人再使用该音乐作品另行制作录音制品并复制、发行，不需要经过音乐作品的著作权人许可，但应依法向著作权人支付报酬。因被告实际复制发行 90 万张，超出的 70 万张应履行支付报酬的法定义务。在以洪某某等为原告起诉同一众被告的案件中，最高人民法院持相同理由作出了判决。

（四）报酬的支付

国家版权局于 1993 年颁布了《录音法定许可付酬标准暂行规定》，根据规定，录制发行录音制品采用版税的方式付酬，即录音制品批发价×版税率×录

---

* 广东大圣文化传播有限公司与王某某等著作权纠纷再审案，最高人民法院（2008）民提字第 57 号民事判决书。

音制品发行数。

录制发行录音制品付酬标准为：不含文字的纯音乐作品版税率为 3.5%；歌曲、歌剧作品版税率为 3.5%，其中音乐部分占版税所得 60%，文字部分占版税所得 40%；纯文字作品（含外国文字）版税率为 3%；国家机关通过行政措施保障发行的录音制品（如教材）版税率为 15%。

（五）著作权人声明

本款法定许可也可以由著作权人声明不得使用。著作权人关于不得使用的声明应当由著作权人在作品发表的同时以使公众知晓的方式明确作出。对于声明的具体内容应区分是著作权人作出的还是录制公司作出的。

案例研讨

老孙文化与毛某、北京京东叁佰陆拾度电子商务有限公司等著作权纠纷案*

基本案情：原告老孙文化获得涉案歌曲《传奇》著作权人的专有性许可，被告毛某翻唱了《传奇》并收录进唱片《十二种毛宁》，唱片在京东网站上进行销售。原告主张的涉案歌曲最初被收录进唱片《似水年华》，其专辑上显示有"版权所有，翻版必究"，因此著作权人已经作出了不得使用的声明。

争议焦点："版权所有，翻版必究"是否能起到排除音乐录制法定许可适用的效果？

司法实务指引：首先，老孙文化公司主张权利的歌曲《传奇》在涉案专辑《十二种毛宁》制作前已经由著作权人刘某、李某授权他人在先合法录制、出版。其次，刘某、李某作为歌曲《传奇》的词曲著作权人并未在该歌曲发表时作出不得使用的声明，虽然老孙文化公司提交的《似水流年》专辑上显示有"版权所有，翻录必究"字样，但从上述内容的文义来看，应理解为系禁止他人擅自翻录录音制品的声明，而不能视为词曲作者刘某、李某作出的不得使用歌曲《传奇》词、曲的声明。因此被告的行为不构成侵权。

---

* 老孙文化（北京）有限公司诉毛某、北京京东叁佰陆拾度电子商务有限公司、江苏圆周电子商务有限公司、中国唱片总公司、中国唱片上海公司著作权纠纷案，北京市朝阳区人民法院（2013）朝民初字第 32575 号民事判决书。

四、广播组织法定许可

《著作权法》第46条第2款规定：广播电台、电视台播放他人已发表的作品，可以不经著作权人许可，但应当按照规定支付报酬。

一方面，我国广播电台、电视台是作品传播的重要渠道，另一方面，广播电台和电视台需要大量作品来充实所播放的内容，这必然会涉及众多著作权人，而向其一一获得许可目前尚有一定的困难，会使广播电台、电视台承担过高的交易成本，因此《著作权法》对此作出法定许可的规定。《伯尔尼公约》第11条之二规定，作者对其作品享有的播放权，行使权利的条件由成员国法律规定，但在任何情况下，这些条件不应有损作者获得合理报酬的权利。据此，我国目前的规定也是符合国际公约要求的。

（一）修改情况

本条条文实际上并没有内容上的变动，但是另一条相关条文则有变化。2020年修改的《著作权法》删除了"广播电台、电视台播放已经出版的录音制品，可以不经著作权人许可，但应当支付报酬。当事人另有约定的除外。具体办法由国务院规定"（2010年《著作权法》第44条）。删除上述条文是否意味着广播电台、电视台播放已出版的录音制品必须要获得著作权人许可呢？实际上已出版的录音制品中的音乐作品必然属于"已发表的作品"，因为出版中的发行行为就是面向公众的，因此原有《著作权法》的条文有叠床架屋之嫌。

此外，结合《著作权法》第46条这一新增条文，广播电台、电视台播放已出版的录音制品不需要经著作权人许可，也不需要经录音制品制作者许可，但应向上述主体分别支付报酬。

（二）视听作品和录像制品例外

根据《著作权法》第48条规定，电视台播放视听作品、录像制品仍需获得许可和支付报酬，因此第46条第2款中的"已发表的作品"显然不包括视听作品，也不包括录像制品中所包含的作品。

五、扶贫法定许可

《信息网络传播权保护条例》第 9 条规定：为扶助贫困，通过信息网络向农村地区的公众免费提供中国公民、法人或者其他组织已经发表的种植养殖、防病治病、防灾减灾等与扶助贫困有关的作品和适应基本文化需求的作品，网络服务提供者应当在提供前公告拟提供的作品及其作者、拟支付报酬的标准。自公告之日起 30 日内，著作权人不同意提供的，网络服务提供者不得提供其作品；自公告之日起满 30 日，著作权人没有异议的，网络服务提供者可以提供其作品，并按照公告的标准向著作权人支付报酬。网络服务提供者提供著作权人的作品后，著作权人不同意提供的，网络服务提供者应当立即删除著作权人的作品，并按照公告的标准向著作权人支付提供作品期间的报酬。

依照前款规定提供作品的，不得直接或者间接获得经济利益。

本条法定许可规则是我国著作权法律制度为扶贫目的专门作出的规定，本身具有一定的中国特色，因此在适用主体和对象的地域性上存在较多限制。另外本条法定许可涉及网络传播作品，很可能会扩大接触作品的人群范围，因此在程序上须确保著作权人有机会排除其适用。

（一）适用对象

网络服务提供者依照本条规定仅能通过网络提供中国主体享有著作权的特定作品，这是为了避免涉外纠纷，避免违反我国参加的著作权领域国际公约。

因扶贫目的限制，所提供的作品应当对扶助贫困有益，因此涉及种植养殖、防病治病、防灾减灾的作品或有助于文化扶贫的作品可以不经许可而使用。

（二）网络服务提供者的程序义务

网络提供作品很容易使著作权人的利益受到较大影响，为了保护著作权人的权利，提供扶贫类作品的网络服务提供者必须依法设置作品公告程序。公告应在提供作品前作出，为期 30 日。公告应包括作品信息、作者身份以及付酬标准。

无论著作权人何时提出异议，网络服务提供者都不得（继续）提供。

（三）目的限定

本条法定许可目的鲜明，即扶贫目的，因此凡是与之不符的，均超出法律所允许的范围而构成侵权。

实务视角

稿酬制和版税制

报刊、图书、音像制品出版领域无论是需要经著作权人许可，还是可以不经著作权人许可，向著作权人支付报酬都是必需的，除非著作权人进行无偿授权。在报酬的支付上目前存在两种模式：稿酬制和版税制。

稿酬制即一口价，出版发行方按照固定价格向著作权人支付报酬，如何定价可以由著作权人和出版方自行协商。图书等后续的售卖情况，包括大卖、热卖或者销量不好，均不影响著作权人的稿酬。文字作品的稿酬一般按每千字若干元定价。另外，在法定许可范畴内，如前文所述，目前存在《使用文字作品支付报酬办法》《教科书法定许可使用作品支付报酬办法》《录音法定许可付酬标准暂行规定》等以官方文件定价的情况，均属于稿酬制。我国出版实践曾长期采用稿酬制，且有一定的官方指导色彩，如1980年5月24日，原文化部出版事业管理局制定了《关于书籍稿酬的暂行规定》，其于1984年更名为《书籍稿酬试行规定》并作了修改，后又于1990年再次修改。1990年的《著作权法》第27条规定："使用作品的付酬标准由国务院著作权行政管理部门会同有关部门制定，合同另有约定的，也可以按照合同支付报酬。"稿酬制度由此得到了法律的确认。历次修改的稿酬支付标准虽然都呈现增长趋势，但是稿酬制有自身的缺陷，一方面稿酬无法直接衡量著作权人的创造性劳动到底成本多少，另一方面也无法反映作品实际价值几何。稿酬制因不和作品的市场销售情况挂钩，通常著作权人也不会参与出版发行方的各种促销宣传活动中，一般报刊文章通常采取稿酬制。

版税制即著作权人按照一定比例获得出版方销售所得的付酬方式，常见的计算公式为：版税率×作品单件定价×作品销售数（或印数）。版税率的多少一般由著作权人和出版方协商确定，目前市场上常见的为5%至12%不等，计算的数量基础是销售数还是印数也可由双方协商确定。版税制显然和作品的市场销售情况直接挂钩，反映的就是作品的市场价格，通常著作权人也会参与到作品的促销宣传活动中。版税制的付酬方式一般一年结算一次，需要出版方向著作权人报告销售数量，为确保著作权人的经济利益，常见的出版合同中也会有关于销售数量报告的时限条款、版税结算条款等。

第三节　强制许可

《伯尔尼公约》的附件第2条中规定了作品强制许可制度，允许发展中国家在满足一定条件时，可以由其主管当局授予一种非专有的且不可转让的许可，但是这种许可仅能应用于教学、学习或研究目的。强制许可制度允许的使用行为限于翻译原作并对翻译后的语言译本进行复制和教学、科研、广播，适用于一部作品自首次出版起三年或根据该国法律规定的更长时间未有该国通用语言版本出版之时，或者该国语言的译本均已售罄之时。

强制许可须经法定程序才能使用他人作品，申请人应按照本国相关规定，证明其根据不同情况已经向著作权人要求取得翻译和出版译本的授权，或复制和出版该版本的要求，而未能得到授权，或经过相当努力仍未能找到该著作权人。此外，强制许可使用他人作品应列出作者姓名、作品名称，如系译本，原作名称在任何情况下都应列于译作之上。

强制许可制度能够确保发展中国家以可承受的价格获得本国语言版本的作品，有利于发展中国家教育、科学和文化的发展。我国目前依然属于发展中国家，因此，理论上是可以适用《伯尔尼公约》中的强制许可规则的。

第七章 著作权集体管理

在《著作权法》法定许可的相关规则中，均涉及使用已发表作品，可以不经许可，但应支付报酬的规定。其中报酬的支付通常并不是直接支付给著作权人，而是借助著作权集体管理制度实现转付。法定许可中，使用人会大量、反复、频繁地使用作品，要求使用人向每一位著作权人直接付款，事实上是无法办到的。

即使不是法定许可，而是需要获得许可和支付报酬的情况，使用人往往也存在难以联系到作品的著作权人并与其进行谈判授权的情况。

因此，使用人在使用作品的时候，会出现寻找、确认著作权人的困难，协商获得许可的困难，以及支付报酬的困难。另外，对于著作权人来说，作品能够得到广泛的传播和使用通常对其收益产生正向作用。但是，单一著作权人很难独自拓展出作品多种传播和使用的渠道。可见，使用作品存在客观需要，著作权人许可作品的使用也存在客观需要，其中缺少的是一道桥梁，而著作权集体管理制度就是这样的桥梁。

第一节 著作权集体管理制度概述

一、著作权集体管理制度的产生和发展

著作权集体管理组织产生于 19 世纪的欧洲，最早的著作权集体管理组织是法国音乐作者作曲者出版者协会（SACEM），SACEM 的设立源于著作权制度史上的一个知名事件。法国著名作曲家比才（Georges Bizet，歌剧《卡门》

的作者）于 1847 年在巴黎爱丽舍田园大街的一家音乐咖啡厅里喝咖啡时，发现该咖啡厅正在免费演奏他的作品，于是拒绝支付咖啡费，并到法院起诉咖啡厅，要求咖啡厅赔偿使用费，法院判决比才胜诉，咖啡厅支付比才音乐使用费。接下来，在比才和其他一些音乐家的倡导下，成立了 SACEM 这个世界上第一个管理音乐作品著作权的组织。❶ 目前该组织所管理的曲库据称是世界上最大的。❷

SACEM 实现了集中对音乐著作权人的作品进行许可收费，这种方式因为高效，迅速被欧洲各国模仿，后来美国、日本等国家也都相继建立自己的集体管理组织。各国集体管理的范围也从最初的文学、音乐扩展到美术、摄影、电影以及网络、多媒体等领域。集体管理既是集中进行作品许可的机构，也是实现产权收益的主体，如美国作曲家、作者和出版商协会（ASCAP）目前拥有会员约 80 万人，2020 年的音乐许可费收入超过 13 亿美元。❸ 欧盟仅在音乐作者权利和邻接权领域就大约有 65 个集体管理组织，这些组织为音乐作品作者、出版者、表演者和唱片公司等收取使用费约 60 亿欧元。❹

我国在 1991 年实施了《著作权法》后就开始了积极探索和建设著作权集体管理组织的历程。我国第一家著作权集体管理组织是中国音乐著作权协会（MCSC），1992 年 12 月 7 日，中国音乐著作权协会由中国音乐家协会和中国国家版权局发起成立，管理的主要是音乐作品的表演、复制、广播和信息网络传播。到目前为止，会员总数超过 1 万人，管理的音乐作品达 1400 万首，2020 年度许可收益超过 4 亿元人民币。❺ 另外四家著作权集体管理组织均成立于 2008 年以后，其中中国音像著作权集体管理协会于 2008 年 5 月 28 日正式成立，管理录音、录像制品的表演、放映、广播、出租、信息网络传播以及复制。同年，还成立了中国文字著作权协会和中国摄影著作权协会，分别管理文字作品和摄影作品。中国电影著作权协会于 2009 年从其前身中国

❶ 中国音像著作权集体管理协会网站. 版权集体管理起源［EB/OL］.［2023 – 11 – 23］. https：//www.cavca.org/newsDetail/200.

❷ https：//societe.sacem.fr/en/presentation.

❸ ASCAP 2020 Annual Report［R/OL］.［2023 – 11 – 23］. https：//www.ascap.com/~/media/files/pdf/about/annual – reports/ascap_annual – report_2020_030821 – compressed.pdf.

❹ 转引自中欧世贸项目子项目报告（EUCTP，编号 A0084）. 作者权利与邻接权集体管理欧中比较研究：数字时代的机遇与挑战［R］. 2008：2.

❺ 参见中国音乐著作权协会网站首页［EB/OL］.［2023 – 11 – 23］. http：//www.mcsc.com.cn.

电影版权保护协会转变而成，专门管理电影作品的放映、广播和信息网络传播。

二、著作权集体管理的管理模式

著作权集体管理组织的管理模式包括竞争式和垄断式两种。竞争式指的是对于同一类型的作品或权利允许设立多家著作权集体管理组织。垄断式则对于同一类型的作品或权利而言只允许设立一家集体管理组织。目前，采取竞争式集体管理模式的国家主要是美国。

（一）竞　争　式

美国版权法不禁止就同一类型的作品或权利设立多家著作权集体管理组织。美国第一家著作权集体管理组织是美国作曲家、作者和出版者协会（ASCAP），ASCAP 于 1914 年成立，创始人是著名作曲家赫伯特（Victor Hebert）和其律师博肯（Nathan Burkan），管理的是非戏剧音乐作品的表演权，即"小表演权"❶，广播、餐厅、舞厅、旅馆是音乐的主要使用人，因此成为 ASCAP 的主要收费对象。

由于广播组织是音乐最重要的使用人，广播组织需要每年向 ASCAP 支付大量使用费，使用费按 ASCAP 规定逐年增加，这也逐渐引起广播组织的反感。为降低使用成本，广播组织于 1939 年成立了自己的音乐著作权集体管理组织：广播音乐公司（Broadcasting Music Inc.，BMI），BMI 成立后，初期主要管理一些拉丁风格的音乐，因为 BMI 的成立带来了竞争效应，音乐的许可费出现了下降。

除 ASCAP 和 BMI 之外，美国还有欧洲戏剧作者、曲作者协会（Society of European Stage Authors and Composers，SESAC），其成立于 1931 年。SESAC 初期主要管理欧洲音乐作品和歌剧作品。可见在音乐作品的广播和机械表演

---

❶　美国版权实践中的"大表演权"（grand performance rights）主要指的是戏剧音乐的现场表演权，如歌剧、舞剧、音乐剧中的音乐。"小表演权"（small performance rights）主要指非戏剧音乐作品的表演权，如流行歌曲等。但是两者的界限并非泾渭分明，关键还是表演本身属于现场表演还是机械表演。谢尔登·W. 哈尔彭，克雷格·艾伦·纳德，肯尼斯·L. 波特. 美国知识产权法原理［M］. 3 版. 宋慧献，译. 北京：商务印书馆，2013：97.

方面，美国存在三家著作权集体管理组织，随着各自曲库的不断丰富，彼此业务存在交叉。

竞争式模式的好处在于可以避免在作品使用收费上的定价垄断，著作权人存在更多自由选择，作品的利用效率也会较高。

（二）垄　断　式

垄断式集体管理不允许集体管理组织之间的业务存在交叉或重叠，如我国《著作权集体管理条例》第 7 条规定：设立集体管理不得与已经依法登记的著作权集体管理组织的业务范围交叉、重合。因此，目前我国的著作权集体管理组织分别管理音乐作品、文字作品、摄影作品、视听作品和录音录像制品的表演权、广播权等权利，彼此业务不交叉重合。

垄断式集体管理的好处在于管理效率较高，但在作品使用的定价上比较僵化，也难以避免定价权的滥用。

第二节　著作权集体管理的具体规则

一、著作权集体管理组织的权责

（一）集体管理的权利

由著作权集体管理组织的权利一般是著作权人自己较难行使的权利，常见的有表演权、放映权、广播权、出租权、信息网络传播权、复制权等。著作权人自己可以比较方便行使的权利一般不会授予集体管理组织，如图书出版、书画展览、影视改编、摄制等，均会由著作权人亲自参与授权。

（二）设立和职责

著作权集体管理组织需要替代著作权人集体行使权利，因此其必须具备广泛的代表性，这就意味着其会员的覆盖面应较广泛，应涵盖行业内绝大多数的著作权人，管理的曲库或作品库应尽可能多，这是著作权集体管理和普通的版权代理中介最本质的区别。

在我国设立著作权集体管理组织需要满足以下条件：

（1）发起设立著作权集体管理组织的权利人不少于 50 人；

（2）不与已经依法登记的著作权集体管理组织的业务范围交叉、重合；

（3）能在全国范围代表相关权利人的利益；

（4）有著作权集体管理组织的章程草案、使用费收取标准草案和向权利人转付使用费的办法草案。

在法定程序上，申请设立著作权集体管理组织，应当经国务院著作权管理部门即国家版权局批准，批准后，还应当依照有关社会团体登记管理的行政法规规定到国务院民政部门办理登记手续。

依法设立的著作权集体管理组织有权以自己的名义和作品使用人订立著作权许可合同并收取使用费，有权以自己的名义针对侵权行为提起诉讼、仲裁或参与调解。

在使用费的收取上，2020 年修改的《著作权法》对此新增了规定：使用费的收取标准由著作权集体管理组织和使用者代表协商确定，协商不成的，可以向国家版权局申请裁决，对裁决不服的，可以向法院提起诉讼；当事人也可以直接向法院提起诉讼。与此同时，我国目前还有几部现行的由国务院以及国家版权局颁布的关于作品使用报酬的一系列规章，包括《使用文字作品支付报酬办法》（2014 年 11 月施行）、《教科书法定许可使用作品支付报酬办法》（2013 年 12 月施行）、《电影作品著作权集体管理使用费收取标准》（2010 年 9 月施行）、《广播电台电视台播放录音制品支付报酬暂行办法》（2009 年 1 月施行）等，这些部门规章中确定的付酬标准属于新规定之前的"官方指导价"，其是否还能如以往一样适用，需要各集体管理组织重新依照《著作权法》的新规定和使用方协商确定。

集体管理组织收取的使用费需要由集体管理组织转付给著作权人，同时应将使用费的收取和转付、管理费的提取和使用、使用费的未分配部分等总体情况定期向权利人公布。

据此，非经上述法定程序而进行作品许可、收费等活动的组织为非法集体管理组织，非法进行集体管理的，管理活动得不到法律认可，并可由国家版权局取缔，没收违法所得；构成犯罪的，依法追究其刑事责任。

案例研讨

声影公司诉侨声公司著作权纠纷案*

基本案情： 原告声影公司通过一系列权利受让，获得涉案54首音乐作品的表演权、复制权。被告侨声公司主营卡拉OK业务，在其点唱系统中包含了涉案54首歌曲的MTV。涉案的54首音乐作品权利是原告通过一份239首音乐作品的授权合同中获得的。原告认为被告行为未经许可侵害了其依受让取得的著作权，被告则主张原告的行为不具有合法性。

争议焦点： 原告是否具有合法的起诉资格？

司法实务指引： 声影公司并非涉案音乐作品词曲的著作权人，其系依据与播种者公司签订的《音像著作权授权合同》主张相关诉讼权利。在该合同中，播种者公司对声影公司在音像著作权合同中的主要授权内容可归纳为：授权声影公司以自己名义对卡拉OK等公共娱乐场所经营者授权使用的独家管理，包括允许卡拉OK经营者及其他公共娱乐场所将音乐电视作品（MV/MTV）保存在其自用的存储设备中，放映以类似摄制电影方法创作的音乐电视作品（MV/MTV）；授权声影公司以自己名义许可或授权卡拉OK经营者及其他公共娱乐场所按上述方式使用并向卡拉OK经营者及其他公共娱乐场所收取费用的权利。声影公司对播种者公司的权利管理，包括同音乐作品、音乐电视作品（MV/MTV）的使用者（卡拉OK等公共娱乐场所经营者）商谈使用条件并发放使用许可，征集使用情况，以作品权利人的身份向使用者收取使用费；另外，声影公司有权以自己的名义向侵权使用者提起诉讼。由此可以看出，以上约定与《著作权集体管理条例》第2条规定的著作权集体管理组织的管理活动在性质、内容等方面均无实质性差别，而江苏省音像制品分销协会的索赔函等相关证据，亦可予以佐证。根据上述事实，声影公司以上述与他人签订的授权合同为依据对卡拉OK经营者进行收费管理并提起诉讼的行为，其实质是在行使著作权集体管理组织的相关职能及权利，违反了《著作权集体管理条例》关于除著作权集体管理组织外，任何组织和个人不

---

* 深圳市声影网络科技有限公司与无锡市侨声娱乐有限公司侵害作品复制权纠纷、侵害作品表演权纠纷，江苏省高级人民法院（2015）苏知民终字第00100号民事判决书。

得从事著作权集体管理活动的禁止性规定。据此法院认为，在《著作权法》
与《著作权集体管理条例》未赋予非集体管理组织与集体管理组织相同的法
律地位和权利的情况下，声影公司对涉案音乐电视作品进行集体管理，并以
自己的名义提起诉讼，没有法律依据。

（三）许可证发放

著作权集体管理组织首先需要和著作权人订立合同获得相应权利的许可，
该合同属于集体合同。该许可依法被确定为专有性许可，《著作权集体管理
条例》第20条规定：权利人与著作权集体管理组织订立著作权集体管理合同
后，不得在合同约定期限内自己行使或者许可他人行使合同约定的由著作权
集体管理组织行使的权利。可见，集体管理的权利由集体管理组织独占行使。

集体管理组织在向使用人发放许可证时只能依法发放非专有的许可证，
而且必须签订书面合同。

一般来说，著作权集体管理组织发放的许可证包含两种：一揽子许可和
特定节目许可。一揽子许可即集体管理组织将其所管理的所有作品一次性全
部许可给使用人，使用人按年支付许可费。这种许可的优势在于避免了使用
人和集体管理组织每年重复协商，免除了使用人一一确定和查明作品的麻烦。
目前中国音乐著作权协会、中央电视台、中国音像著作权协会和各大卡拉 OK
经营者均采用这种许可方式。特定节目许可是对单一作品或节目中使用的特
定作品进行许可授权，权利仅限该作品或制作该节目的作品，常见的情景如
影视剧拍摄使用音乐作品、综艺节目使用作品等。

以一揽子许可的方式集中解决授权、使用和报酬问题不但为集体管理实
践所接受，司法对此也持肯定态度。在"陈某某诉惠州市惠城区歌哥量贩歌
舞厅著作权纠纷案"❶ 中，法院认为，"该类案件的解决方式应是判断场所与
中国音像著作权集体管理协会签订版权协议的情况下，场所是否仍承担侵权
责任"。对此，法院在该案中认定"卡拉 OK 场所与中国音像著作权集体管理
协会签署的《著作权许可协议》有别于其他合同，中国音像著作权集体管理
协会作为我国唯一的音像著作权集体管理组织，依法对音像节目的著作权以

---

❶　陈某某与惠州市惠城区歌哥量贩歌舞厅著作权纠纷，广东者惠州市惠城区人民法院（2019）
粤 1302 民初 14782—14791 号。

及著作权有关权利实施集体管理，并不是普通的合同相对人，不能以合同相对人是被告与中国音像著作权集体管理协会对其他当事人没有约束力为由，否定其一揽子解决版权费的约定，被告经营场所的点播系统有海量的音乐作品，被告不可能逐一查找其他著作权人，分别缴纳费用，因此在被告已向音集协自觉缴纳版权费用后，不应再承担侵权赔偿责任"。最终判决驳回原告的侵权赔偿诉讼请求。

（四）法律地位

著作权集体管理组织是为权利人的利益依法设立，根据权利人授权、对权利人的著作权或者与著作权有关的权利进行集体管理的社会团体，其本质上是一种信托。信托即委托人基于对受托人的信任，将其财产权委托给受托人，由受托人按委托人的意愿以自己的名义，为受益人的利益或者特定目的进行管理或者处分的行为。因此，著作权集体管理就是集体管理组织以受托人的身份为著作权人管理著作权，著作权人既是委托人，也是受益人。为避免在管理过程中出现滥用著作权及其收益的情形，我国《著作权法》规定著作权集体管理组织属于非营利法人，著作权人是集体管理组织的会员，而非股东；集体管理所获得的收益只能有两个去向，其一是分配给会员权利人，其二是支付必要的管理费用和管理成本，而不能将著作权收益用于扩大生产、进行投资等其他途径。

著作权集体管理组织具有独立的法律地位，其并非著作权人的代理人，也不仅仅是著作权人的授权对象，而是具有独立意思能力和行为能力的主体，可以自主决定如何管理作品、如何进行许可以及如何分配使用费。在侵权发生时，著作权集体管理组织也能发挥集体力量，有权以自己的名义替代单一著作权人进行维权，参与到纠纷解决程序中。

二、延伸性集体管理

著作权集体管理制度建立的基础就在于其能广泛代表著作权人，理想状态下，集体管理组织的会员能够覆盖相关行业中的所有著作权人，但是，这种状态是难以实现的。现实情况是，我国的著作权集体管理组织确实面临代表性不足的问题，因此，必然存在尚未加入著作权集体管理组织的分散状态的著作权人，甚至在一揽子许可的情形下，因为每个权利人所获得的许可使用费低于权利人的期望，一些权利人尤其是知名度较高的著作权人会选择退出著作权集体管理组织，以自己名义起诉使用者从而获得高额著作权许可使用费。在这种情况下，对于作品的使用人来说，其在向著作权集体管理组织支付了作品使用费后，可能依然会面对来自非会员著作权人诉其侵权的风险。如果要求使用人为避免侵权必须查明并联系非会员的著作权人的话，不但使用人会承担较高的成本，集体管理的机制也会失灵。因此，就产生了延伸性集体管理制度，延伸性集体管理指的是除非著作权人明确声明自己的作品不得集体管理外，著作权集体管理组织有权管理所有著作权人的作品，即无论是否是会员，都可以进行集体管理。《丹麦版权法》第 50～52 条、《芬兰版权法》第 26 条、《冰岛版权法》第 15a 条、《挪威版权法》第 36 条、《瑞典版权法》第 3a 章等均规定了延伸性集体许可（extended collective licensing）。❶

2014 年 6 月送审的《著作权法（修改草案）》第 63 条也规定了类似内容：著作权集体管理组织取得权利人授权并能在全国范围内代表权利人利益的，可以就自助点歌系统向公众传播已经发表的音乐或者视听作品以及其他方式使用作品，代表全体权利人行使著作权或者相关权，权利人书面声明不得集体管理的除外。但是，该条文最终没有被 2020 年的《著作权法》所接纳，也就是说，我国尚未建立延伸性集体管理制度。关键的原因仍在于我国现有的著作权集体管理组织的代表性不足，尚存在大量非会员权利人，而非会员权利人目前不愿在自身未明确授权的情况下"被代表"。中国音乐著作权协会目前是我国所有著作权集体管理组织中成立时间最长的，其组织建设相对较为完备，即使这样，其目前的会员人数为 10 633 人，曲库中中国大陆会员的音乐作品目前公示出来的为 151 190 首❷，这些数字相对于我国的人口基数来说显然还是非常少的。

---

❶ 卢海君，洪毓吟. 著作权延伸性集体管理制度的质疑 [J]. 知识产权，2013（2）：49－53，74.

❷ 中国音乐著作权协会网站首页 [EB/OL]. [2023－11－23]. http：//www. mcsc. com. cn/publicity/publicity. html.

实务视角

著作权集体管理组织的收益分配制度

著作权集体管理组织的收益分配制度主要有：

1. 根据使用频度分配。即使用频度越高的会员，获得的分配份额越大，其需要对各会员著作的使用情况进行统计与分析。

2. 定额入会分配。每个会员获得相同的基本分配额，不区分其著作被使用的实际情况。这简化了分配操作但公平性受到质疑。

3. 比例入会分配。每个会员的分配额按其入会时提供的著作量或预期使用收益的比例确定。这需要会员前期提供详细信息，但无法准确反映未来实际使用情况。

4. 选定入会分配。会员可以选择不同的入会等级，收益分配额按其等级确定，高级会员获得更高分配。这由会员自行判断选择分配水平，但对著作被实际使用的情况不那么敏感。

5. 混合模式分配。综合使用频度、入会信息与会员选择，采取混合的分配模式。这在一定程度上平衡各种方式的利弊，但操作相对复杂。

除了上述主流分配方式，一些集体管理组织还设有分配基金或奖励基金，用于支撑和奖励会员的创作活动。总体而言，一个较为科学与公平的分配制度需要考虑会员提供的信息、著作被实际使用的情况以及会员的合理选择权等因素。

实务视角

著作权集体管理组织的常规公示文件

1. 《章程》、入会条款和终止会员资格的规则；

2. 使用费结构；

3. 总分配政策；

4. 扣除收入的政策（如管理费，用于社会、文化或教育方面的扣除）；

5. 不分配权利收入的使用政策；

6. 年度账目；

7. 投诉和争议解决程序；

8. 业务管理工作人员和董事会成员名单；

9. 支付的薪酬总额和向集体管理组织业务管理人员提供的其他福利。

第八章　著作权的利用

著作权的利用包括他人利用和权利人自己利用。他人利用著作权必须获得著作权人的同意，利用方式包括许可和转让。本章中权利人自己利用著作权指的是利用著作权的财产性实现债的担保，即著作权质押。

第一节　著作权许可

著作权权利内容比较丰富，一般来说，著作权人行使权利离不开其他民事主体的协助，这就使得允许他人利用作品成为可能。同时，社会分工的细化催生了专门传播和使用作品的主体，如图书出版需要和出版社合作，进行复制、发行的授权；音乐录制需要和唱片公司以及歌手合作，进行表演、复制、发行的授权；影视播放需要和电视台、网络服务提供者合作，进行广播、信息网络传播的授权。上述行为均是通过著作权人许可使用人使用作品而形成的。

著作权人和作品使用人达成的许可使用作品的关系属于合同关系，是权利人和使用人双方意思自治的体现，许可代表了权利人允许使用人以一定方式在一定期间行使作品的某项或某些著作权，因此也称为授权使用，被授予使用权的一方称为被许可人。具体的使用活动一般应缔结合同，订立合同条款加以明确。

一、著作权许可的种类

根据著作权人授予使用人的权利是专有性还是非专有性，著作权许可可

分为专有性许可和非专有性许可。专有性许可意味着被许可人获得排除其他
被许可人的权利，同时也就约束著作权人不得再向第三方发放许可，否则著
作权人将构成违约；非专有性许可中的被许可人则没有排他权，同时著作权
人完全可以就同一权利在相同期限和地域再次许可第三方乃至第四方使用。

著作权许可合同中应当对许可是否为专有进行明确约定，专有性许可在
合同中一般会表述为"独家授权""排他性授予"等。《著作权法实施条例》
第 24 条规定：著作权法（2010 年）第 24 条规定的专有使用权的内容由合同
约定，合同没有约定或者约定不明的，视为被许可人有权排除包括著作权人
在内的任何人以同样的方式使用作品。因此，无明确约定时，著作权许可合
同将被视为专有性许可合同。

著作权许可到底应采用哪一种类主要遵从自治，但法律有明确规定的除
外，如图书出版合同被《著作权法》明确规定为专有性。在衡量和确定种类
时，著作权人可以考虑的因素包括被许可人的能力、许可的目的、收益需求、
行业习惯和市场状况等。

无论是专有性许可还是非专有性许可，被许可人一般均无权再许可第三
方以同种方式利用作品，确有需求的，应获得著作权人的同意。

二、著作权许可合同的形式

根据《著作权法实施条例》第 23 条规定，使用他人作品应当同著作权
人订立许可使用合同，许可使用的权利是专有使用权的，应当采取书面形式，
但是报社、期刊社刊登作品除外。因此专有性许可合同应当采取书面形式，
而非专有性许可合同的形式可以依当事人双方约定。

《著作权法实施条例》第 25 条规定了著作权合同的备案制度：与著作权
人订立专有许可使用合同、转让合同的，可以向著作权行政管理部门备案。
因此，我国目前建立的著作权合同备案制度不具有强制性，合同当事人有需
求的可以进行备案。备案与否也不影响著作权合同的成立和生效。

三、著作权许可合同的条款

《著作权法》第 26 条罗列了许可合同的内容，其对实践中当事人订立著

作权许可合同具有指导意义。实践中，著作权许可合同一般应包含：

（1）当事人身份和联系事项；

（2）被许可的作品名称以及署名形式；

（3）许可使用的权利种类：合同中应明确就著作权中的哪个或哪些权利进行许可，未明确进行许可的权利，未经著作权人同意，被许可人不得行使；

（4）许可的种类：专有性许可还是非专有性许可；

（5）许可使用的期间以及起算点：到期后被许可人不得继续行使著作权，否则构成侵权行为；

（6）许可使用的地域范围：因著作权具有地域性，地域范围内的授权许可不意味着被许可人在超出约定的地域外还有权使用。同时，我国属于多法域国家，许可地域应明确具体区域，如中国大陆、中国香港、中国澳门或者中国台湾；

（7）许可费及其支付：目前我国在版权许可费上存在稿酬制和版税制两种费用确定方式；

（8）重要履行节点：如出版合同最重要的履行节点就是稿件交付和出版时间；表演合同的重要履行节点包括表演方式、时长和场所；摄制合同的重要履行节点包括摄制许可审批和播出或公映；复制发行合同的重要节点则包括复制品数量、质量和发行渠道。围绕这些节点还应进一步规定具体的履行方式和违约责任；

（9）争议解决方式。

实务视角

著作权许可合同示例——《南烟斋笔录》授权许可合同（部分条款）[*]

甲方：夏天岛公司

乙方：剧合公司

1. 甲方保证是作品《南烟斋笔录》以下称"授权作品"的合法著作

---

[*] 杭州夏天岛影视动漫制作有限公司与上海剧合影视文化有限公司合同纠纷，北京知识产权法院（2019）京73民终3668号民事判决书。该案主要涉及该许可合同履行过程中第4.7款和第5.7款"优先投资权"的实现，甲方因乙方违反"优先投资权"承诺而主张解除合同。

权人。

2. 授权作品涵盖的范围包含《南烟斋笔录》漫画和在此基础上创作的系列作品的总和。包括但不限于已经出版印刷的漫画书两本，尚未出版的漫画书两本，所有根据已有作品继续或延伸创作的漫画包括但不限于续集、番外、未来可能出版或网络连载的漫画，未来可能出版或网络连载的文字小说作品等。

甲方已经依法获得了包括现有作者（漫画脚本署名：左小翎；漫画主笔署名：壳小杀）或未来的作者在内的全部作者（以下简称授权作品的作者）的全部完整的授权，包括但不限于影视改编权（电影、电视剧、网络剧等）、舞台剧改编权、动画改编权、游戏改编权、小说改编权等。

甲方有权利行使授权作品的全部商业权利，并有权授权给第三方。

3. 授权作品的著作权许可。

3.11　经双方协商，甲方同意在本合同授权期限内将授权作品的包括但不限于影视改编权（电影、电视剧、网络剧等）、舞台剧改编权、动画改编权、游戏改编权等独家专有授权许可乙方使用。

3.21　本合同授权作品的上述授权许可使用期限均为：5 年，自本合同签订之日起开始计算。

3.22　如授权期限届满，乙方在同等条件下拥有优先续约权。

3.31　本合同授权作品的上述授权许可使用为全球地域范围。

3.41　根据本合同，甲方将授权作品的上述授权独家专有授权给乙方的费用为人民币 800 000 元。

3.42　支付方式为：本合同签署后 5 个工作日内，乙方向甲方一次性支付，并汇至甲方指定账户。

3.45　本合同签署的同时，甲方须提供授权作品的详细作品介绍数据（包括但不限于故事大纲、角色设定等）的电子版档案和纸质打印版文件各一份，连同授权书一份、漫画家身份证明文件、授权作品的版权证明文件，一起交付乙方作为合同附件。

3.46　本合同签署的同时，甲方将授权作品已有的素材提供给乙方。授权作品中尚未出版的漫画以及所有延伸的漫画包括但不限于续集、番外、未来可能出版或网络连载的漫画，未来可能出版或网络连载的文字小说作品等，甲方最迟于 2016 年 3 月之前提供给乙方。当授权作品所涵盖的范围内产生了新的内容、素材等后，甲方须第一时间提供给乙方。

4. 甲乙双方的权利和义务。

4.1 甲方有权利根据本合同约定获得报酬。

4.2 根据乙方的需要，甲方有义务就本合同的授权作品出具甲方享有完整著作权的《保证》。

4.3 甲方须按照本合同约定交付作品、授权书及相关证明文件等。

4.4 甲方保证其拥有授权作品的合法著作权，甲方保证其拥有本合同中所有授权许可权利的完整性和合法性，甲方完全具有与乙方签订本合同的合法权利。

4.5 甲方保证授权予乙方的授权作品为授权作品的作者的原创。

4.6 甲方须积极配合乙方在改编及摄制电视剧期间的意见咨询、电视剧宣传等工作，但不包含强制作者出席公开宣传活动。乙方可事先提供宣传计划给甲方，以便甲方全力协助。

4.7 双方同意，甲方有参与投资乙方投资出品的《南烟斋笔录》电视剧、电影、动画、游戏的优先权利，单个项目投资比例不超过该项目总投资的15%，且甲方享有的溢价，不得高于乙方任何其他投资合作方。具体细节双方另行签订投资协议。甲方参与投资的权利与额度不可转让给第三方。

4.10 乙方及乙方确认的任何其他第三方，有全权根据自身需求对授权作品中乙方所拥有的授权以任何形式或方式进行包括但不限于创作、改编、制作、宣传、集数确定、播出平台确定等，与甲方无涉。

4.12 在乙方需要的宣传推广阶段，甲方及授权作品的作者应配合乙方在自有宣传渠道进行宣传，包括但不限于官方博客、官方网站、官方微博等。宣传节奏和内容等以乙方的宣传计划为准。

4.13 在本合同约定的许可使用期限内，乙方有权自行将本合同中乙方所拥有的权利以任何方式转授给乙方的集团公司、关联公司、子公司或者任何其他第三方，及与任何其他第三方以任何方式签订任何合同。乙方有权自行实施完成本合同中乙方所拥有的权利，也可以以任何方式授权任何第三方行使乙方的权利。

4.14 乙方及乙方确认的任何其他第三方，绝对永久独家拥有因行使本合同约定的授权许可而产生的改编作品，即电影、电视剧、网络剧、舞台剧、动画和游戏的包括但不限于完整著作权、商标权、所有权、摄制权、发行权、复制权、出租权、展览权、表演权、广播权、信息网络传播权、商务开发权、收益权、延伸产品开发权等一切所有相关权益。

4.15　乙方及乙方确认的任何其他第三方，绝对永久独家拥有因上述4.14条款中所产生之邻接权一切权益及收益盈利归乙方及乙方确认的任何其他方绝对永久独家所有，而所有之版权地区范围包括全世界……乙方有权独立自主选择任何方面的合作对象，确定合作类型，确定合作的各项条件，包括但不限于合作方式、合作价格、合作合同等。

甲方确认，乙方及乙方确认的任何其他第三方永久有全权决定如何处理由本合同约定的授权作品的改编权利所引发之一切包括但不限于报批、投资、融资、制作、权益、发行、宣传、运营、销售等所有事宜，与甲方完全无涉；关于由授权作品的改编权利而创作、研发、拍摄、制作的包括但不限于影视剧、网剧、电影、动画、游戏等的任何在本合同内未有涵盖之权益均属乙方及乙方确认的任何其他第三方永久独家拥有，与甲方完全无涉。

4.17　若非甲方原因或不可抗力，乙方不得超过授权期限和授权范围行使本合同约定的授权许可权利。

4.18　本合同授权期限届满后，乙方及乙方确认的任何其他第三方，有权继续享有并在著作权法规定的全部权利种类内以任何方式独立使用和处分已经改编完成的游戏、影视作品、舞台剧作品、动画作品及该等作品的周边衍生品（包括基于该等改编作品及其周边衍生品的使用、宣传、运营等需要而使用到本合同项下小说、漫画构成元素的情形），不受甲方的任何限制，也不需要另行支付任何报酬。

4.22　若非甲方原因或不可抗力，乙方将于本合同生效之日起的三年内开机拍摄电影或者网络剧或者电视剧。

5. 违约责任。

5.1　本合同签订后，甲、乙双方须严格遵守本合同的各项条款，任何一方如不履行本合同规定的义务，或在本合同项下的承诺或保证不实，则视作违约。另一方有权单方面终止本合同，由此引发的所有责任与一切后果由违约方承担，违约方须就守约方的一切损失（包括直接损失、间接损失、诉讼费等）进行全额赔偿。

5.7　若非甲方原因和不可抗力，乙方不得违反本合同约定的优先投资权承诺，否则视为违约，甲方有权要求解除合同，并要求乙方承担本合同约定的一切违约责任，且乙方须对甲方的所有一切经济损失（包括直接损失、间接损失、诉讼费等）进行全额赔偿。

第二节 著作权转让

一、著作权转让的含义

著作权转让是著作权人将著作权中的部分或全部财产权让与他人的行为。

著作权转让和著作权许可的不同之处在于，著作权经转让改变了权利归属，受让人以继受取得的方式成为著作权人。著作权许可则不改变权利归属，被许可人获得的是许可期限内的使用权，到期后不得再继续行使著作权。实践中，有些著作权合同名为转让，但在条款中规定了期限，这种合同实际上是著作权许可合同。有的著作权合同没有明确对权属是否转让进行约定，则需要依赖合同中的其他条款以及证据加以认定。

因著作人格权具有人身专属性，能转让的仅限著作财产权。

一般情况下，因著作权属于私权，转让著作权的行为遵从私法自治，但是著作权转让也存在受到公法制约的情形。根据《技术进出口管理条例》第 29 条和第 30 条规定，属于禁止出口的技术，不得出口。属于限制出口的技术，实行许可证管理；未经许可，不得出口。所谓出口，既包括转让，也包括许可。国务院外经贸主管部门会同国务院有关部门，制定、调整并公布了禁止或者限制出口的技术目录。根据 2020 年 8 月公布的《中国禁止出口限制出口技术目录》，与空间数据传输技术有关的加密、解密软件属于禁止出口部分；与石油装备核心部件制造设计有关的软件属于限制出口部分。

二、著作权转让合同

著作权转让一般以合同方式实现。《著作权法》第 27 条规定："转让本法第十条第一款第（五）项至第（十七）项规定的权利，应当订立书面合同。"可见法律对著作权转让合同提出了形式要求，但是，如果没有签订书面合同，是否会导致著作权转让合同不成立呢？《民法典》第 490 条规定，法律、行政法规规定或者当事人约定合同应当采用书面形式订立，当事人未采用书面形式但是一方已经履行主要义务，对方接受时，该合同成立。

著作权转让合同也可以进行备案，备案与否不影响著作权转让合同的成立和生效。

著作权转让合同的主要条款包括：

（1）当事人身份和联系事项；

（2）作品的名称；

（3）转让的著作权：合同应载明具体的权利，未明确转让的权利，未经著作权人同意，对方不得行使；

（4）转让的地域范围：与著作权许可合同同理，转让合同应载明在哪一地域范围内让与权利；

（5）转让价金；

（6）支付时间和方式；

（7）违约责任；

（8）争议解决。

三、著作权许可和转让中的公示问题

因法律并未对著作权许可和转让建立强制的公示制度，仅有备案制度作为可选项，因此著作权许可和转让可能发生重复授权、无权转让或重复转让的情形，此时著作权人固然违法，使得在后的被许可人或受让人处于不利地位，关键是在后的受让人能够得到何种救济，是否能够取得一定权利？

对此，一种观点认为，因著作权保护的是智力成果，其不像有体物一样一旦交付在先买受人，就无法向在后买受人履行，因此在后受让人只要是善意的，就具有善意取得著作权的可能性。且我国现有法律并未明确将知识产权的善意取得排除在外，因此著作权善意取得具有一定法律依据。

案例研讨

广州花季公司诉广州久邦数码公司案 *

基本案情： 案外人乔某某是涉案作品《九九重楼》的作者，其与原告广州花季公司签订委托创作合同，合同中约定涉案作品的著作权属于广州花季公司。后案外人乔某某将涉案作品的信息网络传播权转让给了另一案外人潇湘书院天津公司，潇湘书院天津公司和该案被告广州久邦数码公司达成《作品增值合作协议》，授权被告行使信息网络传播权。原告认为其作为涉案作品的著作权人并未授权被告信息网络传播作品，因此被告构成侵权。

争议焦点： 被告行为是否构成侵权？

司法实务指引： 在该案的再审中，法院认为，涉案作品署名为乔某某的网名，在花季文化公司未对涉案作品的著作权作出特别声明的情况下，根据署名公示原则而推定的著作权人是乔某某，但根据委托合同，乔某某不享有涉案作品的著作权，因此乔某某的后续行为为无权处分。久邦数码公司能否以善意取得的方式获得涉案作品的信息网络传播权？我国现行善意取得制度的适用范围应取决于其构成要件和价值目标，与财产权客体的具体类型无关。根据《物权法》第 106 条的规定❶，我国建立的是一套全方位的善意取得之制度，不仅适用于动产与不动产，还可以适用于其他物权。因此，在没有例外规定的情况下，著作权中财产权利的转让也应当参考物权法关于物权善意取得的规定。该案中，久邦数码公司有理由相信涉案作品的著作权归乔某某所有，进而相信乔某某有权对涉案作品进行处分。久邦数码公司在网络上传播涉案作品的时候，潇湘书院已经与作者签订《文学作品独家授权协议》，可以认定久邦数码公司已经尽到合理审查义务，主观上善意且无重大过失。久邦数码公司也已经将涉案作品上传至网络平台进行传播，足以证实潇湘书院已经将涉案作品交付给久邦数码公司。但是久邦数码公司没有提交证据证明其已经支付了合理对价。因此，该案不符合善意取得的基本构成要件，久

---

* 广州市花季文化传播有限公司、广州市久邦数码科技有限公司侵害作品信息网络传播权纠纷再审案，广东省高级人民法院（2017）粤民再 244 号民事判决书。

❶ 现为《民法典》第 311 条。

邦数码公司不能善意取得涉案作品的信息网络传播权，其未经许可在信息网络上传播涉案作品的行为侵害了花季文化公司的信息网络传播权。

案例研讨

捷成华视公司与一九零五公司著作权纠纷案*

基本案情：弘星公司于 2015 年 3 月将其享著作权的电影《全能囧爸》的信息网络传播权独家授权给原告捷成华视公司。2015 年 4 月弘星公司又将涉案电影的信息网络传播权以非独家授权的方式许可给案外人杭州寰耀影视公司，同年 8 月，杭州寰耀影视公司以非独家授权的方式授予国家广播电影电视总局电影卫星频道节目制作中心行使信息网络传播权，被告一九零五公司是国家广播电影电视总局电影卫星频道节目制作中心投资设立的 1905 电影网经营主体，双方间也进行了信息网络传播权的授权。

争议焦点：被告行为是否构成侵权？

司法实务指引：该案属于同一件作品的著作财产权被重复许可、转让的情形，原告捷成华视公司通过授权书取得涉案影片的专有信息网络传播权，该项权利具有排他性质，即任何人负有不得侵害或妨害的义务，即便是著作权人弘星（北京）数字传媒有限公司在授权范围内就信息网络传播权再次处分亦属于无权处分行为，且根据该案所查明的捷成华视公司和一九零五公司取得授权的顺序情况，捷成华视公司是在先受让人，基于此，一九零五公司所获得的非独家信息网络传播权亦不得对抗捷成华视公司的独占专有信息网络传播权，应当在涉案网站上停止播放涉案影片。但是，一九零五公司虽是涉案影片相关著作权的在后受让主体，但在案证据并不能证明其明知或应知原著作权人已将涉案影片的信息网络传播权转让或授权他人专有使用，即捷成华视公司提交的证据不能证明一九零五公司主观上存在过错；另外，鉴于目前著作权的转让无须登记公示，权利表征效力较弱的客观实际情况，应当为善意取得著作权相关权利的受让人或被许可人提供一定的信赖保护，这也是维护著作财产权交易安全，最终促进知识产权交易繁荣发展的客观需求。

---

* 捷成华视网聚（常州）文化传媒有限公司与一九零五（北京）网络科技有限公司侵害作品信息网络传播权纠纷案，北京知识产权法院（2018）京 73 民终 93 号民事判决书。

和上述两案所表达的观点不同，另一种观点认为因著作权未建立公示制度而可能导致善意取得著作权的主体会有多个，有害交易安全。

案例研讨

"老鼠爱大米"著作权侵权纠纷案*

基本案情：歌曲《老鼠爱大米》（又名《这样爱你》）为杨某某创作的音乐作品，杨某某曾于2001年12月将歌曲著作权转让给案外人肖某，价格500元；于2002年7月无偿转让给该案第三人王某，后由王某于2003年4月转让给该案原告北京太格印象，亦为无偿转让；杨某某于2002年11月将该歌曲再次转让给该案第三人田某某，价格2000元，后由田某某转让给该案被告广东飞乐公司。

争议焦点：涉案歌曲经转让后的著作权人如何确定？

司法实务指引：一审法院认为，我国现行著作权法（2001年）并无关于善意取得制度的规定，对于作为无形财产的著作权来讲，现并无与之相关的适当公示方法及相应的公信力，在著作权曾数次转让情况下适用善意取得制度可能发生诸多第三人均享有著作权之冲突，从而导致无法保障真正权利人的利益，亦无法保护交易安全，故田某某不能取得歌曲《这样爱你》的词曲著作权，广东飞乐公司亦不能取得该歌曲词曲的许可使用权。二审法院认为，2001年12月23日，杨某某已经将歌曲《这样爱你》词曲著作权中除涉及人身权以外的所有权利转让给肖某。杨某某于2002年7月13日及2003年3月1日与王某签订著作权转让合同时已不再享有歌曲《这样爱你》词曲著作权中的财产权，该转让行为属于无权处分，现王某没有证据证明肖某对该无权处分行为曾经予以追认，王某无法据上述合同受让该歌曲词曲著作权中的财产权。因此，王某于2003年4月20日所作出的书面版权转让声明将歌曲《这样爱你》词曲著作权转让给北京太格印象公司亦属无权处分。现北京太格印象公司亦无证据证明权利人的追认，故北京太格印象公司亦不能取得

---

* 广东飞乐影视制品有限公司与北京太格印象文化传播有限公司侵犯著作权纠纷上诉案，北京市海淀区人民法院（2005）海民初字第510号民事判决书，北京市第一中级人民法院（2006）一中民终字第2500号民事裁定书。

歌曲《这样爱你》词曲的著作财产权。

以上分歧均因著作权许可或转让没有进行公示所致，著作权的权利变动不但和当事人双方有关，和其他潜在的交易对象也有关联。当前我国的文娱产业有蓬勃发展之势，市场中的著作权易手情形非常常见，这类交易活动如果只依靠权利人保证或通过署名确认权属，权利表征是比较弱的，会损害受让人或被许可人的信赖利益以及交易安全。因此，未来以何种方式对著作权的权利变动进行公示或跟踪，是今后实践中的一个问题。

实务视角

著作权合同备案

著作权专有许可合同或转让合同的当事人可以进行合同备案，合同备案既可以通过中国版权保护中心完成，也可以通过各省级版权局确定的省级部门完成，两种方式备案的法律效力无实质差异。通常从受理日起算，30个工作日可以完成备案。著作权合同备案的好处在于，著作权合同经备案而产生一定的公信力，对于明晰权属和权利使用范围而言，具有规范性效应，能够一定程度减少著作权重复授权、重复转让引发的纠纷。

著作权合同备案应提交：

1. 《著作权合同备案申请表》；

2. 申请人的身份证明复印件；

3. 申请备案的著作权转让或许可使用合同或协议复印件；

4. 合同中涉及的作品样本；

5. 委托他人代为申请时，代理人应提交申请人的授权书（代理委托书）及代理人身份证明文件。

相关文件可以通过 https://www.ncac.gov.cn/chinacopyright/contents/12233/346419.shtml 获得。

实务视角

著作权许可合同/转让合同风险审查

两类合同的共性问题主要包括：

一、主体审查

作者的姓名，作品的署名客观上存在署真实姓名或笔名、艺名、网名的情况，因此著作权合同需要审查作者的真实姓名与其作品上所署之名的对应关系。尤其是网名，应特别注意其网名或网络 ID 是否存在更改，网名或 ID 对应的账号控制权实际归属情况。

合同当事人名称，重点审查公司名称使用是否规范，注意区别合同当事人及其关联公司的名称，避免混为一谈。

二、权利来源审查

1. 确保权利具有合法来源

对于被许可方或者受让方而言，为保障著作权的合法来源，对于原始取得著作权的情况，可以通过查询作品登记证书、作品底稿或原件、作品首发平台、作品的纸质出版物进行确认；对于继受取得著作权的情况，则应确认是否具有上游的著作权合同以及授权链条或转让链条的完整性。

2. 抄袭可能性的排除

另一可能引发纠纷的即授权或转让的作品本身可能存在抄袭可能性，作为被许可方或受让方，一方面可以通过合同中的违约条款进行事后救济，另一方面也可以审查作品底稿或原件。根据《最高人民法院关于审理著作权民事纠纷案件适用法律若干问题的解释》第 20 条规定，出版物侵害他人著作权的，出版者应当根据其过错、侵权程度及损害后果等承担赔偿损失的责任。出版者对其出版行为的授权、稿件来源和署名、所编辑出版物的内容等未尽到合理注意义务的，依据《著作权法》第 49 条的规定，承担赔偿损失的责任。出版者应对其已尽合理注意义务承担举证责任。因此出版合同中的出版社应在其专业领域对内容加以审查。

上述来源审查不但可以在著作权合同签订后确保交易的权利无瑕疵，一旦发生交易的著作权被第三方起诉侵权的情况下，还可以作为被许可方的合法来源抗辩。《著作权法》第 59 条规定，复制品的出版者、制作者不能证明其出版、制作有合法授权的，复制品的发行者或者视听作品、计算机软件、录音录像制品的复制品的出租者不能证明其发行、出租的复制品有合法来源的，应当承担法律责任。《最高人民法院关于审理著作权民事纠纷案件适用法律若干问题的解释》第 19 条规定，出版者、制作者应当对其出版、制作有合法授权承担举证责任，发行者、出租者应当对其发行或者出租的复制品有合法来源承担举证责任。举证不能的，依据《著作权法》第47条、第48条的相应规定承担法律责任。因此，实践中如出版社、印刷厂的著作权许可合同均可通过权利来源审查保留证据，以备发生诉讼时援引合法来源抗辩，减轻甚至免除其民事责任。

三、具体权利及其用语的审查

如果合同中直接使用《著作权法》第10条权利条文的用语，应确保当事人准确理解相应用语。如果合同使用其他用语，合同中对该用语的界定不应和《著作权法》规定相冲突，如"出版电子书"，其实质是信息网络传播权的授权；"发行有声书"，其实质是复制权和表演权的授权；"数字上映权"，其实质是放映权的授权；"网络发行权"，其实质是信息网络传播权的授权。

四、许可范围/转让范围的审查

许可范围或转让范围如果涉及地理范围的，该地理范围如果属于行政区划中存在的地理名词，则按照通常行政区划确定。如果不属行政区划中实际存在的，如"大中华地区""海外发行权""亚太地区"等，则需要在合同中进一步明确至行政区划。

许可范围如果涉及具体使用方式的，如影视、应用程序、游戏等的分销渠道包括安卓客户端、iOS客户端、线上的电商旗舰店、专营店和线下终端设备等，应进一步明确许可或转让的范围。

五、具体履行行为和违约责任

合同中的违约条款可以根据履行节点分别规定，以实现推动合同如期履行的作用。在著作权合同中，作品（手稿或底稿）的交付可以被视为一个节点，合同可以围绕交付确定交付时间并具体化验收标准，未如期履行的约定有违约责任；在涉及影视改编和摄制的著作权合同中，因为影视创作周期较长，筹拍即需要一定时间，同时电影剧本需要备案/审查，广播电视节目则需要获得制作经营许可证，创作完成后的电影有排期问题（公映许可）、电视剧等有上映问题，因此合同的付款可以围绕这些节点规定，同时一旦相应节点不能实现可以约定变更方式、违约责任直至解除条件。其中解除条件主要指著作权人收回授权，如合同可以约定出现未能及时支付授权费、长期拖欠分成款、搁置作品、延期拍摄或未能取得相应行政许可时，著作权人有权收回授权。

权利瑕疵担保条款也是常见的违约责任条款，即合同中一般应约定著作权人对交易的权利承担瑕疵担保责任，一旦出现侵害他人著作权、抄袭他人作品的情况，由其承担违约责任。

此外，著作权许可合同还会涉及期限条款的审查，不同类型的著作权许可涉及的期限当然不同，合同当事人需要充分考虑行业常态和商业风险，充分考虑开发、规划和制作周期，如前述的影视改编、摄制合同，合同常见周期为 3~8 年，出版合同常见周期为 3~5 年。

实务视角

著作权转让合同示例——《兰陵缭乱》改编权转让合同 *

甲方：紫源公司

乙方：张某某

一、甲方是依法注册成立并取得合法从事电影（电视剧）制作资格的法人单位；乙方是长篇小说《兰陵缭乱》的著作权人；经甲乙双方商定，乙方同意将其所著的《兰陵缭乱》的电视剧改编权及拍摄权转让给甲方独家使用五年，甲方拥有电视剧本的改编权、拍摄权以及据此拍摄的电视剧及其相关作品的永久著作权，乙方在本合同期限内不得再以该小说中的人物、情节等主要元素另行创作作品，也不得再行转让他人。

二、乙方保证其为该小说的唯一著作权人，保证其有权签署并有能力履行本合同，且其履行本合同不存在任何法律上的障碍；其合法拥有该小说电视剧改编权的转让权，该小说不会侵犯任何自然人、法人或其他组织的著作权、名誉权、隐私权以及其他合法权益；本合同签署之前，不存在任何针对该小说的权利纠纷、索赔或者诉讼；否则，由此引起的一切法律和经济责任全部由乙方承担。在本合同履行过程中如存在上述情况，乙方应无条件全额退还甲方已支付的款项，并赔偿甲方因此项目的开展所造成的损失。

四、乙方依法享有原小说《兰陵缭乱》的著作权及在改编后的作品上享有署名权，即根据张某某原著小说《兰陵缭乱》改编。甲方享有该小说改编

---

* 上海紫源影视文化传媒有限公司与张某某合同纠纷，北京市朝阳区人民法院（2017）京 0105 民初 18110 号民事判决书，北京知识产权法院（2020）京 73 民终 554 号民事判决书。

后的电视剧作品及其附属、衍生作品的永久著作权，包括但不限于：

1. 复制所制成的录像带、VCD、DVD、MP4 等作品；

2. 以电视形式公演其改编剧本；

3. 以电视形式，通过广播电台或电视台，广播或播映该改编剧本；

4. 以电视形式，发行该作品的电视录像带；

5. 广播或传播演员现场演出该作品改编剧本的表演；

6. 以 VCD、DVD、数字电视、高清电视及电视网络等新媒体播放或传播该电视剧。

五、乙方保证该小说电视剧改编权在本合同签订前未转让给任何单位和个人；在本合同签订后也不再转让给任何单位和个人。否则，乙方除应当退还给甲方已支付的全部款项外，还应当按本合同约定的转让费总额的两倍赔偿给甲方。如甲方已将该小说投入改编或拍摄，则其发生的全部费用也由乙方赔偿。

七、甲乙双方同意该小说电视剧改编权转让费为人民币 10 万元，其付款方式为在本合同生效后的十个工作日内，甲方通过银行转账方式一次性向乙方支付税后人民币拾万元整。

八、乙方将该小说改编权转让给甲方的期限为本合同签字生效后的五年，自 2012 年 3 月 9 日起至 2017 年 3 月 9 日止。超过此期限甲方未拍摄，乙方有权收回本合同约定之权利，而无须进一步书面说明。

九、在本合同签字生效后至有效期内，如由于特殊原因不能将"该小说"改编或拍摄成电视剧，甲方有权将"该小说"的电视剧改编权部分或全部转让给第三方，而乙方拥有的各项权利不变，但甲方应书面通知乙方。

十二、甲乙双方应认真履行本合同的约定，任何一方违反本合同的任何条款都视为违约，违约方应承担由于其违约给守约方造成的一切损失。

该案合同订立后，张某某将《兰陵缭乱》在全球范围内的电影、网络剧改编权和游戏开发权独家授予青红橙绿公司，紫源公司据此认为张某某违约，张某某认为其向紫源公司转让了《兰陵缭乱》小说的电视剧改编权，并不包括网络电视剧改编权，并认为电视剧与网络电视剧的主要区别在于播放途径的不同。那么，根据上述合同相关条款，张某某能否将电视剧改编权和网络剧改编权分别进行转让/独家授权？

第三节　著作权出质

一、著作权出质的含义和法律要件

（一）著作权出质的含义

出质是物的担保的一种，指的是为担保债务的履行，债务人或者第三人将其财产出质给债权人，债务人不履行到期债务或者发生当事人约定的实现质权的情形，债权人有权就该财产优先受偿。因出质而由债权人享有的权利成为质权，《民法典》物权编规定的质权包括动产质权和权利质权。著作权出质属于权利质权的情形，因著作人格权的人身专属性，著作权以及邻接权中只有财产权可以出质。出质人即著作权人，质权人一般是债权人，出质的财产可以是部分著作权，也可以全部著作财产权。

（二）著作权出质的生效要件

著作权出质的生效要件包括订立书面的质权合同和完成质权登记。《著作权法》第28条规定，以著作权中的财产权出质的，由出质人和质权人依法办理出质登记。国家版权局于2011年颁布了《著作权质权登记办法》，其中规定：以著作权出质的，出质人和质权人应当订立书面质权合同，并由双方共同向登记机构办理著作权质权登记。著作权质权的设立、变更、转让和消灭，自记载于《著作权质权登记簿》时发生效力，因此著作权出质不经登记就不会产生质权。

著作权质权合同主要包括以下内容：

（1）出质人和质权人的基本信息；

（2）被担保债权的种类和数额；

（3）债务人履行债务的期限；

（4）出质著作权的内容和保护期；

（5）质权担保的范围和期限；

（6）当事人约定的其他事项。

登记由出质人和质权人共同办理，一般应提交以下资料：

（1）著作权质权登记申请表；

（2）出质人和质权人的身份证明；

（3）主合同和著作权质权合同；

（4）委托代理人办理的，提交委托书和受托人的身份证明；

（5）以共有的著作权出质的，提交共有人同意出质的书面文件；

（6）出质前授权他人使用的，提交授权合同；

（7）出质的著作权经过价值评估的、质权人要求价值评估的或相关法律法规要求价值评估的，提交有效的价值评估报告；

（8）其他需要提供的材料。

著作权出质期间，未经质权人同意，出质人不得转让或者许可他人使用已经出质的权利。出质人转让或者许可他人使用出质的权利所得的价款，应当向质权人提前清偿债务或者提存。

二、著作权出质的作用

著作权出质主要解决的是著作权人的资金需求，当著作权人需要投资或借款时，出借款项或进行投资的就是著作权人的债权人，实践中以商业银行为多，也有一些是投资公司。为了确保出借款或投资到期能够实现清偿或回本，往往需要对债务或投资提供担保，对于著作权人来说，其拥有的著作财产权就可以成为出质的标的。

实务视角

著作权出质在文娱产业和软件产业的体现

例1：文华盛典（北京）投资有限公司（以下简称"文华盛典"）与北京阳光盛通文化艺术有限公司（以下简称"阳光盛通"）于2013年2月5日签订投融资合作协议及其附件，约定：文华盛典就《建元风云》与《小两口》两部影视剧项目向阳光盛通提供金额为15 000 000元的投融资安排，并为该融资安排向提供款的银行提供相应担保，阳光盛通应当为此支付一定比例的融资安排服务费。同日，双方签订应收账款质押合同和著作权质押合同，阳光盛通同意以《建元风云》和《小两口》的收入中不低于人民币 18 000 000 元的应收账款或授权许可费向文华盛典提供质押。担保融资的本金、利息和其他应付的款项由阳光盛通分别以其持有的电视剧《建元风云》不低于 40% 的著作权权益、电视剧《小两口》不少于 25% 的著作权权益为原告在投融资合作协议项下的本金及收益提供担保。基于投融资合作协议，在文华盛典安排下，上海浦东发展银行股份有限公司北京分行向阳光盛通提供了本金为 15 000 000 元的贷款，为此浦发银行北京分行与阳光盛通于 2013 年 3 月 4 日签订流动资金借款合同，该笔借款期限为 1 年，利率为年利率 7.2%，提款日期为 2013 年 3 月 4 日。●

例 2：2015 年 4 月 8 日杭州新锐信息技术有限公司（以下简称"新锐公司"）与上海银行股份有限公司杭州分行（以下简称"上海银行杭州分行"）签订合同号为 17815990008（SH）的《流动资金借款合同》。合同约定借款金额为 1800 万元，借款期限自 2015 年 4 月 8 日起至 2016 年 4 月 8 日止，借款利率为年利率 6.955%。2014 年 12 月 23 日，新锐公司与上海银行杭州分行签订合同号为 ZDBSX17814990036-1 的《最高额质押合同》，以新锐易制毒化学品管理信息系统软件 V6.0、新锐易制毒化学品管理核查平台软件 V1.0、米阳快递系统软件 V1.0、新锐快递企业面单信息智能化处理系统软件 V1.0、新锐庭审资源综合管理系统软件 V1.0、新锐小企业信贷助手软件 V1.0 六项计算机软件著作权财产权的全部权利出质为新锐公司向上海银行的 1800 万元借款提供质押担保。❷

例 1 涉及影视行业，影视剧的摄制需要较大投资，收益却是远期的、不易预测的，这使得影视拍摄的前期投资特别重要，为解决前期投资不足的问题，影视行业目前会采用如例 1 所示的影视剧收益出质融资方式。例 2 则涉及软件科技行业，这类行业的特点是实体资产掌握较少，无形资产则较多，例 2 出质人所掌握的有价值的财产就是计算机软件，软件著作权可以通过出

● 文华盛典（北京）投资有限公司与北京阳光盛通文化艺术有限公司等合同纠纷，北京市东城区人民法院 2014 年东民初字第 07412 号民事判决书。

❷ 上海银行股份有限公司杭州分行与杭州新锐信息技术有限公司、金某某金融借款合同纠纷，杭州市下城区人民法院（2016）浙 0103 民初 7929 号民事判决书。

质为企业融资。上述两例著作权出质在履行过程中均出现了法律纠纷，例1的质押合同因未登记产生质权瑕疵，法院判决出质不生效，文华盛典无权从出质的影视剧收益中优先受偿❶；例2中借款人新锐公司未能清偿借款，法院判决上海银行股份有限公司杭州分行有权就被告杭州新锐信息技术有限公司质押的新锐易制毒化学品管理信息系统软件V6.0、新锐易制毒化学品管理核查平台软件V1.0、米阳快递系统软件V1.0、新锐快递企业面单信息智能化处理系统软件V1.0、新锐庭审资源综合管理系统软件V1.0、新锐小企业信贷助手软件V1.0六项计算机软件著作权折价或拍卖、变卖所得价款，在最高债权余额1800万元范围内享有优先受偿权❷。

---

❶　文华盛典（北京）投资有限公司与北京阳光盛通文化艺术有限公司等合同纠纷，北京市东城区人民法院2014年东民初字第07412号民事判决书。

❷　上海银行股份有限公司杭州分行与杭州新锐信息技术有限公司、金某某金融借款合同纠纷，杭州市下城区人民法院（2016）浙0103民初7929号民事判决书。

第九章　著作权的技术措施和权利管理信息

第一节　著作权的技术措施

一、技术措施的含义

著作权法中的技术措施指的是用于防止、限制未经权利人许可浏览、欣赏作品、表演、录音录像制品或者通过信息网络向公众提供作品、表演、录音录像制品的有效技术、装置或者部件。

技术措施主要用于防止网络传播作品可能出现的侵权行为。著作权人对于作品在网络上的传播基本无法进行实时监控，更无法控制传播范围，因此网络侵权成为著作权侵权的"重灾区"。这一问题在网络出现的早期就已经引起了国际社会的关注，关于技术措施的规则最早出现于1996年的《世界知识产权组织版权条约》（WCT）。WCT第11条要求，缔约各方应规定适当的法律保护和有效的法律补救办法，制止规避由作者为行使本条约或《伯尔尼公约》所规定的权利而使用的、对就其作品进行未经该有关作者许可或未由法律准许的行为加以约束的有效技术措施。1996年《世界知识产权组织表演和录音制品条约》（WPPT）对缔约方采取技术措施保护也作出了类似的规定。

由于技术措施主要应对的是网络侵权，因此常见的采用技术措施的作品是数字作品和计算机软件，常见形式包括设置密码、数字认证、序列号等。

我国《民法典》第130条规定：民事主体按照自己的意愿依法行使民事权利，不受干涉。在作品上或者表演、音像制品上采用技术措施以防止未经许可利用作品的行为正是著作权人和邻接权人自主保护自身权利的表现。因此技术措施的采用具有正当理由。但是，因为《著作权法》在保护著作权的同时也允许他人在法定情形下可以不经许可自由使用作品，因此技术措施本身也应受到一定限制。

二、技术措施的类型

（一）控制接触作品的技术措施

接触作品主要是通过浏览、观看、欣赏等方式实现，接触作品的主体主要是网络用户，但是，用户浏览、观看和欣赏的作品即使是盗版作品，其接触作品的行为也不构成侵权，因为著作权中的权利并不包括浏览、观看或欣赏方面的排他性权利。因此，从这方面来说，采用限制网络用户接触作品的技术措施存在正当性不足的问题。

但是，如果不允许著作权人采取这类技术措施，作品本应获得的市场利益可能会被损害，这主要是因为当网络用户能够免费或低成本接触到盗版后，其以正常市场价格获得正版的意愿自然下降，著作权人的市场利益也会随之下降，也就是说，著作权人没能获得应有的报酬，而获得报酬的权利是包含在著作权的内容中的，基于此，《著作权法》并不禁止著作权人采用限制接触类的技术措施。❶

一旦著作权人的限制接触类技术措施过当，其可能会受到《反垄断法》的规制，该法第68条规定：经营者依照有关知识产权的法律、行政法规规定行使知识产权的行为，不适用本法；但是，经营者滥用知识产权，排除、限制竞争的行为，适用本法。因此，如果著作权人采用限制接触类的技术措施是为了排挤竞争对手的，则其技术措施就会被认定为过当。

---

❶ 王迁. 版权法保护技术措施的正当性［J］. 法学研究，2011，33（4）：86–103；刘颖. 版权法上技术措施的范围［J］. 法学评论，2017，35（3）：96–106.

在"北京精雕诉上海奈凯著作权侵权案"❶ 中，原告北京精雕的设备上使用了 JDPaint 软件，软件能够输出 .eng 格式的文件，为防止他人读取 .eng 格式的文件，原告对其采取了加密措施，被告采取技术手段破解了加密措施，复制了一系列 .eng 格式的文件，针对被告的破解行为，法院认为：著作权人为输出的数据设定特定文件格式，并对该文件格式采取加密措施，限制其他品牌的机器读取以该文件格式保存的数据，从而保证捆绑自己计算机软件的机器拥有市场竞争优势的行为，不属于上述规定所指的著作权人为保护其软件著作权而采取技术措施的行为。他人研发能够读取著作权人设定的特定文件格式的软件的行为，不构成对软件著作权的侵犯。

（二）保护权利的技术措施

这类技术措施也被称为"版权保护措施"，所起的作用是禁止或限制他人行使著作权，包括《著作权法》第 10 条中的各项权利，主要表现为禁止或限制复制、转载、禁止下载等，但并不限制或控制公众接触作品。例如网页内容无法被选中复制，视频网站的影视资源只能观看但不能下载。再如"Test Achats 诉 EMI 唱片公司等案"❷ 中的行为：购买了正版 CD 的消费者打算复制 CD 时发现不能复制。上述复制、信息网络传播、表演、广播等行为是网络作品传播的常见行为，受著作权控制，属于著作权人专有，因此，著作权人以技术手段禁止或限制这种未经许可的行为属于保护著作权的应有之意。

三、技术措施受保护的条件

（一）采取技术措施目的是保护著作权

依照《著作权法》的规定，受保护的技术措施必须是"作品"的技术措施，非作品上施加技术措施不属于《著作权法》适用的范畴，当然也就不能

---

❶ 最高人民法院指导案例第 48 号，北京精雕科技有限公司诉上海奈凯电子科技有限公司著作权纠纷案，上海市高级人民法院（2006）沪高民三（知）终字第 110 号民事判决书。

❷ Test Achats v. EMI Recorded Music Belgium et al. , Brussels Court of Appeal, 2004/AR/1649（9 September 2005）.

受到《著作权法》的保护。如电子邮箱账号的密码，虽然也会起到控制访问的作用，但其不属于作品的或著作权的技术措施。《著作权法》意义上的"技术措施"与纯技术意义上的"技术措施"的差异主要有两点：一是《著作权法》意义上的"技术措施"用于作品、表演和录音制品等《著作权法》中的特定客体；二是著作权法意义上的"技术措施"具有阻止对上述特定客体实施特定行为的功能。

在前述的"北京精雕诉上海奈凯著作权案"❶ 中，法院认为原告 JDPaint 软件输出的 .eng 格式数据文件是其 JDPaint 软件的目标程序经计算机执行产生的结果。该格式数据文件本身不是代码化指令序列、符号化指令序列、符号化语句序列（不是计算机程序），也无法通过计算机运行和执行，对 .eng 格式文件的破解行为本身也不会直接造成对 JDPaint 软件的非法复制。此外，该文件所记录的数据并非原告精雕公司的 JDPaint 软件所固有，而是软件使用者输入雕刻加工信息而生成的，这些数据不属于 JDPaint 软件的著作权人精雕公司所有。因此，.eng 格式数据文件中包含的数据和文件格式均不属于 JDPaint 软件的程序组成部分，不属于计算机软件著作权的保护范围。精雕公司对 JDPaint 输出文件采用 .eng 格式，旨在限定 JDPaint 软件只能在原告的"精雕 CNC 雕刻系统"中使用，其根本目的和真实意图在于建立和巩固 JDPaint 软件与其雕刻机床之间的捆绑关系。这种行为不属于为保护软件著作权而采取的技术保护措施。如果将对软件著作权的保护扩展到与软件捆绑在一起的产品上，必然超出我国《著作权法》对计算机软件著作权的保护范围。精雕公司在该案中采取的技术措施，不是为保护 JDPaint 软件著作权而采取的技术措施，而是为获取著作权利益之外利益而采取的技术措施。因此，精雕公司采取的技术措施不属于《著作权法》《计算机软件保护条例》所规定著作权人为保护其软件著作权而采取的技术措施。

北京市高级人民法院也曾发布过司法意见指出，采取技术措施的目的必须是保护著作权上的正当利益，《北京市高级人民法院审理涉及网络环境下著作权纠纷案件若干问题的指导意见（一）（试行）》（京高法发〔2010〕166 号，以下简称《北高意见（一）》）第 32 条确定了几种不属于《著作权

❶ 最高人民法院指导案例第 48 号，北京精雕科技有限公司诉上海奈凯电子科技有限公司著作权纠纷案，上海市高级人民法院（2006）沪高民三（知）终字第 110 号民事判决书。

法》上正当利益的情形，包括：

（1）用于实现作品、表演、录音录像制品与产品或者服务的捆绑销售的；

（2）用于实现作品、表演、录音录像制品价格区域划分的；

（3）用于破坏未经许可使用作品、表演、录音录像制品的用户的计算机系统的；

（4）其他妨害公共利益保护、与权利人在著作权法上的正当利益无关的技术措施。

（二）有　效　性

作品的技术措施需要达到"有效"的程度才能受保护。所谓"道高一尺，魔高一丈"，不存在绝对有效的技术措施。前述的《北高意见（一）》第33条规定：技术措施是否有效，应以一般用户掌握的通常方法是否能够避开或者破解为标准。技术专家能够通过某种方式避开或者破解技术措施的，不影响技术措施的有效性。

案例研讨

超星公司诉书生公司著作权侵权案[*]

基本案情： 原告超星公司通过和著作权人签署专有授权协议，获得涉案图书的独家信息网络传播权，超星公司建立在线数据库传播涉案图书，并采取了技术措施，其技术措施为：首先扫描图书页面得到分辨率为300的PDG格式文件，在扫描过程中进行第1次加密；将扫描得到的分辨率为300的PDG格式文件压缩为分辨率为150的PDG格式文件，在压缩过程中进行第2次加密以增加破解难度；为"超星数字图书馆"用户安装该数据库时，在用户服务器端设置加密狗以进行第3次加密。对"超星数字图书馆"采取上述技术保护措施之后，仅在得到其授权并使用其开发的"超星阅览器"情况下才能打开"超星数字图书馆"所收录的电子文件。被告书生公司向北华大学提供

---

[*] 北京书生数字图书馆软件技术有限公司诉北京世纪超星信息技术发展有限责任公司不正当竞争纠纷，北京市第一中级人民法院（2009）一中民终字第5747号民事判决书。

"书生之家数字图书馆",其中收录涉案图书的电子文件,此部分电子文件与超星公司制作的分辨率为150的PDG格式的原始电子文件相比,二者的页面扫描角度、页面污点等相同,且二者的书名页均载有"国防大学"馆藏章。

被告书生公司认为超星公司对其数据库根本不存在加密的行为。超星公司未证明其数据库的存在,亦未证明其对图像扫描过程和硬件加密。即使存在数据库及加密行为,但其数据库在终端用户面前是一览无余的,可以打印成纸介扫描,不存在任何保密性。因此获得涉案作品并不需要避开技术措施。

争议焦点: 被告行为是否属于故意避开或破坏作品技术措施的行为?

司法实务指引: 该案二审法院认为,原审法院勘验虽然认定仅能使用"超星阅读器"打开超星公司制作的PDG格式的电子文件,但未能排除书生公司使用"超星数字图书馆"会员的用户名及密码进入"超星数字图书馆"网站浏览、打印和扫描涉案图书电子文件的可能性,故原审法院认定书生公司故意破坏超星公司对"超星数字图书馆"所采取的技术保护措施,复制涉案图书电子文件,证据不足。

可见在该案中,以惯常认知为标准,任一普通用户均能在正常登录超星数字图书馆后通过在线打印和二次扫描的方式获得涉案作品电子文件,原告采取的技术措施无法有效防止他人未经许可获得和复制作品电子文件。因此即使其采取了技术措施,也没能获得法律保护。

对技术措施提出"有效"的法律要求目的一方面是提醒公众技术措施的客观存在,防止公众对作品技术措施的无意规避行为进而要承担法律责任[1];另一方面提醒权利人在采取技术措施时应施以一定的注意,在保护自身著作权时应该严肃对待。

四、技术措施的法律保护

《著作权法》第49条第2款规定:未经权利人许可,任何组织或者个人不得故意避开或者破坏技术措施,不得以避开或者破坏技术措施为目的制造、进口或者向公众提供有关装置或者部件,不得故意为他人避开或者破坏技术措施提供技术服务。但是,法律、行政法规规定可以避开的情形除外。

---

[1] 崔国斌. 著作权法:原理与案例[M]. 北京:北京大学出版社,2014:862.

（一）行为类型

1. 直接规避并使用作品

直接规避技术措施是行为人为了使用作品而故意避开技术措施或故意破坏技术措施。

故意避开技术措施是在原措施仍然存在的情况下，采取技术手段绕开密码、密钥等措施使用他人作品。避开技术措施后，行为人可以使用作品，但技术措施对他人仍然有效。[1] 如某特定格式的文件无法复制，但将特定格式的文件进行格式转换后就可以实现复制。在"中国学术期刊网诉网联天地（北京）科技有限公司著作权纠纷案"[2] 中，被告通过自行提供 ICP 服务的网站采用技术手段，避开原告所设置的技术防范措施，与原告"数据库"作品进行链接，将原告"数据库"作品有偿许可他人使用。法院认为：被告作为网络服务经营者，对于网络用户名及其密码的特性应属于明知，在其明知用户名和密码不属于公共资源的情况下，出于营利目的，采用技术手段进行规避，其主观恶意明显，严重损害了原告上述作品的合法权益，理应承担停止侵权、赔偿损失的民事责任。

在"乐视网诉'蜜蜂视频'著作权案"[3] 中，乐视公司将涉案作品上传存储至其经营的视频网站中的"绝对视频地址"，乐视公司设置技术措施使用户在观看涉案作品前，需满足收费会员登录或观看推送广告等程序，才能获取涉案作品的"绝对视频地址"进行观看。乐视视频网站中的权利声明中有反盗版和防盗链等技术措施的声明。被告"蜜蜂视频"则能够实现非会员不看广告直接观看影视剧的效果，其具体的实现过程是：使用浏览器访问被告网站 beevideo. tv 下载并固定的视频服务应用程序"蜜蜂视频"在访问某剧集时没有访问 api. le. com 获得 devid 加密参数。根据乐视网提供的《关于我公司视频服务接口防盗链技术措施的相关情况说明》可知，域名为 play. g3proxy. lecloud. com 服务器是乐视网的接口服务器。在正常访问乐视网视频的过程汇

---

[1] 张建华. 信息网络传播权保护条例释义 [M]. 北京：中国法制出版社，2006：16.

[2] 中国学术期刊（光盘版）电子杂志社诉网联天地（北京）科技有限公司侵犯著作权纠纷案，北京市第一人民法院（2006）一中民初字第 5890 号民事判决书。

[3] 乐视网信息技术（北京）股份有限公司与深圳科迪思数字技术有限公司著作权纠纷案，北京市朝阳区人民法院（2017）京 0105 民初 37120 号民事判决书。

总，必须首先访问 api. le. com 获得 devid 加密参数，然后才能获得访问 play. g3proxy. lecloud. com 的正确链接，因此"蜂蜜视频"未经授权获得了某剧集视频服务时使用的相应链接。"蜜蜂视频"在线提供播放某剧集视频服务时，均通过技术手段避开乐视网计算机信息系统安全保护措施，测试手机和测试机顶盒分别获得 IP 地址为 101. 4. 152. 50 和 58. 205. 198. 96 的服务器存储的视频。被告的上述行为属于避开原告设置的技术措施而进行"盗链"的行为。

破坏技术措施指的是未经授权的破解行为，也包括物理上的"破坏"。破坏技术措施后，技术措施对所有人都会失去效果。❶ 司法实践对"避开"和"破坏"并不会特别细分，只要著作权人一方能够证明接触或使用作品是受到技术措施限制的，而行为人未经许可能够直接接触或使用作品即可，至于具体的行为，需要行为人在进行反驳时对是否避开或破坏或通过正规渠道进行举证。

2. 故意向他人提供规避手段或技术服务

这类行为也称为"间接规避"。其中，提供规避手段表现为行为人专门为他人提供规避或破解工具，如序列号生成器，或专门出售软件、数据系统、数字化作品的破解码、序列号、注册码的行为。行为人自身并不使用作品，将破解码等出售给购买者后，购买者才是未经授权使用作品的主体。故意向他人提供技术服务指的是行为人为帮助他人规避或破坏技术措施而提供技术服务，以主观故意为构成要件，如帮助开发、测试破解工具等。

应当明确的是，仅提供破解手段，自身没有使用作品的行为的，并不侵害著作权，因为技术措施本身难以构成作品，制造、销售和进口破解手段也不是对作品的复制、发行或信息网络传播。但是向公众提供作品技术措施的破解手段无疑会导致盗版横行，侵夺本应属于著作权人的市场利益，因此具有可责难性。

（二）法律责任

直接规避技术措施的行为目的是使用作品，如复制、发行或信息网络传播作品等，因此这类未经授权而使用他人作品的行为直接侵犯了著作权。

间接规避行为具有可责难性，虽然行为人没有使用作品，一般不会构成民事侵权，但这类行为对正常的市场秩序造成了损害，《著作权法》第 53 条

---

❶ 张建华. 信息网络传播权保护条例释义［M］. 北京：中国法制出版社. 2006：16.

第 6 项将"故意制造、进口或者向他人提供主要用于避开、破坏技术措施的装置或者部件"的行为列为应承担行政责任的行为，可能承担的行政责任包括由主管部门责令停止侵权、警告、没收违法所得等。

避开和破坏技术措施等行为除了可能承担民事侵权责任和行政责任，还可能构成犯罪，从而承担刑事责任。2020 年 12 月颁布的《刑法修正案（十一）》在"侵犯著作权罪"中增加了一项罪状：以营利为目的，未经著作权人或者与著作权有关的权利人许可，故意避开或者破坏权利人为其作品、录音录像制品等采取的保护著作权或者与著作权有关的权利的技术措施的。该行为如果达到情节严重或违法所得较大的程度即可入刑，从而承担有期徒等刑事责任。

（三）合理规避行为

出于公共利益方面的考量，技术措施的保护有一定限度，《著作权法》第 50 条允许在特定情形下避开技术措施并使用作品，但不得向公众提供避开技术措施的技术、装置或部件。这些特定情形包括：

（1）为学校课堂教学或者科学研究，提供少量已经发表的作品，供教学或者科研人员使用，而该作品无法通过正常途径获取；

（2）不以营利为目的，以阅读障碍者能够感知的无障碍方式向其提供已经发表的作品，而该作品无法通过正常途径获取；

（3）国家机关依照行政、监察、司法程序执行公务；

（4）对计算机及其系统或者网络的安全性能进行测试；

（5）进行加密研究或者计算机软件反向工程研究。

这些情形也适用于为保护邻接权而采用的技术措施。

第二节　权利管理信息

一、权利管理信息的含义

《信息网络传播权保护条例》第 26 条规定：权利管理电子信息，是指说明作品及其作者、表演及其表演者、录音录像制品及其制作者的信息，作品、表演、录音录像制品权利人的信息和使用条件的信息，以及表示上述信息的数字或者代码。

权利管理信息可以是表明作者或著作权人身份的信息，如著作权人名称或姓名；可以是著作权人关于使用行为的声明，如"版权所有，翻版必究"的声明；可以是关于许可条件的声明，如数字化作品标注"根据 CC – By 使用"❶ 等；还可以是任何表现上述信息的数字或代码。在网络时代，权利管理信息会采用数字水印或网页内置文本等方式呈现。

著作权人使用权利管理信息的目的并非制止侵权，而是让公众知晓作品来源以及使用条件，这在存在海量作品的网络海洋中对于公众来说起到明示的作用，善意使用人更能明确作品的权利人和授权状态；另外，使用权利管理信息有助于发现侵权，因为侵权行为往往附带着对权利管理信息的破坏，从而起到一定的证明作用。

二、权利管理信息的保护由来

虽然在网络时代到来前，权利管理信息就已被著作权人所使用，但权利管理信息得到法律的正式肯定始于互联网时代，并且来自国际组织的推动。最早对权利管理信息加以规定的国际公约是 WCT 的第 12 条和 WPPT 的第 19 条，这两条均规定"缔约各方应规定适当和有效的法律补救办法，制止任何人明知，或就民事补救而言有合理根据知道其行为会诱使、促成、便利或包庇对本条约或《伯尔尼公约》所涵盖的任何权利的侵犯而故意从事以下行为：（i）未经许可去除或改变任何权利管理的电子信息；（ii）未经许可发行、为发行目的进口、广播或向公众传播明知已被未经许可去除或改变权利管理电子信息的作品或作品的复制品"。

我国《著作权法》在 2001 年第一次修正时，根据 WCT 和 WPPT 的规则，在法律中增加了权利管理信息的保护，并在 2006 年《信息网络传播权保护条例》中规定了权利管理信息的定义、侵权表现以及免责事由。

---

❶ CC 协议为非营利组织"知识共享"（Creative Commons）针对网络传播作品而形成著作权许可协议的统称，其协议种类包括 CC – By：被许可人传播和使用作品时署名即可；CC – SA："相同方式共享"，要求被许可人在对作品进行改编后，改编后的作品必须以相同的许可条件发布；CC – NC：被许可人只能进行非商业性使用；CC – ND：被许可人除不得演绎之外均可使用。

三、权利管理信息的法律保护

根据《著作权法》第 51 条规定，侵害权利管理信息的行为包括未经许可删除或改变权利管理信息，未经许可提供被删除或改变权利管理信息的作品，以及例外情形。

（一） 未经许可删除或改变权利管理信息

根据《著作权法》第 53 条第 7 项以及《信息网络传播权保护条例》第 5 条规定，删除或改变权利管理信息的行为应具有主观故意。严格来说，删除或改变权利管理信息并不一定属于直接侵害著作权的行为。如果权利管理信息属于著作权人身份信息，删除或改变之会构成署名权侵权；如果权利管理信息属于权利人关于使用行为或许可条件的声明，删除或改变之并不构成直接侵权，但在当前法律对权利管理信息提供独立保护的情况下，故意为之的行为需要独立承担法律责任。

（二） 未经许可提供被删除或改变权利管理信息的作品

向公众提供作品本身就属于受信息网络传播权控制的行为，需要获得著作权人许可。权利管理信息被删除或改变后，他人传播作品时就处于不知是否获得授权、不知授权条件甚至是不知权利人身份的境地，如果行为人明知或应知权利管理信息被有意删除、改变，仍然进行提供，就要承担法律责任。

根据《著作权法》第 53 条第 7 项规定，上述侵害权利管理信息的行为主要应承担行政责任。

（三） 例外情形

《著作权法》为权利管理信息保护建立了例外情形：由于技术上的原因无法避免的除外。所谓技术上的原因主要指的是播放广告、节目时，使用作品或制品的片段因时间短无法在播放的同时表明权利管理信息，或者是在进行数字/模拟信号转换时无法保存权利管理信息等情况。❶

---

❶ 张建华. 信息网络传播权保护条例释义 ［M］. 北京：中国法制出版社，2006：24.

第十章　著作权的法律保护

侵犯著作权的行为是指未经许可，也没有合法理由而行使了专属于著作权人的权利，侵权行为也包括侵害邻接权的行为。我国对著作权提供司法保护和行政保护的双轨制保护，司法保护即侵权发生后权利人可以起诉至法院提起民事诉讼；侵权行为情节严重构成犯罪的，由公诉机关诉至法院提起刑事诉讼。行政保护为著作权人提供了另一种保护著作权的手段，即著作权人可以投诉至相关行政主管部门，由行政机关对侵权行为进行行政处罚。

第一节　侵犯著作权的行为类型

一、直接侵权

（一）直接侵权行为的表现

直接侵犯著作权的行为是行为人未经许可直接实施了专属于著作权人的权利，无论行为人主观上是否知道自身行为已属侵权。能够成立免责事由的仅有合理使用或法定许可。

《著作权法》第 10 条规定的各项人格权和财产权均可能在未经许可的情形下遭到侵犯。

《著作权法》第 52 条罗列了侵权行为的具体表现，包括：

（1）未经著作权人许可，发表其作品的；

（2）未经合作作者许可，将与他人合作创作的作品当作自己单独创作的作品发表的；

（3）没有参加创作，为谋取个人名利，在他人作品上署名的；

（4）歪曲、篡改他人作品的；

（5）剽窃他人作品的；

（6）未经著作权人许可，以展览、摄制视听作品的方法使用作品，或者以改编、翻译、注释等方式使用作品的，本法另有规定的除外；

（7）使用他人作品，应当支付报酬而未支付的；

（8）未经视听作品、计算机软件、录音录像制品的著作权人、表演者或者录音录像制作者许可，出租其作品或者录音录像制品的原件或者复制件的，本法另有规定的除外；

（9）未经出版者许可，使用其出版的图书、期刊的版式设计的；

（10）未经表演者许可，从现场直播或者公开传送其现场表演，或者录制其表演的；

（11）其他侵犯著作权以及与著作权有关的权利的行为。

上述侵犯著作权及邻接权的行为认定在本书"著作权的权利内容"一章和"邻接权"一章均已分析，下文仅讨论其中的"剽窃他人作品"。

（二）剽窃侵权

1999 年，国家版权局版权管理司在《关于如何认定抄袭行为给青岛市版权局的答复》中将剽窃定义为"将他人作品或者作品的片段窃为己有发表"。本书认为，剽窃指的是未经许可，将他人作品当作自己作品的一部分，以自己的名义进行利用。抄袭和剽窃具有基本相同的意思。

1. 剽窃行为的表现

抄袭或剽窃行为的本质是对他人作品的复制，是将他人作品中独创性的表达以精确复制或者增删、改写的方式包含进自己的作品中。这一行为既侵害了著作权人的复制权或改编权，也侵害了著作权人的署名权。

在"庄某诉郭某某案"❶ 中，法院判定被告行为构成抄袭，并指出：抄袭是一种既侵犯著作财产权，又侵犯著作人身权的侵权行为。该案中，郭某某创作的《梦里花落知多少》在整体上对庄某创作的《圈里圈外》构成了抄袭，

---

❶ 庄某诉郭某某著作权侵权案，北京市高级人民法院（2005）高民终字第 539 号民事判决书。

其侵权主观过错、侵权情节及其后果均比较严重，因此需要通过判令支付精神损害抚慰金对庄某所受精神损害予以弥补，同时，亦是对郭某某抄袭行为的一种惩戒。故法院对庄某有关判令精神损害抚慰金的上诉请求予以支持。

2. 剽窃的对象

剽窃对象首先针对的必须是表达，而非思想。根据思想/表达二分法，思想不受保护，作品的创作灵感、中心思想随作品的发表即进入公有领域，不属于著作权法保护的对象。思想和表达的区分一直是著作权法上的难点，一般来说，思想所指的是抽象的设定或概念，而表达通常是具体的。最直观层面的表达在文字作品中体现为字、词、句的组合，在美术作品、摄影作品和视听作品中体现为色彩、线条、形状的组合。表达还包含如何安排上述组合的具体设计，文字作品中体现为具体情节、人物特征，美术和摄影作品中体现为构图、角度，视听作品中体现为情节安排、人物设计等。用以区分思想和表达的方法一般是"抽象过滤法"。

在"庄某诉郭某某案"❶ 中，原告庄某认为被告郭某某的小说《梦里花落知多少》抄袭了自己的小说《圈里圈外》，法院进行判定时就采用了抽象过滤法：文学作品的表达，不仅表现为文字性的表达，也包括文字所表述的故事内容，但人物设置及其相互的关系，以及由具体事件的发生、发展和先后顺序等构成的情节，只有具体到一定程度，即文学作品的情节选择、结构安排、情节推进设计反映出作者独特的选择、判断、取舍，才能成为受著作权法保护的表达。确定文学作品保护的表达是不断抽象过滤的过程。

在"陈某诉余某、湖南经视公司等著作权侵权案"❷ 中，原告陈某笔名为琼瑶，创作了小说《梅花烙》，后担任编剧拍摄了同名电视剧。原告认为被告拍摄的电视剧《宫锁连城》的剧情抄袭了其作品，在二审中，法院针对原告主张实质相似的情节运用"抽象过滤法"进行了如下分析：

对某一情节，进行不断地抽象概括寻找思想和表达的分界线的方法无疑是正确的，如果该情节概括到了"偷龙转凤"这一标题时，显然已经属于思想；如果该情节概括到了"福晋无子，侧房施压，为保住地位偷龙转凤"，

❶ 庄某诉郭某某著作权侵权案，北京市高级人民法院（2005）高民终字第 539 号民事判决书。

❷ 陈某诉余某、湖南经视公司、东阳欢娱公司等著作权侵权案，北京市高级人民法院（2015）高民（知）终字第 1039 号民事判决书。

这仍然是文学作品中属于思想的部分；但对于原审判决所认定的包含时间、地点、人物、事件起因、经过、结果等细节的情节，则可以成为著作权法保护的表达，且不属于唯一或有限表达以及公知领域的素材。……陈某对于情节1（偷龙转凤）中的设计足够具体，可以认定为著作权法保护的表达，具体是福晋连生三女无子，王爷纳侧福晋地位受到威胁后，计划偷龙转凤，生产当日又产一女，计划实施，弃女肩头带有印记，成为日后相认的凭据，该情节设计实现了男女主人公身份的调换，为男女主人公长大后的相识进行了铺垫，同时该情节也是整个故事情节发展脉络的起因，上述细节的设计已经体现了独创性的选择、安排。虽然与余某抽象概括的第4、第5层级相比，原审判决中对于情节的认定未概括某些细节，如如眉挑衅映月、将军亲临佛堂施压等，但并未影响该情节属于表达的判断。剧本《宫锁连城》的相应情节与其构成实质性相似。

剽窃的对象也不包括公有领域的素材或成果。公有领域的成果可以由任何人从中汲取创作源泉。

剽窃的对象还应根据"场景原则"排除一部分表达，场景原则指的是作品为了描写或呈现某些特定场景和环境而必不可少的元素，其类似于"基础设施"，是同类场景中必不可少、无法避让的。如吸血鬼题材的小说或影视，均会出现用坟地、棺材渲染气氛，用银器、大蒜驱鬼的内容。❶

因此，《著作权法》上所指的抄袭或剽窃，是在剔除了思想、公有领域素材、必要场景元素后对他人作品的独创性表达进行的抄袭。

案例研讨

武汉光亚诉刘某某等著作权案*

基本案情： 原告认为被告的电影《后来的我们》及其剧本抄袭了其剧本《后来·懂得如何去爱》，原告指出了24处的抄袭，包括：

原告剧本第17A场戏中，男主角温恒公交车上因忘记带钱无钱投币乘车

---

❶ 王迁. 著作权法［M］. 北京：中国人民大学出版社. 2015：51.

* 武汉光亚文化艺术发展有限公司、黄某某与刘某某、叶某某等著作权侵权纠纷案，武汉市中级人民法院2018鄂01民初字第（5015）号民事判决书。

而陷入不得不乖乖下车走人的尴尬境地，先上车的女主角宋词掏钱投币替男主角温恒解围。被告剧本及其电影序幕戏中，列车员查票，女主角小晓因火车票丢失而陷入尴尬境地，男主角见清因拾到了女主角小晓的火车票而帮女主角小晓解围一场戏。

原告剧本第 18 场戏中，两位主角在甜品店内相遇并用目光和眼神相互交流。被告剧本及电影第一场戏中，两位主角在飞机上相遇并用目光与眼神相互交流。

原告、被告均采取的是"从现在回忆过去"的"插叙手法"。

原告、被告均给一位主角安排与设计了一位长辈。原告剧本给女主角安排与设计的是"外婆"这一"女配角"。被告剧本及其电影给男主角安排与设计的是"父亲"这一"男配角"。

原告剧本第 83 场戏中，温恒拿"巧克力"向宋词表达爱意。被告剧本及电影第 16 场戏中，小晓与见清分享"巧克力"，均系安排与设计了一位主角给另一位主角巧克力。

原告安排了"英雄替美女摆平谁谁谁"的情节，被告则安排了"美女替英雄摆平谁谁谁"的情节，从作品的表达上都是"谁替谁摆平谁谁谁"，完全雷同。

被告提出了不侵权的抗辩，认为所涉情节均是爱情题材常见的情节设计。

争议焦点：被告电影剧本是否抄袭了原告的剧本？

司法实务指引：首先应进行思想表达的区分，剔除思想部分；其次判定独创性，重点是过滤创意、素材或公有领域的信息、创作形式、必要场景或有限表达等著作权法保护范围之外的内容，从而明确原告作品中的独创性表达；最后再将被告作品与原告作品中的独创性表达进行比较，判定是否实质相似。以原告主张的故事核心"恋爱、分手、错过、重逢……再也回不到从前"为例，暂且不论原告作品是否能概况为该故事核，即便认可原被告作品均为该故事核，但这种情节属于高度抽象概况的情节，读者或观众根本无法从中产生明确的欣赏体验，感知作品来源，显然属于金字塔的顶端，系最为抽象的思想范畴。……如该案原告关于原告、被告均安排和设计了"一位主角给另一位主角巧克力"的相同情节的主张，即体现了对作品解读后阐述的抽象内容，极具不确定性的问题，且容易引发偏离作品实际的刻意解读倾向。

法院最终认为，原告所主张的被改编和摄制的内容均非著作权法保护范围，不仅如此，原告的多处比对意见实际上已偏离了原告、被告作品的实际内容，有牵强附会之嫌，若依原告之观点，任选两部文学作品，均有可能得出抄袭剽窃之结论，文学艺术创作必将无法进行，有违《著作权法》的立法本意。

3. 剽窃侵权的认定

司法实践中，对抄袭、剽窃的侵权行为采取"接触＋实质相似"的方法进行侵权认定。

接触指的是被告存在接触原告作品的客观可能性。接触的认定不以实质接触为要求，而是推定接触，被诉侵权人依据社会通常情况具有获知权利人作品的机会和可能，可以被推定为接触。一般来说，权利人通过发行、展览、广播等方式将作品公之于众，使得被控侵权人有接触权利人作品的可能性，即可推定"接触"事实的存在。在举证上，著作权人一般要承担证明自己作品先于被告作品发表的举证义务；而被告可以以独立创作为由进行反驳，因此负有证明自己独立创作的举证义务。

实质相似则是在过滤出思想、公有领域素材、必要场景素材以及有限表达后，对被控侵权的作品和著作权人的作品进行对比，如果文字作品在词句的基本组合、情节安排、人物设计上相似，即构成剽窃侵权；如果美术作品、摄影作品在造型、色彩、布局安排的基本组合上实质相似，即构成剽窃侵权；如果视听作品在情节安排、人物设计上相似，即构成剽窃侵权。

在"庄某诉郭某某案"[1] 中，法院对原告主张保护的作品《圈里圈外》（以下简称《圈》）和被控侵权的作品《梦里花落知多少》（以下简称《梦》）进行对比，发现两者存在语句上的相似：《圈》中有"怕什么来什么，怕什么来什么，真的是怕什么来什么"，《梦》中有"怕什么来什么，怕什么来什么，真是怕什么来什么啊!!"《圈》中有"我特了解李穿，她其实是个纸老虎，充其量也就是个塑料的"，《梦》中有"像我和闻婧这种看上去特二五八万的，其实也就嘴上贫，绝对纸老虎，撑死一硬塑料的"。《圈》中有主人公初晓的一段心理活动："（高源）一共就那一套一万多块钱的好衣服还想穿出来显摆，有本事你吃饭别往裤子上掉啊。"这一情节取自生活中常见的往衣服上掉菜汤的素材，同时加上了往高档服装上掉菜汤的元素，因此使其原创性有所提高。相应的，在《梦》中，也有主人公林岚的一段心理活动："我

---

[1] 庄某诉郭某某著作权侵权案，北京市高级人民法院（2005）高民终字第 539 号民事判决书。

看见他那套几万块的 Armani 心里在笑，有种你等会儿别往上滴菜汤。"法院最终认定《梦》中多处主要情节和数十处一般情节、语句系郭某某抄袭庄某《圈》中的相应内容。

相似与否的标准一般采取公众标准，即从普通公众的感知加以判断，判断时既应进行具体对比，也应进行综合、整体判断。

（二）善意侵权

善意指的是不知也不应知自身行为已经构成侵权行为，善意侵权并不免除行为人的侵权责任，仅在侵权责任承担方式上存在一定宽宥。

善意侵权往往在图书出版活动中较为多见。因书稿是作者或著作权人提供，出版社对其加以出版，出版过程中理应对书稿的独创性进行审查，但无奈挂一漏万，出版者不可能完全获知书稿真实来源或其是否抄袭，实践中仅在出版合同中要求著作权人对权利和抄袭进行声明。但一旦出版的图书被认定是侵权作品，如抄袭，出版社也要承担侵权责任。对此《最高人民法院关于审理著作权民事纠纷案件适用法律若干问题的解释》第 20 条规定：出版物侵犯他人著作权的，出版者应当根据其过错、侵权程度及损害后果等承担民事赔偿损失的责任。出版者对其出版行为的授权、稿件来源和署名、所编辑出版物的内容等未尽到合理注意义务的，依据《著作权法》（2010 年）第 49 条的规定，承担赔偿损失的责任。出版者应对其已尽合理注意义务承担举证责任。因此，如果出版者能证明已尽到合理注意义务，可免除其赔偿损失的民事责任，但是应承担停止侵权、赔礼道歉的民事责任。

二、间接侵权

间接侵权指的是行为人并未直接实施专属于著作权人的权利，但是为他人的直接侵权提供了帮助行为或教唆行为。帮助行为多数表现为提供侵权技术工具、侵权场所或侵权的物流、邮寄条件，教唆行为主要表现为以言语、推介技术支持、奖励积分等方式诱导、鼓励网络用户实施侵害行为。帮助和教唆均属于故意。我国著作权相关法律以及《民法典》并没有在条文中使用"间接侵权"的表述，而是以"共同侵权"以及"连带责任"来落实侵权行为帮助人或教唆人的责任问题。

（一）间接侵权的责任基础

间接侵权的成立需要以主观明知或应知为前提，主观无过错的不承担侵权责任，因此间接侵犯著作权的侵权责任适用过错归责原则。《最高人民法院关于审理侵害信息网络传播权民事纠纷案件适用法律若干问题的规定》第6条规定：网络服务提供者能够证明其仅提供网络服务，且无过错的，人民法院不应认定为构成侵权。有过错的，因客观上网络服务提供者和网络用户的共同行为导致了侵权的发生，法律要求其和网络用户承担连带责任。《民法典》第1197条规定：网络服务提供者知道或者应当知道网络用户利用其网络服务侵害他人民事权益，未采取必要措施的，与该网络用户承担连带责任。

间接侵权的行为目前高发于网络环境，这是因为网络环境中提供内容传播服务的主体是网络服务提供者，其建立网站、平台或论坛，为公众提供了一个内容传输、沟通的"虚拟场所"，网民上传了侵权内容固然构成侵权行为，但追究其侵权责任限于实名制、隐私保护和数量庞大等原因并不现实，也不经济。侵权内容借助网络的传播效应往往导致侵害影响范围扩大，侵权持续时间变长，侵害后果不可控，而网络服务提供者对此是有责任的，可能虽非其本意，但客观上有助长之势。

当然，网络服务提供者为了规避侵权风险，理论上可以采取对上传内容进行事前侵权审查的方式，但是事实上因为网民数量巨大，上传内容庞杂，以目前的技术和人力来说还不太现实。同时，考虑到网络经济的正常发展，如果在法律上要求网络服务提供者对上传内容事先审查，则显然使其承担的法律义务过巨，因此，目前我国立法并不要求网络服务提供者在为用户提供链接、存储空间或其他技术服务时进行事先审查。据此，网络服务提供者未对网络用户侵害信息网络传播权的行为主动进行审查的，法院不会认定其具有过错。❶

应当区分的是，网络侵害著作权的行为并不都是间接侵权，也存在直接侵权。如果侵权内容是由网络服务提供者编辑、选择并提供的，则应承担直接侵权的责任。

---

❶ 关于网络服务提供者的事前审查义务目前在欧盟通过立法得到了肯定，2019年3月，欧盟颁布了《欧盟数字单一市场版权指令》（Directive on Copyright and Related Rights in the Digital Singles Market），其第17条即建立了事前规制的制度，网络服务提供者对侵权内容应主动筛查。我国的互联网企业如果业务涉及欧盟成员国的，则需要按照该规定提供网络服务。

（二）间接侵权中过错的认定

网络服务提供者的过错包括知道和应当知道。

"知道"是指在主观上网络服务提供者和网络用户形成了侵权合意，如网络服务提供者主动提供技术手段协助用户侵权，或者以积分、奖励、推介等手段变相鼓励用户侵权。

"应当知道"是指客观上的侵权结果是网络服务提供者和网络用户共同造成的，并且网络服务提供者有能力控制、避免或注意到侵权行为的存在。当网络服务提供者的控制能力越强的时候，其对侵权行为负有的注意义务就越高，尤其是网络服务提供者能从用户行为中获利时。获利方式包括向特定用户收费、分成、定点广告投放等。

案例研讨

李某某诉苹果公司案*

基本案情：被告苹果公司的应用程序商店提供包含原告李某某作品的应用程序下载服务，该程序属于收费程序，价格为 0.99 美金。涉案应用程序并非苹果公司开发，仅在其应用程序商店上架。

争议焦点：苹果公司是否和应用程序的开发方构成共同侵权？

司法实务指引：苹果公司作为 App Store 的运营者，具有对网络服务平台的控制力和管理能力。苹果 iOS 操作系统是个兼容性较差的、相对封闭的操作系统，苹果公司通过包括《已注册的 Apple 开发商协议》和《iOS 开发商计划许可协议》等一系列协议的签署，基本控制了该平台上应用程序开发的方向和标准。苹果公司对于可以在 App Store 上发布的应用程序采取了符合其自身政策需求的选择而无须受到第三方应用开发者的限制，作为 App Store 的运营者，根据其自身规划的商业模式和运营政策及协议条款，对 App Store 网络服务平台具有很强的控制力和管理能力。苹果公司所运营的 App Store 是一个以收费下载为主的网络服务平台，并且在与第三方开发商的协议中，约

---

* 李某某诉苹果公司著作权纠纷案，北京市第二中级人民法院（2012）二中民初字第 2236 号民事判决书。

定了 3∶7 的固定比例直接收益。在无相反证据的情况下，可以合理推断，苹果公司从 App Store 的运营中获取了可观的直接经济利益。综合以上因素，苹果公司应对应用程序负有较高的注意义务。在该案中，苹果公司未适当地履行其注意义务，故对于涉案应用程序的侵权，应承担相应的法律责任。

"应当知道"还需要结合网络服务提供者的具体行为进行认定，《最高人民法院关于审理侵害信息网络传播权民事纠纷案件适用法律若干问题的规定》（法释〔2012〕20 号）第九条规定了几种典型考量因素，包括：

（一）基于网络服务提供者提供服务的性质、方式及其引发侵权的可能性大小，应当具备的管理信息的能力；

（二）传播的作品、表演、录音录像制品的类型、知名度及侵权信息的明显程度；

（三）网络服务提供者是否主动对作品、表演、录音录像制品进行了选择、编辑、修改、推荐等；

（四）网络服务提供者是否积极采取了预防侵权的合理措施；

（五）网络服务提供者是否设置便捷程序接收侵权通知并及时对侵权通知作出合理的反应；

（六）网络服务提供者是否针对同一网络用户的重复侵权行为采取了相应的合理措施；

（七）其他相关因素。

另外，网络服务提供者对热播影视作品等以设置榜单、目录、索引、描述性段落、内容简介等方式进行推荐，且公众可以在其网页上直接以下载、浏览或者其他方式获得的，也属于"应当知道"范畴。

案例研讨

爱奇艺诉华多公司著作权纠纷案*

基本案情：爱奇艺享有电视剧《盗墓笔记》的独家版权，被告华多公司运营直播平台"虎牙直播"，有用户作为主播在其平台上直播涉案电视剧。

＊ 北京爱奇艺科技有限公司诉广州华多网络科技有限公司著作权权属、侵权纠纷及不正当竞争纠纷案，广东省高级人民法院（2018）粤民申 2558 号民事裁定书。

争议焦点：被告华多公司的行为是否构成对用户的帮助侵权？

司法实务指引：第一，华多公司提供的网络平台为直播平台，平台的注册用户数量巨大，月活跃用户上亿人，网络用户在华多公司网站进行直播前并不需要经过华多公司审核。

直播行为具有即时性和随意性，除明显违反国家禁止性法律规定的涉黄赌毒等内容可采取事前添加黑词处理等方式进行部分过滤外，华多公司客观上不可能对注册用户的直播内容进行事前或全程实时审查。

华多公司作为网络服务平台提供者，已经在平台上明确提示网络用户需要尊重他人知识产权并告知涉嫌侵权的法律责任，同时在该平台上提供了版权保护投诉指引，设置了投诉功能等权利保护机制，尽到了事前管理责任。

第二，华多公司网页中有专门的"版权保护指引"栏目，该栏目明确了涉及版权问题的投诉方式及地址、电话等，爱奇艺公司所发的六件通知邮件收件人并非针对华多公司专门处理版权问题的处理部门，并不能及时有效到达华多公司处理版权问题的部门。

此外，网络用户的直播画面均有"投诉"功能，可以在用户直播过程中直接向华多公司投诉，现无证据显示爱奇艺公司在发现涉案直播行为时通过直播画面中的"投诉"功能进行投诉。

华多公司在 2015 年 7 月 3 日收到爱奇艺公司的侵权通知后，积极处理了涉案主播并及时对涉案作品关键词"盗幕笔记"进行了添加黑词处理，其处置措施并无失当之处。

第三，主播在利用华多公司网站进行直播的过程是按照网站事先设置的流程进行的，直播的涉案作品根据主播捕捉屏幕框的大小决定内容，但对于视频中的水印均未加修改地呈现。

即现有证据不能证明华多公司存在对用户直播的涉案作品进行人工审核、编辑、修改、推荐等行为。

第四，在 www. yy. com 上注册用户及发布内容均不需要向华多公司支付费用，他人浏览该网站上所发布的内容不需要支付任何费用，华多公司亦未针对被诉直播行为投放广告获取利益，爱奇艺公司取证的内容亦未反映出涉案直播用户被观众打赏，因此华多公司没有从涉案直播中获得经济利益。

第五，虽然涉案作品是国家版权局于 2015 年 6 月 1 日在官网上发布的《2015 年度第三批重点影视作品预警名单》之一，但现实生活中的权利类型、内容纷繁复杂，华多公司作为技术服务提供者无法预见可能被侵权的内容或者侵权人可能会采取的侵权方式。并且，华多公司网站经营内容主要是游戏、娱乐直播，未设置影视剧栏目，在双方网站运营内容不一致的情况下，因涉案作品是重点影视作品之一便认为华多公司应当知道其提供的直接平台可能存在侵权行为，显然不当地加重了华多公司的审查义务。

综上，法院认为华多公司主观上在事前并无过错，客观上在事后采取了补救措施，其行为不应当认定构成帮助侵权。

对于网络服务提供者，上述法律规定的价值出发点是既应保护著作权，亦应坚守诚信，充分考虑网络服务提供者系为他人信息传播提供中介服务的特点，在促进网络行业健康发展与保护权利人合法权益之间寻找合适的平衡点，不能失之过严，也不能操之过宽。

（三）不知也不应知时的"避风港"规则

如果网络服务提供者在提供链接、存储空间等服务时，确实不知也不应知用户侵权的，则依照"避风港"规则确认是否承担侵权责任。"避风港"规则一方面可以免除无过错的网络服务提供者的侵权责任，另一方面使著作权人也获得了及时制止侵权的机会。"避风港"规则的核心就是"通知—采取措施"。

1. 通　　知

著作权人或邻接权人发现网络侵权内容后，可以向网络服务提供者发出侵权通知，通知应采取书面形式或者网络服务提供者公示的投送形式。侵权通知中应当包含：

（1）权利人的姓名（名称）、联系方式和地址；

（2）要求删除或者断开链接的侵权作品、表演、录音录像制品的名称和网络地址；

（3）构成侵权的初步证明材料。

符合上述规则的通知为有效通知，效力体现在网络服务提供者应当对侵权内容及时采取措施，否则其应承担连带责任；通知的形式不合法或内容不完整、不准确则不会产生上述效力。

案例研讨

泛亚诉百度著作权案[*]

基本案情：被告百度提供音乐搜索服务，原告泛亚公司认为百度的搜索结果页面中包含了未经其授权的音乐链接，原告向百度先后发出了两种通知：第一种通知包含九份公函，列明了权利证明、歌曲名、词曲内容、作者名称，以及泛亚公司查找到的具体链接地址共 1848 条内容；第二种通知为律师函形式，附有《歌曲清单》，列明了歌曲名、词曲内容及作者、版权登记号，并附有演唱录音的光盘，但是未将每首歌曲的演唱者与歌曲名对应，未指明具体侵权链接地址。百度公司接到泛亚公司第一种通知后，已将通知中明确列明的针对涉案 351 首歌曲所在的第三方网站的具体 MP3 链接地址全部删除。对于第二种通知，百度没有进行删除。

争议焦点：原告的通知是否有效，以及被告是否及时履行了删除义务？

司法实务指引：对于第一种通知，原告、被告双方无异议，法院亦认定被告履行了及时删除的义务，可以免责。对于第二种通知，泛亚公司要求删除或屏蔽与其主张权利的歌曲有关的所有侵权链接，因此百度公司应按照第一种通知中提示的查找侵权歌曲网址的办法确定第二种通知中涉及的侵权歌曲的网址，百度网讯公司、百度在线公司负有查找侵权作品的义务。可见，争议焦点在于，第二种通知是否能够产生效力并据此追究被告百度公司的侵权责任。

法院认为：由于泛亚公司已经许可其他网站或者机构在互联网上传播涉案歌曲；就 MP3 搜索而言，搜索引擎的现有技术尚无法实现根据音频文件内容来进行搜索，只能基于关键词进行搜索。在此情况下，如果将泛亚公司主张权利的涉案 351 首歌曲按照歌曲名称进行屏蔽，可能会损害其他被许可人的合法权利；如果将歌曲名称作为关键词进行屏蔽或删除，亦可能损害他人的合法权利，出现删除或屏蔽错误的情形。更重要的是，该种通知不符合《信息网络传播权保护条例》第 14 条关于通知要件的要求。据此，对此泛亚

---

[*] 浙江泛亚电子商务有限公司与北京百度网讯科技有限公司、百度在线网络技术（北京）有限公司侵犯著作权纠纷案，北京市高级人民法院（2007）高民初字第 1201 号民事判决书，最高人民法院（2009）民三终字第 2 号民事判决书。

公司应负有一定的责任。作为著作权人，泛亚公司最了解其作品，最有条件提供合适的信息以便于搜索引擎服务提供者可以相对准确地屏蔽相关侵权链接。根据查明的事实，泛亚公司提供的歌曲名与搜索结果之间的关联性存在多种情况，差别较大，很多同名歌曲与泛亚公司无关。在律师公函中，泛亚公司并未提供歌曲的演唱者，仅凭歌曲名称显然不能达到准确过滤的效果。因此，法院没有直接认定百度公司因没能移除第二种通知中的内容而应承担责任。但是，法院同时指出，在收到第二种通知后，被告百度公司负有和原告联系从而对具体侵权地址再次确认的义务，因百度公司没有积极履行这一义务，法院认定其对侵犯泛亚公司权利的作品继续传播所导致的损失应负有一定的责任。

2. 采取措施

经网络服务提供者审查，对于有效通知，网络服务提供者应当及时对通知中的侵权地址采取措施。采取的措施包括：一方面针对侵权内容，应删除、屏蔽或断开地址、链接或页面；另一方面针对通知本身，应当进行转送或公告。转送是向提供侵权内容的主体进行转送。如果其联系信息不明，则应当将通知的内容同时在网络上公告。

上述措施的采取应当是"及时"的，是否"及时"，一般根据权利人提交通知的形式，通知的准确程度，采取措施的难易程度，网络服务的性质，所涉作品、表演、录音录像制品的类型、知名度、数量等因素综合判断。及时采取了上述措施，则网络服务提供者不承担侵权责任；采取措施不及时，网络服务提供者就依然无法从侵权责任中解脱出来，其应对收到通知后产生的侵权承担连带责任。

案例研讨

新梨视频诉字节跳动著作权纠纷案*

基本案情： 原告新梨视频对涉案视频《从植物中长出的高楼，宛如空中森林》享有著作权，在被告运营的网站上，网名为"葡萄没有架"的头条号

---

* 上海新梨视网络科技有限公司诉北京字节跳动科技有限公司侵害录音录像制作者权纠纷案，上海知识产权法院（2020）沪73民终76号民事判决书。

未经许可在线提供了涉案视频。该头条号由王某某实际运营，"葡萄没有架"是其网名。原告发现侵权事实后，先后三次于 2017 年 5 月 2 日、5 月 3 日及 5 月 10 日通过网站及邮件通知的方式向字节跳动公司就用户"葡萄没有架"发布的具体侵权视频进行了投诉，字节跳动公司也对上述具体的侵权视频链接在几日的时间内采取了删除的措施。除了删除具体侵权视频链接的投诉要求，在上述 5 月 3 日的投诉通知中，新梨视公司还要求字节跳动公司采取有效或者合理措施杜绝类似情形再次发生；在 5 月 10 日的投诉中，更是提出鉴于用户"葡萄没有架"在已被投诉并删除了累计多次的侵权视频后又再次上传了更多的侵权视频的情况，明确要求字节跳动公司除删除侵权视频外，还要对用户"葡萄没有架"作出封禁账号的处理。但字节跳动公司直到两个多月后才对其进行封号。

争议焦点：被告字节跳动公司采取封号措施是否及时？

司法实务指引：被告字节跳动公司具有封禁账号的技术能力，封禁账号也是日常管理活动中可采取的常规措施。网络服务提供者采取措施是否及时直接关系侵权行为能否被及时制止、损害后果能否及时得到控制。之前字节跳动删除侵权视频是在收到侵权通知后的 8 天内，可见，几日的期限应是字节跳动公司知道侵权信息后作出有效应对的合理期限。但字节跳动公司直至两个多月后才对用户"葡萄没有架"作出封禁账号的处理，以至于该网络用户在此期间又上传了涉案侵权视频。依照实践中的一般经验，封禁账号对于字节跳动公司已有的技术能力来说并不会比删除侵权内容更为复杂或者难以操作。

字节跳动公司未举证证明其存在需要远多于几日的时间采取封禁账号措施的合理理由，亦未提供证据证明在此期间其针对该网络用户已经尽到了较之以往更高的注意义务，或者采取了与封禁账号措施同等效果的合理、必要的其他措施，其主观上存在过错。据此，被告字节跳动公司未采取必要措施，导致侵权行为再次发生，主观上具有过错，客观上帮助了网络用户"葡萄没有架"实施侵权行为，构成帮助侵权行为，应当承担相应的侵权责任。

3. 反　通　知

"反通知"指的是接到网络服务提供者转送的侵权通知的网络用户或对象有机会说明其行为不构成侵权。《信息网络传播权保护条例》第 16 条规定：服务对象接到网络服务提供者转送的通知书后，认为其提供的作品、表演、录音录像制品未侵犯他人权利的，可以向网络服务提供者提交书面说明，要求恢复被删除的作品、表演、录音录像制品，或者恢复与被断开的作品、表演、录音录像制品的链接。

"反通知"的书面说明中应当包含：

（1）服务对象的姓名（名称）、联系方式和地址；

（2）要求恢复的作品、表演、录音录像制品的名称和网络地址；

（3）不构成侵权的初步证明材料。

网络服务提供者接到"反通知"后，应当及时恢复链接或页面内容，同时应将其再转送给权利人。如果著作权人仍然认为相应页面内容或链接构成侵权，应该着手起诉。❶

综上，《著作权法》和《信息网络传播权保护条例》构建了一个以网络服务提供者为中心的初步侵权审查流程，在这一流程中，网络服务提供者承担了认定侵权成立与否的初步职责，为避免自身承担间接侵权的风险或者错误删除的责任，网络服务提供者应与著作权人和服务对象通过"通知"这一方式充分沟通，秉持审慎原则进行处理。

（四）网络服务提供者不构成侵权的情形

有些网络服务提供者在网络环境中仅提供基础的网络技术服务，依法可以直接免除侵权责任。这些技术服务包括网络自动接入服务和自动传输服务，如网络运营商、下载工具的开发商等均属此类，其是否应承担侵权责任还应取决于以下条件：

（1）未选择并且未改变所传输的作品、表演、录音录像制品；

（2）向指定的服务对象提供该作品、表演、录音录像制品，并防止指定的服务对象以外的其他人获得。

---

❶ 目前《信息网络传播权保护条例》中关于网络服务提供者何时应终止采取措施或者恢复链接或页面内容的规定和《民法典》的规定不同。《民法典》第1196条规定：网络用户接到转送的通知后，可以向网络服务提供者提交不存在侵权行为的声明。声明应当包括不存在侵权行为的初步证据及网络用户的真实身份信息。网络服务提供者接到声明后，应当将该声明转送发出通知的权利人，并告知其可以向有关部门投诉或者向人民法院提起诉讼。网络服务提供者在转送声明到达权利人后的合理期限内，未收到权利人已经投诉或者提起诉讼通知的，应当及时终止所采取的措施。根据上位法优先和新法优先的原则，终止采取措施应该在权利人合理期限内未向网络服务提供者提交行政投诉或诉讼通知时采用。

实务视角

侵权警告函

著作权人遭受侵权时，发送侵权警告函是常见的，也是最初的维权手段之一。发送侵权警告函属于著作权人的私力救济手段，其既可以亲自发送，也可以委托律师事务所发送。侵权警告函能在一定程度上实现停止侵权的效果，如果被函告方主动停止了侵权行为，不但可以防止著作权人损失的进一步扩大，而且可以在一定程度上避免诉讼的发生，降低维权成本。

一、侵权警告函的功能

1. 区分故意侵权

侵权警告函具有辨别故意侵权的功能。侵权警告函只要到达被函告人，则其后续的侵权行为即可被认定为属于明知或应知状态下的侵权行为，即后续的继续侵权行为属于故意侵权，如在"上海道升信息技术有限公司、东方有线网络有限公司与西安佳韵社数字娱乐发行有限公司侵害作品信息网络传播权纠纷案"❶中，法院在评价被告是否构成帮助侵权时，要求原告举证证明被告具有主观过错，但是在该案中，原告佳韵社公司并未提交有效证据证明被告东方公司具有明知的主观故意，例如存在对于侵权警告函不予理睬或者对重复侵权行为视而不见等情况，据此，法院没有认定被告具有主观过错。反之，如果该案原告发送过侵权警告函，被告就可以被认定为帮助侵权从而承担侵权责任。此外，侵权警告函通过证明被函告方的故意侵权还使惩罚性损害赔偿具有了适用可能。惩罚性损害赔偿的适用要件之一即侵权行为人属故意侵权，在《最高人民法院关于审理侵害知识产权民事案件适用惩罚性赔偿的解释》中，"被告经原告或者利害关系人通知、警告后，仍继续实施侵权行为的"，即被规定为"故意"的认定情形之一。

2. 成为诉讼时效开始计算的明确起点

侵害著作权的诉讼时效为三年，从权利人知道或应当知道开始计算。实务中，能够证明著作权人知道或应当知道发生侵权行为的证据之一即侵权警

---

❶　上海道升信息技术有限公司、东方有线网络有限公司与西安佳韵社数字娱乐发行有限公司侵害作品信息网络传播权纠纷案，上海知识产权法院（2015）沪知民终字第456号民事判决书。

告函。

3. 法定赔偿的酌定因素之一

法定赔偿主要适用于著作权人的损失、侵权行为人违法所得或著作权许可费均无法证明和查实的情形，因著作权侵权案件存在客观上的举证难度，我国著作权侵权案件适用法定赔偿的比例较大。法定赔偿兼具补偿性和惩罚性功能，因此法院适用法定赔偿的考量因素通常包括：作品自身的价值、侵权的性质、侵权的具体情节等。当著作权人发出侵权警告函，而被函告方依然未停止侵权时，这一情节就会影响其可能承担的损害赔偿金。如"珠海云迈网络科技有限公司与优酷信息技术（北京）有限公司侵害作品信息网络传播权纠纷案"❶ 中，二审法院认为一审法院综合考虑涉案电视剧市场影响力、优酷公司获得授权的成本、涉案电视剧在优酷网短时间内获得较高的点播量、涉案应用在涉案电视剧首播时的安装量，以及东来公司收到侵权警告函仍不停止侵权等因素，酌定东来公司赔偿优酷公司经济损失 50 万元，符合法律规定。

4. 产生"通知—采取措施"的效果

在涉及电子商务平台上的著作权侵权行为以及提供空间存储、定位服务的网络服务提供者侵权责任时，著作权人依法可以发出侵权通知，接到侵权通知的电子商务平台或网络服务提供者应当及时采取措施并将通知转送给被投诉主体，因此侵权警告函的内容符合侵权通知法定要求的，能够起到在正式起诉前侵权作品"暂时"下架的效果。

二、侵权警告函的内容

（1）著作权人的身份、权利证明以及联系方式。

（2）清晰描述涉嫌侵权的作品、表演、制品等及其名称。如果作品存在于互联网中，还应包含具体网址。多个作品的，应按序罗列。

（3）涉嫌侵权的具体行为，一方面应清晰说明相应行为未经许可；另一方面应阐明相应的法律规定，明确被函告方涉嫌侵权的法律依据，包括法律、法规、司法解释的具体名称和对应条文内容。

（4）表明对于侵权的态度和希望被函告方采取的措施，如应立即停止侵

---

❶ 珠海云迈网络科技有限公司与优酷信息技术（北京）有限公司侵害作品信息网络传播权纠纷案，北京知识产权法院（2019）京73民终967号民事判决书。

权、商品下架等，同时给出清晰时限以及反馈方式。

（5）告知侵权后果，包括带给著作权人的损失以及继续侵权导致的损失扩大情况；被函告方可能承担的民事责任、刑事责任和行政责任，可以列明相应法律依据。

（6）侵权警告函应采取书面形式，采用法定邮寄投送方式投送至被函告方公开的地址。

三、侵权警告函的风险

侵权警告函的内容应客观，著作权人应避免虚构事实、避免夸大事实、避免产生误导。侵权警告函中不得采用威胁、恐吓的用语，否则著作权人可能会承担权利滥用甚至诽谤所导致的法律后果。

侵权警告函应投送至侵权行为人或者发生侵权行为的电商平台、网络服务提供者，一般不应向公众发送，以避免影响范围过大，超出合理维权的界限。

实务视角

对侵权行为的取证

著作权侵权诉讼中，著作权人承担证明存在侵权行为的举证责任，因此，需要对著作权侵权行为进行证据固定，基本的取证方式包括著作权人自行取证、委托公证机关对证据进行公证、通过行政投诉取证以及申请法院进行证据保全。以下结合这些取证方式对如何取证进行介绍。

一、著作权人自行取证

著作权人自行取证包括亲自取证以及委托律师事务所代为取证。如果侵权行为涉及侵权复制品或衍生品的，如侵犯复制权、发行权、出租权、改编权、汇编权、翻译权、摄制权等行为，则一般从公开市场中购买一份侵权复制品或衍生品，同时保留好购买路径、时间、数量、物流信息、支付方式以及发票或收据，要注意发票或收据上的公章应和侵权行为人身份一致，否则无法起到证明侵权行为人实施侵权的证明效力。

如果侵权行为涉及的是表演、展览、放映、广播等行为，通常可以对发生这些侵权行为的场所进行取证，具体包括场所地点、门牌号、传播侵权作品的设备信息、场所内的相关标价等，通常采用拍摄方式固定上述证据。

如果侵权行为发生在网络中，如侵害信息网络传播权或者广播权的，则需要对侵权网页或客户端进行取证，应包括涉嫌侵权网页或客户端从打开或进入直至出现侵权作品的全部信息，还应包括侵权作品能够在线浏览、播放或下载的相关操作，重点是侵权作品所处的网址信息，通常采用录屏或截图的方式固定上述证据。另外，涉嫌侵权网页的运营主体信息可以通过工信部备案查得，客户端则通常可在其"设置"菜单中获得运营主体信息。

目前，对于发生在网络中的侵权行为，著作权人还可以采用电子存证平台对电子证据进行证据保全。《最高人民法院关于互联网法院审理案件若干问题的规定》第11条第2款规定，当事人提交的电子数据，通过电子签名、可信时间戳、哈希值校验、区块链等证据收集、固定和防篡改的技术手段或者通过电子取证存证平台认证，能够证明其真实性的，互联网法院应当确认。据此，著作权人可以选择依法委托具备相应资质的电子存证平台对网络上的电子数据进行取证。

二、委托公证部门进行公证取证

上述取证场景均可委托公证部门取证，《中华人民共和国民事诉讼法》第72条规定，经过法定程序公证证明的法律事实和文书，人民法院应当作为认定事实的根据，但有相反证据足以推翻公证证明的除外。《中华人民共和国公证法》第36条规定：经公证的民事法律行为，有法律意义的事实和文书，应当作为认定事实的根据，但有相反证据足以推翻该项公证的除外。可见，公证取证获得的证据效力更强，同时取证过程也会更为专业，因此成为目前知识产权领域最常见的取证方式。

公证取证时，公证人员一般使用公证处的拍摄设备、记录设备或电脑等存储设备对上述取证场景的全过程和相关侵权复制品、衍生品加以记录，再由公证员封存完好并在外包装上标注封存时间、公证书编号等信息后才能交由申请人保存，同时申请人应当检查封存物品上粘贴的封条是否盖有公证处的骑缝章以及是否注明了公证书文号。公证产品在保存过程中应防止封条破损、脱落，以免丧失证据效力。网上侵权信息经公证取证后，则一般刻录光盘后由公证处封存于公证书中。

三、通过行政投诉取证

我国对知识产权保护采用"司法＋行政"双轨制，《著作权法》第53条规定了侵权行为损害公共利益的应承担行政责任，因此著作权人可以利用行政高效的特点通过行政机关执法固定侵权证据。行政执法可以依著作权人申请而启动调查程序。一旦启动行政程序，行政执法机关可以主动采取措施收集、调查证据，并采取查封、扣押侵权产品等行政强制措施，处罚款、没收违法所得等行政处罚。特别是对于权利人因客观原因无法自行收集侵权证据的案件，如固定侵权现场等，可以请求行政机关处理。通过行政强制力的介入，可以减轻权利人的举证负担，行政处罚决定书等文书也可以作为民事诉讼中的重要证据。

四、申请法院进行证据保全

证据保全本身属于诉前和诉中对权利人进行临时救济的一种司法措施。《民事诉讼法》第84条规定：在证据可能灭失或者以后难以取得的情况下，当事人可以在诉讼过程中向人民法院申请保全证据，人民法院也可以主动采取保全措施。因情况紧急，在证据可能灭失或者以后难以取得的情况下，利害关系人可以在提起诉讼或者申请仲裁前向证据所在地、被申请人住所地或者对案件有管辖权的人民法院申请保全证据。《最高人民法院关于民事诉讼证据的若干规定》第27条第2款规定，根据当事人的申请和具体情况，人民法院可以采取查封、扣押、录音、录像、复制、鉴定、勘验等方法进行证据保全，并制作笔录。经证据保全获得的证据在侵权诉讼中可以直接使用。

实务视角

著作权侵权案件中的抗辩事由

一、主体方面的抗辩

（1）主体不适格，包括作品上的署名和原告姓名不一致；相关证据不能证明原告为涉案作品著作权人。

（2）授权链条不完整，如果原告提交证据的授权链条有中断，如被许可人名称不一致、授权许可的时间不连贯等，都表明授权瑕疵，从而无法证明原告获得著作权人的专有性许可；此外，如果原告获得的是非专有性许可，则没有诉权。

（3）原告仅为作品物质载体所有权人，作品物质载体的所有权人并不等于作品的著作权人，若原告提交的证据仅能证明其所有权人的身份，则其主体不适格。

二、作品权利有效性抗辩

（1）涉案对象不具有独创性或不属于著作权保护范围，具体内容包括涉案对象属于常见或惯常表达，无法体现个性特征；涉案对象为单纯的事实消息、法律法规及其官方译文、立法、数表、通用表格等；涉案对象具有实用功能，且其实用功能无法和美学表达相分离。

（2）原告主张保护的并非表达而是思想，或者原告主张保护的属于有限表达。

（3）原告主张保护的是公有领域的惯常表达，或者依照场景原则，属于必要场景描述，否则无法传达信息。

（4）涉案作品已过著作权保护期。

三、不侵权抗辩

（1）独立创作，在抄袭侵权案件中，被告如能对创作底稿、过程文档进行举证，可以证明自身为独立创作，则不构成侵权；或者可以举证自身创作早于原告主张保护的作品也可以实现同一目的。

（2）和原告作品相比不构成实质相似，在抄袭侵权案件中，如果原告、被告作品相比较后，发现两者的表达不构成实质相似，则被告不构成侵权。

（3）合理使用，详见本书第六章"合理使用"。

（4）涉案行为未落入原告主张的具体著作权，著作权能规制的行为并不是无限的，作为法定权利，相应行为必须为某项具体著作权所纳入才构成侵权，因此，被告可以说明并举证涉案行为不侵犯《著作权法》第10条的任一著作权权利。

四、复制品出版者、制作者、出租者的合法来源抗辩

根据《著作权法》第59条和《最高人民法院关于审理著作权民事纠纷案件适用法律若干问题的解释》第19条规定，复制品的出版者、制作者不能证明其出版、制作有合法授权的，复制品的发行者或者视听作品、计算机软件、录音录像制品的复制品的出租者不能证明其发行、出租的复制品有合法来源的，应当承担法律责任。在诉讼程序中，被诉侵权人主张其不承担侵权责任的，应当提供证据证明已经取得权利人的许可，或者具有著作权法规定的不经权利人许可而可以使用的情形。

第二节 著作权的民事保护

著作权的民事保护通过提起著作权民事诉讼实现，著作权民事诉讼由依法具有管辖权的法院受理，在著作权侵权的民事诉讼中，我国当前的法律为著作权人提供了诉前救济以防止侵权损害的进一步扩大；侵权被认定后要求行为人承担民事责任，以实现对权利人的保护。

一、著作权民事案件的管辖

民事案件中的首要程序问题是确定管辖权。实务中，著作权民事案件往往会出现管辖权异议，并由此增加程序上的时间成本，因此合理确定管辖权对于当事人有效解决纠纷至关重要。根据民事诉讼程序的一般原理，通常著作权民事诉讼的管辖分为地域管辖和级别管辖两个层面。同时，知识产权领域还存在专属管辖的规定，包括知识产权法院的专属管辖和互联网法院的专属管辖，因此著作权案件的管辖问题比较复杂。从实务角度来说，确定著作权民事案件管辖时会遵从从特殊到一般的判断过程，因此，以下先从特殊的情况即专属管辖开始，再介绍一般的情况。

（一）专属管辖

1. 知识产权法院的专属管辖情形

2014 年，最高人民法院颁布了《最高人民法院关于北京、上海、广州知识产权法院案件管辖的规定》（法释〔2014〕12 号），上述三个城市设立专门的知识产权法院，对市辖区范围内的知识产权相关案件进行专属管辖，知识产权法院的审级相当于中级人民法院。其中涉及著作权的案件包括计算机软件的民事和行政一审案件由北京、上海、广州知识产权法院审理，具体包括计算机软件侵权纠纷、计算机软件著作权权属纠纷、计算机软件著作权合同纠纷以及确认不侵害计算机软件著作权纠纷。这类案件的一审管辖无论诉讼标的额大小。

对于计算机软件著作权一审判决不服提起上诉的，根据 2018 年《最高人民法院关于知识产权法庭若干问题的规定》（法释〔2018〕22 号），当事人应直接上诉至最高人民法院知识产权法庭。

除北京、上海、广州三地外，其他地区的计算机软件著作权案件依然按照一般的管辖规则确定审理法院。

2. 互联网法院的专属管辖情形

2018 年，最高人民法院颁布了《最高人民法院关于互联网法院审理案件若干问题的规定》（法释〔2018〕16 号），互联网法院采取在线方式审理案件，案件的受理、送达、调解、证据交换、庭前准备、庭审、宣判等诉讼环节一般应当在线上完成。我国目前建立了北京互联网法院、杭州互联网法院和广州互联网法院，管辖市辖区内的相关案件，互联网法院的审级相当于基层人民法院。根据该规定第 2 条：在互联网上首次发表作品的著作权或者邻接权权属纠纷；在互联网上侵害在线发表或者传播作品的著作权或者邻接权而产生的纠纷由互联网法院专属管辖。因此在这三个城市的市辖区范围内，作品的发表行为或信息网络传播行为、邻接权保护对象的信息网络传播行为只要发生在互联网中，由此引起的权属、侵权纠纷的一审案件便由互联网法院管辖。

不服互联网法院一审判决的，当事人应按所处辖区上诉，对北京互联网法院作出的著作权判决、裁定上诉案件，因北京同时存在知识产权法院的专属管辖，这类上诉案件由北京知识产权法院审理。当事人对广州互联网法院作出的著作权判决、裁定提起上诉的案件，同理因广州知识产权法院的专属管辖由广州知识产权法院审理。当事人对杭州互联网法院作出的判决、裁定提起上诉的案件，由杭州市中级人民法院审理。

未设置互联网法院的地区仍按照一般的管辖规则确定审理法院。

（二）地域管辖

除上述专属管辖的情形外，著作权案件的地域管辖根据侵权纠纷、权属纠纷和合同纠纷的不同依照以下方式确定。

对于著作权侵权纠纷，根据《最高人民法院关于审理著作权民事纠纷案件适用法律若干问题的解释》（2020 年修正，以下简称《著作权司法解释》）第 4 条规定：因侵害著作权行为提起的民事诉讼，由《著作权法》第 47 条、

第 48 条所规定侵权行为的实施地、侵权复制品储藏地或者查封扣押地、被告住所地人民法院管辖。前款规定的侵权复制品储藏地，是指大量或者经常性储存、隐匿侵权复制品所在地；查封扣押地，是指海关、版权等行政机关依法查封、扣押侵权复制品所在地。

对于两个以上人民法院都有管辖权的诉讼，原告可以向其中一个人民法院起诉；原告向两个以上有管辖权的人民法院起诉的，由最先立案的人民法院管辖。

侵害信息网络传播权的民事纠纷案件地域管辖规则另有规定，《最高人民法院关于审理侵害信息网络传播权民事纠纷案件适用法律若干问题的规定》（法释〔2020〕19 号）第 15 条规定：侵害信息网络传播权民事纠纷案件由侵权行为地或者被告住所地人民法院管辖。侵权行为地包括实施被诉侵权行为的网络服务器、计算机终端等设备所在地。侵权行为地和被告住所地均难以确定或者在境外的，原告发现侵权内容的计算机终端等设备所在地可以视为侵权行为地。而根据《最高人民法院关于适用〈中华人民共和国民事诉讼法〉的解释》（法释〔2022〕11 号，以下简称《民事诉讼法司法解释》）第 25 条规定：信息网络侵权行为实施地包括实施被诉侵权行为的计算机等信息设备所在地，侵权结果发生地包括被侵权人住所地。据此，侵害信息网络传播权的案件有管辖权的法院包括：侵权行为地即实施侵权行为时的计算机终端设备所在地、被侵权人住所地、被告所在地。但对于发现侵权内容的计算机终端等设备所在地和网络服务器所在地能否作为地域管辖依据，则存在不同看法，根据最高人民法院所编《民事审判实务问答》，原告发现的侵权信息地不宜作为侵权行为地。理由是：第一，由于网络互通性强，任何能够接入网络的地点，都可以成为侵权行为发现地，连结点过多，管辖法院随意性较大。第二，以发现地为侵权行为地则将管辖法院的决定权完全授予原告，甚至有些原告为争夺有利管辖法院而人为制造连结点，这对被告而言显然不公平。第三，民事案件的管辖要符合"两便原则"，而且连结点应当与纠纷有实际关联性，而以发现地为侵权行为地将导致管辖标准极不明确，极易引发管辖争议。第四，对于网络侵权案件有必要对侵权行为地进行限制，极难确定侵权行为实施地的，以原告住所地作为侵权行为地中的侵权结果地，与被告住所地的人民法院共同有管辖权，这样既可以方便确定管辖法院，也有利于方便诉讼进行。❶ 网络服务器所在地存在同样的模糊或者随意的问题。

对于著作权权属纠纷，往往同时会涉及侵权认定，此时即适用前述侵权纠纷的地域管辖规则；如果仅仅是单纯的权属纠纷，包括请求法院认定职务作品权属、委托作品权属的，则由被告住所地人民法院管辖。

对于著作权合同纠纷，《著作权法》第 61 条规定：当事人因不履行合同义务或者履行合同义务不符合约定而承担民事责任，以及当事人行使诉讼权利、申请保全等，适用有关法律的规定。《民事诉讼法》第二十四条规定：因合同纠纷提起的诉讼，由被告住所地或者合同履行地人民法院管辖。《民事诉讼法司法解释》第 18 条规定：合同约定履行地点的，以约定的履行地点为合同履行地。合同对履行地点没有约定或者约定不明确，争议标的为给付货币的，接收货币一方所在地为合同履行地；交付不动产的，不动产所在地为合同履行地；其他标的，履行义务一方所在地为合同履行地；即时结清的合同，交易行为地为合同履行地；合同没有实际履行，当事人双方住所地都不在合同约定的履行地的，由被告住所地人民法院管辖。

据此，著作权许可合同、转让合同、委托创作合同、合作创作合同、改编合同等约定了管辖法院的，从约定，当事人可以书面约定选择被告住所地、合同履行地、合同签订地、原告住所地、标的物所在地等与争议有实际联系的地点的人民法院管辖；没有约定的，一方面，被告住所地法院有管辖权；另一方面，则需要确定委托、合作和改编合同等不同著作权合同的履行义务方及其所在地，履行义务方通常为承担创作或改编作品义务的一方；著作权许可和转让合同的履行义务方通常为具体实施合同授予著作权的一方。

（三）级别管辖

《著作权司法解释》第 2 条规定：著作权民事纠纷案件，由中级以上人民法院管辖。各高级人民法院根据本辖区的实际情况，可以报请最高人民法院批准，由若干基层人民法院管辖第一审著作权民事纠纷案件。目前我国已经有较多基层法院经前述程序取得了第一审著作权案件的管辖权。如上海市各区的基层法院均有著作权案件的管辖权，且不受诉讼标的额限制；北京市东城区、西城区、朝阳区、海淀区、石景山区和丰台区有权跨区管辖一审的

---

❶ 最高人民法院民事审判第一庭. 民事审判实务问答［M］. 北京：法律出版社，2021：270 - 272.

著作权案件，且不受诉讼标的额限制。关于目前全国基层法院对知识产权案件的管辖权，详见 2022 年 4 月 21 日发布的《最高人民法院关于印发基层人民法院管辖第一审知识产权民事、行政案件标准的通知》❶。

另外，因前述有知识产权法院专属管辖，北京、上海和广州的基层人民法院审理的一审著作权案件当事人提起上诉的，均应上诉至三个城市的知识产权法院。其他地区由基层人民法院审理的一审著作权案件则上诉至对应辖区的中级人民法院。

二、诉前救济措施

诉前救济措施指的是为了及时制止侵权行为，防止损失进一步扩大，著作权人可以在起诉前就向法院提出相应申请，由法院进行审查以决定是否采取的制度。TRIPS 第 50 条建立了"临时措施"的规则，包括临时禁令和证据保全。我国自 2001 年加入世界贸易组织以后，即在国内的知识产权法律中建立了相应规则，这些法律既包括知识产权领域的单行法及其相关司法解释，也包括《民事诉讼法》及其司法解释。目前我国《著作权法》第 56 条规定：著作权人或者与著作权有关的权利人有证据证明他人正在实施或者即将实施侵犯其权利、妨碍其实现权利的行为，如不及时制止将会使其合法权益受到难以弥补的损害的，可以在起诉前依法向人民法院申请采取财产保全、责令作出一定行为或者禁止作出一定行为等措施。上述措施分别是财产保全措施和行为保全措施。第 57 条则确立了证据保全措施。

（一）财产保全

财产保全是对侵权行为人的财产采取查封、扣押、冻结或其他方法，以防止行为人隐匿或转移财产以逃避侵权的赔偿责任。

权利人或利害关系人可以向法院提出财产保全的申请，同时应提交不采取措施其就会遭受无法弥补的损害的证明，有权受理财产保全的法院包括被保全财产所在地法院、被申请人住所地法院或其他对著作权案件有管辖权的法院。

---

❶　参见最高人民法院网站：https：//www. court. gov. cn/zixun - xiangqing - 355831. html

权利人或利害关系人申请财产保全应当提供担保，以防止恶意申请或错误申请给他人造成损失的情形。担保金额应当和被保全的财产相当。

法院在受理了财产保全申请后，应当在四十八小时内作出裁定，裁定采取保全措施的，应当立即开始执行。

财产保全的申请人在法院采取保全措施后三十日内应当提起相关著作权诉讼，不依法提起诉讼或者申请仲裁的，法院解除保全。

（二）行为保全

行为保全即著作权人针对情况紧急或可能造成难以弥补的损害的侵权行为，可以申请法院采取责令作出或责令停止相关行为。

对于所谓的"情况紧急"，《最高人民法院关于审查知识产权纠纷行为保全案件适用法律若干问题的规定》（法释〔2018〕21号）第6条规定了下列情形：

（1）申请人的商业秘密即将被非法披露；

（2）申请人的发表权、隐私权等人身权利即将受到侵害；

（3）诉争的知识产权即将被非法处分；

（4）申请人的知识产权在展销会等时效性较强的场合正在或者即将受到侵害；

（5）时效性较强的热播节目正在或者即将受到侵害；

（6）其他需要立即采取行为保全措施的情况。

情况是否紧急，法院还会结合权利类型和稳定性考量；并且还会进行损害衡量，包括不采取保全措施可能给著作权人造成的损害和影响和采取措施可能给被申请人造成的损害；此外还会从保全措施是否涉及公共利益的角度来进行综合考虑。

"难以弥补的损害"在该规定第10条规定为：

（1）被申请人的行为将会侵害申请人享有的商誉或者发表权、隐私权等人身性质的权利且造成无法挽回的损害；

（2）被申请人的行为将会导致侵权行为难以控制且显著增加申请人损害；

（3）被申请人的侵害行为将会导致申请人的相关市场份额明显减少；

（4）对申请人造成其他难以弥补的损害。

　　申请行为保全也应当提供担保，担保数额应当相当于被申请人可能因执行行为保全措施所遭受的损失，包括责令停止侵权行为所涉产品的销售收益、保管费用等合理损失。

　　行为保全受理后法院也应在四十八小时内进行裁定，如采取行为保全，保全效力一直持续至案件裁判生效时止。当然，著作权人在行为保全措施采取后也应在三十日内提起诉讼，否则解除保全措施。

案例研讨

腾讯公司《王者荣耀》游戏直播行为保全申请[*]

　　基本案情：申请人腾讯公司认为阳光文化公司、今日头条公司、字节跳动公司未经申请人许可，通过其经营的"西瓜视频"App 招募、组织主播直播《王者荣耀》游戏并获得巨额收益，严重侵害了申请人对《王者荣耀》享有的著作权。优视公司提供"西瓜视频"的分发、下载服务，扩大了侵权行为的影响力，构成共同侵权。

　　同时，腾讯公司自身亦运营《王者荣耀》的直播业务，阳光文化公司、今日头条公司、字节跳动公司通过"西瓜视频"App 直播《王者荣耀》游戏，主观上具有攀附《王者荣耀》知名度及市场竞争优势吸引观众的故意，客观上获得巨大的商业利益，对腾讯深圳公司直播市场的运营造成重大损失，构成不正当竞争。如果上述侵权及不正当竞争行为不予立即制止将导致申请人的损失无限扩大，难以弥补，腾讯公司遂向法院提出了行为保全的申请。

　　争议焦点：对于申请人的主张，阳光文化公司、今日头条公司、字节跳动公司辩称：

　　（1）该案涉及新类型的网络游戏直播侵权纠纷，对于网络游戏直播中所包含的著作权问题存在争议，申请人所申请的权利并非如专利权、商标权显而易见，申请人是否有合法有效的权利及其权利范围需经法院审理才能确定。申请人提交的证据未能证明涉案文字作品、美术作品的权属及被申请人实施的侵权行为和不正当竞争行为。

---

　　[*] 腾讯科技（成都）有限公司、深圳市腾讯计算机系统有限公司计算机软件著作权纠纷案，广州知识产权法院（2018）粤 73 民初 2858 号民事裁定书。

（2）被申请人的行为并不会造成将来判决的难以执行或造成申请人的其他损害，更不会使申请人的合法权益受到难以弥补的损害。

首先，游戏直播不会对游戏造成负面影响，反而会使游戏直播的观众转化为游戏玩家，增加游戏知名度和收入，不会对申请人造成损害。

其次，即便认为被申请人的行为构成侵权，申请人的损害完全可以通过金钱赔偿的方式获得救济，其损失并非不可弥补。

（3）该案不存在需要采取行为保全措施的紧迫性。

从申请人提交的证据看，申请人早在2018年6月就已经知悉被诉侵权行为的存在，但并未及时寻求司法救济，直至2018年9月才首次与被申请人进行交涉，被申请人所提交的证据显示目前国内的直播平台进行《王者荣耀》游戏直播的至少还有17家，申请人对此类直播行为并没有积极行使权利，甚至是怠于行使权利，不符合行为保全的紧迫性要求。

（4）采取保全造成的损害明显超过不采取保全给被申请人造成的损害。

综上，该案不应当采取行为保全措施。

优视公司则辩称：

（1）我方是PP助手的运营方，与申请人所主张的《王者荣耀》游戏及游戏直播不属于竞争关系，与申请人和阳光文化公司、今日头条公司、字节跳动公司的争议不属于必要共同诉讼。

（2）作为应用商店，我方已尽到完全的审核义务，涉案应用软件系阳光文化公司上传并运营，在收到该案应诉材料之前没有收到过申请人任何形式的告知函或投诉，在收到该案应诉材料后向阳光文化公司发送了侵权通知并收到相应的反通知函及免责承诺函，已尽到应用商店的管理义务和法律义务，我方没有任何过错。

（3）从市场份额及下载量来看，PP助手远不如应用宝、360助手、百度助手，而前述各应用商店中一直存在涉案应用软件的下载服务，我方是否提供涉案应用软件的下载服务，不符合行为保全的紧急性和必要性。

司法实务指引：法院经审理总结了该案是否施以行为保全的考量要点：第一，申请人的行为保全申请是否有依据；第二，不采取行为保全措施是否会使申请人受到难以弥补的损害；第三，采取行为保全措施是否会造成申请人与被申请人间的利益失衡；第四，采取行为保全措施是否会对社会公共利益造成损害；第五，申请人是否提供足够的担保。

关于申请人申请行为保全的依据，法院认为申请人基于涉案游戏《王者荣耀》的著作权稳定性较高；诸被申请人的直播涉案游戏的行为属于广播权（编者注：案件审理时为"其他权"）控制的行为，申请人对于被申请人运营的西瓜视频上直播《王者荣耀》游戏的行为进行了公证取证，因此侵权的可能性较高；被申请人直播行为直接和申请人的游戏直播业务重合，存在竞争关系，但并未获得申请人许可并支付对价，客观上抢占了涉案游戏直播市场份额，可能对申请人的合法权益造成损害，存在构成不正当竞争的可能性。

关于被诉侵权行为是否使申请人受到难以弥补的损害，法院认为，首先，网络游戏及其直播市场具有开发成本高、市场生命周期短、传播速度快、影响范围广的特点，如不及时制止被诉侵权行为可能会导致申请人的市场份额减少和市场机会丧失，给申请人造成难以计算和量化的损害。

其次，被申请人持续组织直播涉案游戏，挤占申请人的市场份额，如不及时制止被诉侵权行为，可能会显著增加申请人损害。

最后，司法救济程序由于制度的设计，从申请人起诉到法院作出终审判决需要一定的时间周期。而网络游戏及其直播时效性较强，市场生命周期较短，如不及时制止被诉侵权行为可能会导致申请人胜诉后已经过了网络游戏及其直播的有效市场生命期，给申请人造成难以弥补的损害。

关于利益平衡，法院认为该案所采取的行为保全措施仅涉及被申请人阳光文化公司、今日头条公司、字节跳动公司停止通过其经营的"西瓜视频"App以直播方式传播《王者荣耀》游戏内容，并不涉及"西瓜视频"App中其他无关内容的播放，不影响被申请人阳光文化公司、今日头条公司、字节跳动公司经营的"西瓜视频"App其他业务的正常开展，对被申请人阳光文化公司、今日头条公司、字节跳动公司的合法权益损害有限。

关于采取行为保全措施是否损害社会公共利益，法院认为该案仅涉及双方当事人经济利益，且保全措施不延及"西瓜视频"App中其他内容的播放，不影响消费者利益，也不会损害社会公共利益。

关于担保，被申请人没有举证证明可能因执行行为保全措施所遭受的损失，申请人腾讯公司在其诉讼请求范围内提供了5020万元人民币的全额担保，已经初步符合本案要求。

综上，申请人的行为保全申请符合法律规定，法院予以支持。

（三）证据保全

为制止侵权行为，在证据可能灭失或者以后难以取得的情况下，权利人或利害关系人可以在起诉前依法向法院申请保全证据。证据保全的受理法院包括证据所在地、被申请人住所地或者对案件有管辖权的法院。

申请证据保全是否需要提供担保由法院根据具体情况决定。证据保全采取与否也应在受理后的四十八小时内作出，并立即开始执行。权利人应当在采取证据保全措施后的十五日内提起诉讼，否则法院解除保全措施。

三、侵权民事责任

著作权或邻接权侵权案件经裁判后，如果行为人的行为构成侵权，则应依法承担民事责任，根据《著作权法》和《民法典》，侵权民事责任包括停止侵权、赔礼道歉、消除影响、赔偿损失和消除危险。

在上述侵权民事责任中，除赔偿损失外，其他的民事责任在理论上属于知识产权请求权中所包含的责任形式，目的是恢复知识产权权利的圆满状态；赔偿损失则属于侵权请求权的责任形式。

之所以要区分知识产权请求权和侵权请求权，是因为两者的归责原则是不同的。知识产权请求权的行使和责任承担不以行为人主观状态为要件，只要知识产权的权利状态遭到干扰，不再圆满，无论行为人是否故意、是否过失，均应承担民事责任；但是侵权请求权中侵权责任的承担则以过错为归责原则，在《民法典·侵权责任编》中，侵权责任的归责原则主要被分为过错归责原则和无过错归责原则，其中过错归责原则是一般原则，而无过错规则原则均由法律明确规定适用情形，知识产权侵权并不属于明确适用无过错归责原则的情形，那么就依法适用过错归责原则。因此，赔偿损失与否应考虑侵权行为人的主观心态，主观恶意程度越高，相应赔偿就越多，甚至可以适用惩罚性损害赔偿。

各侵权民事责任可以单独适用，也可以合并适用，由法院进行裁量。

（一）停止侵权

停止侵权的目的是阻止侵权行为的持续，使著作权不再受到干扰，回归权利人专有的正常状态。在著作权侵权诉讼中，权利人一方往往都会在诉讼请求中提出停止侵权的请求。一般来说，只要行为人的行为被判定为侵权，则行为人当然承担停止侵权的责任。承担这一民事责任，意味着侵权行为人应下架侵权复制品或侵权内容、回收侵权复制品或停止对作品进行利用。

但是，停止侵权的责任并非在一切侵犯著作权的案件中都能适用，或者说这一诉讼请求并非都能得到法院的支持。特定情形下，可能会以替代方式进行适用或者不予适用。《计算机软件保护条例》第 30 条就规定了替代"停止侵权"的责任方式：软件的复制品持有人不知道也没有合理理由应当知道该软件是侵权复制品的，不承担赔偿责任；但是，应当停止使用、销毁该侵权复制品。如果停止使用并销毁该侵权复制品将给复制品使用人造成重大损失的，复制品使用人可以在向软件著作权人支付合理费用后继续使用。

在"保时捷公司诉北京泰赫雅特汽车销售服务有限公司著作权侵权案"❶中，被告未经许可仿造了保时捷中心的建筑拟进行进口车辆的经营和维护业务，经法院认定保时捷中心构成建筑艺术作品，被告的建筑物和原告的建筑艺术作品特征相似，构成了侵权，原告主张：停止侵犯原告建筑作品著作权的行为，改变其侵权建筑物的侵权特征，建筑物的改建效果。法院认为：关于停止侵权的具体方式，法院结合原告保时捷公司要求对涉案侵权建筑物予以改建的诉讼请求和该案的具体情况酌情予以确定。鉴于涉案北京保时捷中心建筑由正面呈圆弧形，上半部由长方形建筑材料对齐而成，下半部为玻璃外墙；建筑物入口及其上方将建筑物正面分成左右两部分，建筑物入口部分及其上方由玻璃构成等主要特征组成，该案被告应对泰赫雅特中心予以改建，使该建筑不再具有与上述主要特征组合相同或近似的外观造型。

在"张某某诉浙江永乐影视制作有限公司、山东广播电视台等著作权侵权案"❷中，原告创作了音乐作品《心是莲花开》，被告在其投资拍摄的新版《西游记》第 43 集中将涉案作品作为插曲使用，原告主张：

（1）停止播映含有音乐作品《心是莲花开》的电视剧《西游记》；

❶　保时捷股份公司诉北京泰赫雅特汽车销售服务有限公司侵犯著作权纠纷案，北京市第二中级人民法院（2007）二中民初字第 01764 号民事判决书。

❷　张某某诉浙江永乐影视制作有限公司、山东广播电视台、安徽广播电视台、浙江广播电视集团、江苏省广播电视总台、广东电视台、广西电视台、天津电视台、重庆广播电视集团、程力栋、北京市新华书店王府井书店侵权纠纷案，北京市第二中级人民法院（2012）二中初字第 02221 号民事判决书。

（2）停止出版、发行、销售含有音乐作品《心是莲花开》的电视剧《西游记》VCD/DVD 光盘及其他录像制品；

（3）停止通过网络传播方式传播含有音乐作品《心是莲花开》的电视剧《西游记》。

法院经审理认为，被告使用的音乐和原告主张保护的作品基本一致，属于未经许可的侵权行为，但对于是否支持原告停止侵权的诉讼请求，法院认为：由于涉案电视剧的投资较大，且涉及多地播出、销售及网上传播，一旦停止播出、销售及网上传播必将造成社会资源的极大浪费并将产生不利于社会公众的后果，故原告张某某要求停止播出、销售及网上传播等侵权行为的诉讼请求，法院不予支持。但法院将在确定赔偿数额时对此因素予以考虑。

上述情形中，简单适用停止侵权会造成经济上的"不利益"，或者说造成资源的浪费，因此在比较"停止"的成本和权利人的利益后，法院以替代方式进行了适用，是比较符合公平原则的。

（二）赔礼道歉

侵权行为只有在侵害了著作人格权时才适用赔礼道歉的民事责任。

赔礼道歉具有比较浓厚的东方色彩，是从精神上抚慰权利人，以减轻其精神痛苦或恢复精神利益为目的。著作权人的发表权、署名权、修改权或保护作品完整权受到侵害时，往往会给作者造成较大的精神困扰，甚至影响作者的社会评价，以赔礼道歉的方式可以较好地抚慰作者。

在抄袭、剽窃类侵权案件中，由于剽窃行为就是将他人作品当作自己作品加以发表或利用，因此剽窃侵权均会侵害作者的署名权甚至发表权，侵权成立时应承担赔礼道歉的民事责任。

赔礼道歉的方式可以在起诉时由权利人在诉讼请求中加以明确，未明确的可以由法院衡量选择合适的方式，一般来说，往往是通过公开的传媒渠道，如报纸、期刊或网站等，持续一段时间公开道歉启事。

赔礼道歉责任的承担有较强的人身属性，理论上需要侵权行为人亲自履行方能达到抚慰和化解矛盾的效果，但是，实践中确实存在侵权行为人拒不履行的情况，对此，也比较难以强制执行。我国司法实践目前也允许替代方式，如权利人向法院提出申请，法院将判决主文以公告、登报等方式向公众

公开，其中履行费用由侵权行为人负担。❶

（三）消除影响

消除影响指的是行为人应消除侵权带来的不良影响。一般来说，当侵权行为导致权利人的名誉或商誉受损时，权利人可以要求行为人承担消除影响的民事责任。消除影响虽然属于非财产性的民事责任方式，但也会起到保护财产权益的效果，这是因为商誉或名誉受到损害往往直接影响权利人的经济利益，如潜在的合作机会、市场机会的减少，这些经济损失往往比直接侵害财产所造成的损失更为严重。❷

权利人在提出消除影响的诉讼请求时，需要做好举证准备，以证明存在不良影响的事实，消除影响的具体适用程度应和不良影响的严重程度相适应。

消除影响一般采取公开在媒体进行声明的方式履行。

（四）赔偿损失

赔偿损失是财产性的民事责任，也是著作权侵权民事责任中最重要的一种，可以从金钱上补偿权利人遭受的损失。

传统上，我国民法对于赔偿损失采用的是补偿性原则，即赔偿的数额和权利人损失的数额相当。但是在知识产权领域，一方面，因为知识产权侵权具有隐蔽性，不容易为权利人发现，损失往往呈扩大化现象；另一方面，知识产权的维权成本往往较高，涉及较多专业化取证；此外，知识产权侵权所得的利益一般远远高于权利人原创所花的成本。基于这些原因，我国当前知识产权损害赔偿制度在补偿性赔偿基础上进一步建立了惩罚性赔偿，用以完善知识产权保护。著作权侵权的损害赔偿自然亦在其中。

1. 补偿性赔偿

（1）实际损失标准。

补偿性赔偿建立在权利人因侵权而产生的实际损失基础之上，即根据实际损失作为计算标准。《最高人民法院关于审理著作权民事纠纷案件适用法

---

❶ 葛云松. 民法上的赔礼道歉责任及其强制执行［J］. 法学研究，2011，33（2）：113–129.

❷ 魏振瀛.《民法通则》规定的民事责任——从物权法到民法典的规定［J］. 现代法学，2006（3）：45–63.

律若干问题的解释》第24条规定：权利人的实际损失，可以根据权利人因侵权所造成复制品发行减少量或者侵权复制品销售量与权利人发行该复制品单位利润乘积计算。发行减少量难以确定的，按照侵权复制品市场销售量确定。因此，其计算公式一般为：

实际损失＝因侵权减少的发行量（或侵权复制品销售量）×（复制品单价－单位成本）

上述各数值中需要权利人举证证明减少数量或从市场取证销售量，减少数量实际上是个估测，难有证据加以证明；而侵权复制品的销售量往往很难由权利人掌握，这是因为可能涉及的销售渠道众多，销售量也并非都能从公开渠道获得。因此举证实际损失具有较大难度。有研究指出，具体审判实践中，法院审理著作权侵权纠纷案件适用权利人实际损害标准判赔的案例数非常少。例如，2011—2016年的著作权侵权纠纷案例样本数是5361件，其中127件适用权利人实际损失标准，仅占著作权样本数的2.37%。❶

（2）侵权违法所得标准。

损害赔偿的数额还可以根据侵权违法所得进行计算。其计算公式一般为：

侵权违法所得＝侵权复制品销售量×（复制品单价－单位成本）

侵权违法所得的计算和实际损失的计算存在同样的问题，在财务账簿由侵权行为人掌握的情况下，权利人较难获得证据，因此实务中也很少适用。如有研究采集了2011—2016年9057份判决，法院适用"侵权获利"作为侵权人承担损害赔偿数额计算标准的判例共63例，占判例样本总数的0.68%。其中著作权样本17件，占著作权样本数的0.33%。❷

（3）权利使用费标准。

权利使用费标准是2020年《著作权法》新增的内容，但是，与前述标准不同的是，权利使用费仅具有参照效力，且只有在实际损失或侵权违法所得难以计算时才被作为计算标准。

权利使用费指的是著作权人许可作品使用人以某种方式使用作品而收取的费用，也叫许可费。权利使用费能够较真实地反映作品的价值，意味

---

❶ 曹新明. 我国知识产权侵权损害赔偿计算标准新设计［J］. 现代法学，2019，41（1）：110－124.
❷ 曹新明. 我国知识产权侵权损害赔偿计算标准新设计［J］. 现代法学，2019，41（1）：110－124.

着侵权行为人如果合法取得授权理应支付的对价，因此，以其作为计算标准具有合理性。但是在实践中，即使同类型作品的使用费也会差距巨大，这和作品知名度、作者知名度以及作品的使用方式均有关系。如作品改编为电视剧的使用费在作品盗版的侵权案件中能否直接作为计算标准就会存在疑问，因此目前《著作权法》将其作为"参照"标准还是较为合适的。

除上述赔偿损失的数额外，权利人还可以主张被告承担维权产生的合理开支，包括公证费或证据固定费用、取证花费的差旅费以及律师费，这些费用需要通过相应发票或收据加以证明。

2. 惩罚性赔偿

《民法典》第179条规定：法律规定惩罚性赔偿的，依照其规定。2020年《著作权法》新增了惩罚性损害赔偿，其适用于故意侵权并且情节严重的情形。

2021年3月，《最高人民法院关于审理侵害知识产权民事案件适用惩罚性赔偿的解释》（法释〔2021〕4号）发布，其第3条规定了关于"故意"的认定要素：故意的认定，人民法院应当综合考虑被侵害知识产权客体类型、权利状态和相关产品知名度、被告与原告或者利害关系人之间的关系等因素。以下情形，可以被初步认定为故意：

（1）被告经原告或者利害关系人通知、警告后，仍继续实施侵权行为的；

（2）被告或其法定代表人、管理人是原告或者利害关系人的法定代表人、管理人、实际控制人的；

（3）被告与原告或者利害关系人之间存在劳动、劳务、合作、许可、经销、代理、代表等关系，且接触过被侵害的知识产权的；

（4）被告与原告或者利害关系人之间有业务往来或者为达成合同等进行过磋商，且接触过被侵害的知识产权的；

（5）被告实施盗版、假冒注册商标行为的；

（6）其他可以认定为故意的情形。

情节严重则应当综合考虑侵权手段、次数，侵权行为的持续时间、地域范围、规模、后果，侵权人在诉讼中的行为等因素。具体包括：

（1）因侵权被行政处罚或者法院裁判承担责任后，再次实施相同或者类似侵权行为；

（2）以侵害知识产权为业；

（3）伪造、毁坏或者隐匿侵权证据；

（4）拒不履行保全裁定；

（5）侵权获利或者权利人受损巨大；

（6）侵权行为可能危害国家安全、公共利益或者人身健康；

（7）其他可以认定为情节严重的情形。

如果符合惩罚性赔偿的适用情形，则应当在前述实际损失或侵权违法所得基础上，或者参照权利使用费确定惩罚性损害赔偿的"基数"，再根据被控侵权行为人的侵权情节，在 1 ～ 5 倍的范围内确定"倍数"，倍数可以不是整数。最终的赔偿数额为：基数 + 基数 × 倍数。

惩罚性损害赔偿的基数数额应先由权利人在起诉时加以明确并举证证明，再由法院结合事实、理由和证据进行确定。

3. 法定赔偿

法定赔偿指的是法院依职权确定著作权侵权损害赔偿的具体数额。法定赔偿的适用受适用顺位约束，只能在原告无法举证证明实际损失、侵权违法所得或权利使用费时适用。然而在实践中，适用法定赔偿的著作权侵权案件比例非常高，2011—2016 年的 5361 件著作权案件中，适用法定赔偿标准的样本有 5216 件，占著作权判例样本数的 97.3%。[1] 这主要是因为权利人举证实际损失或侵权违法所得确实具有实际困难，在侵权事实可以确定的前提下，如果仅因为举证不足而无法使权利人获得赔偿，那么诉讼就会"得不偿失"，因此适用法定赔偿就可以保证权利人能够得到适当、合理的赔偿。

著作权侵权法定赔偿的数额范围为 500 元以上 500 万元以下。适用法定赔偿时，法院主要考量：一般情况下侵权可能造成的损失或可能的违法所得、侵权持续的时间和范围、侵权行为人的主观过错程度、侵权造成的后果以及涉案作品的价值。

需要注意的是，法定赔偿不能和惩罚性损害赔偿一起适用，或者说法定赔偿确定的赔偿金额不是惩罚性损害赔偿的"基数"，因为法定赔偿数额需

---

[1] 曹新明. 我国知识产权侵权损害赔偿计算标准新设计 [J]. 现代法学，2019，41（1）：110 – 124.

要法院根据侵权情节进行酌定，而惩罚性损害赔偿的适用和具体倍数也需要法院根据侵权情节酌定，法院酌定时均会考量侵权行为的主观过错程度、情节严重程度，如果将法定赔偿数额作为惩罚性损害赔偿的"基数"，则必然对侵权行为进行重复评价，反而有失公平。

4. 举证妨碍及其后果

在损害赔偿的举证上，法律考虑到权利人的实际举证困难，规定了关于损害赔偿证据的举证妨碍规则。首先，权利人应尽量充分举证；其次，损害的关键证据为侵权行为人掌控时，如侵权所得的账簿、资料等一般均处在侵权行为人的控制之下，此时，法院有权责令侵权行为人提供账簿、资料等证据，侵权行为人应当提供；最后，如果侵权行为人不提供真实账簿或提供假账，即发生举证妨碍，法院可参考权利人的主张和证据确定赔偿数额。

（五）消除危险

《民法典》第 179 条规定了消除危险的民事责任承担方式，在著作权侵权的救济方式中，消除危险的民事责任也是可以适用的。《著作权法》第 54 条第 5 款中规定的销毁和禁止进入商业渠道即具有消除潜在侵权危险的作用。

首先，权利人有权请求法院销毁侵权复制品，侵权既然已经被认定，侵权复制品本身的存在即是对著作权的"威胁"，并且其也可能进入商业渠道，再次侵害著作权。因此，侵权行为人应依法销毁侵权复制品。销毁侵权复制品长期以来在著作权行政执法中都可以适用，也确实起到了阻止侵权持续发生的作用。但是在民事保护上，欠缺销毁的做法依然会使得著作权存在侵权的隐患，即使侵权行为人履行下架、回收侵权复制品的停止侵权责任，但是只要库存中尚有侵权复制品，仍然有可能构成侵权著作权的危险状态。因此，2020 年《著作权法》在民事保护中也确定了"销毁"这一责任形式。

其次，权利人有权请求法院销毁专门用于侵权的材料、工具或设备，并不予补偿。侵权的材料、工具或设备应当是主要用于侵权目的的，如果行为人正常经营也需要使用相应材料、工具或设备，予以销毁并不合适。

最后，权利人有权请求法院责令禁止侵权材料、工具或设备进入商业渠道，其适用于特殊情况。何为特殊情况，需要衡量侵权材料、工具或设备流入商业渠道的目的和再次利用之进行侵权的可能性。

《著作权法》对上述责任的规定，亦是履行我国在 TRIPS 下作出承诺的表现。TRIPS 第 46 条规定了"其他的侵权救济措施"：为有效制止侵权，司法机关有权在不给予任何补偿的情况下，责令将已被发现侵权的货物清除出商业渠道，以避免对权利持有人造成任何损害，或下令将其销毁，除非这一点会违背现有的宪法规定的必要条件。司法机关还有权在不给予任何补偿的情况下，责令将主要用于制造侵权货物的材料和工具清除出商业渠道，以便将产生进一步侵权的风险减少到最低限度。在考虑此类请求时，应考虑侵权的严重程度与给予的救济以及第三方利益之间的均衡性。对于冒牌货，除例外情况外，仅除去非法加贴的商标并不足以允许该货物放行进入商业渠道。

实务视角

著作权人如何提出诉讼请求

一、停止侵权的诉讼请求

1. 应具体写明如何停止侵权。

2. 如果被告已经停止侵权，则该项诉讼请求一般不会得到法院支持。

例：请求判令被告停止侵权，删除页面（删除××商品）、断开链接、屏蔽链接、下架作品；

判令被告立即停止对软件的下载、安装和运营服务。

二、赔礼道歉的诉讼请求

1. 应写明赔礼道歉的具体方式、具体媒体和持续时间。

2. 只有侵害了著作权人身权的，法院才会支持原告赔礼道歉的请求。

例：请求判令被告在市级新闻媒体《××日报》中缝以外版面（占版面尺寸）、侵权网站首页上连续 30 日向原告公开赔礼道歉。

三、消除影响的诉讼请求

1. 应写明消除影响的方式、范围和持续时间。

2. 原告应对不良影响及其范围进行举证。

例：判令被告在《××日报》和其官网首页连续 30 日公开说明侵权事实并消除影响。

四、赔偿损失的诉讼请求

1. 区分损害赔偿金和维权的合理开支。

2. 惩罚性损害赔偿应明确主张。

例：判令被告赔偿原告财产损失××元；并支付为制止侵权所支付的合理开支，包括公证费××元，差旅费××元，律师费××元，共计××元。

五、销毁的诉讼请求

1. 针对库存侵权复制品和主要用于侵权的设备、工具和材料可以请求销毁。

2. 原告应对库存及侵权用途尽力举证。

例：判令被告销毁库存图书（服装、产品等）。

案例研讨

直播《梦幻西游》著作权及不正当竞争纠纷案*

基本案情： 原告网易公司为《梦幻西游》计算机软件著作权登记证书所登记的著作权人。被告华多公司长期在其直播平台提供涉案游戏直播。直播过程展示了游戏的部分剧情、任务和场景。该直播画面中，游戏画面占据了整个直播画面的 2/3。可设置全屏模式，若设置全屏模式，则游戏画面占据整个直播画面，若未设置全屏模式，则有 1/3 直播画面是聊天框，框内是文字对话内容。

争议焦点： 原告主张 1 亿元人民币的损害赔偿，被告认为其行为构成合理使用且直播平台持续亏损，尚未获利，不应赔偿。

司法实务指引： 为证明被告华多公司直播涉案游戏的获利情况，原告网易公司提交了以下证据：

（1）美国证券交易委员会公开的华多公司关联方、上市公司欢聚时代公司（YYINC.）2012—2014 年财务年度报告。2012 年报告显示：其他互联网增值服务项目营业收入为 8365 万元，该项主要来自会员订阅费用和频道内活动营业收入。2013 年报告显示：其他互联网增值服务项目营业收入为 20 521 万元，该项收入主要包括会员订阅费和游戏直播，与上年度相比增长 145.3%，主要是因为订阅用户数量增加及线上游戏直播的受欢迎程度升高。

---

* 广州网易计算机系统有限公司与广州华多网络科技有限公司侵害著作权及不正当竞争纠纷，广东省高级人民法院（2018）粤民终 137 号民事判决书。

毛利润为净经营收入的 51.6%。2014 年报告显示：其他互联网增值服务项目营业收入为 60 982 万元。净经营收入 367 837 万元，游戏直播业务营业收入占公司净经营收入 4.2%。毛利润为 182 922 万元。

（2）（2015）粤广萝岗第 1828～1829 号公证书。根据上述公证书，赵某（被告平台上的游戏主播）在被告平台上"我的财产"项分别为：佣金上个月收入 312 568.2 元，累计获得 2 160 978.4 元；佣金上个月收入 168 194.4 元，累计获得 1 584 037.7 元。

（3）赵某于 2017 年 3 月 21 日出具的书面证言。赵某直播期间有两个账号，一个账户收入来自个人作为主播在直播游戏《梦幻西游》或《梦幻西游2》过程中所获得的礼物分成收入。另一个是公会会长的账号，一部分收入来自个人作为主播的收入，在直播《梦幻西游》或《梦幻西游2》过程中所获得的礼物分成收入，另一部分收入来自作为公会会长对 YY90068 频道所有公会成员在直播《梦幻西游》或《梦幻西游2》过程中所获礼物的提成收入。上述两个账户都是系统每日计算应得收入，每月 1 日统计上月收入总和。

（4）关于维权费用。网易公司分别于 2014 年 10 月 30 日和 12 月 25 日支付广东省广州市萝岗公证处公证费用 9350 元和 2200 元。

此外，原告网易公司请求一审法院责令华多公司对其直播获利进行举证，一审法院责令华多公司提交其持有的该部分财务账册资料。华多公司提交了 2012 年 11 月 24 日至 2014 年 11 月 24 日期间 321 个主播人员分成收入清单和 YY 游戏直播成本利润财务报表。华多公司声称，根据虎牙直播平台分成规则，主播人员可以平均获得约 45% 的分成，并称其基于《梦幻西游》直播业务所产生的营业收入为 5 966 735.42 元，经营利润亏损 5 143 922.61 元。广州德永会计师事务所有限公司针对上述清单和财务报表出具了《华多公司专项审计报告》，载明华多公司 YY 游戏直播业务从 2012 年 11 月 1 日至 2014 年 11 月 30 日期间的经营收支状况及其中的《梦幻西游》直播收入情况，审计结论为：《梦幻西游》直播收入为 5 966 735.43 元，扣除成本费用，经营利润（损失）为 −5 183 913.76 元。

二审期间，原告提交了如下新证据：广东正中珠江会计师事务所出具的《专项说明报告书》，用以证明该会计师事务所接受网易公司委托，对华多公司（纳斯达克股票代码 YY）游戏直播业务从 2013 年 1 月 1 日至 2014 年 12 月 31 日期间的业务收入金额进行采集和披露。根据华多公司关联方欢聚时代公司（YYINC.）公开的 2013 年、2014 年的财务报告披露的数据，华多公司 2013 年的游戏直播收入为 4960 万元、2014 年的游戏直播收入为 1.533 亿元，与一审法院的计算结果基本一致。

对该项证据，被告华多公司认可其真实性，但是不认可其证明目的。

网易公司上诉认为，著作权法规定侵权应赔偿违法所得，应以华多公司经营《梦幻西游》直播业务的收入来确定赔偿数额，不应扣除无关成本费用，即使按照欢聚时代公司（YYINC.）年度财务报告的总体毛利率计算，华多公司在侵权期间的获利也远超 1 亿元。

华多公司上诉认为，游戏直播业务刚刚兴起的前期需要大量成本投入，华多公司经营游戏直播业务持续亏损，没有获利，不应赔偿。

二审法院认为，侵权人违法所得中的"所得"显然不是指侵权人的销售收入，"违法所得"应指违反著作权法规定而获得的"利润"，即扣除必要成本之后的合理利润。从知识产权法律体系解释，同为侵害知识产权的赔偿，"违法所得"与专利法中的侵权获利应作一致的理解。因此，网易公司将"违法所得"理解为华多公司经营《梦幻西游》直播业务的收入既没有依据，也不合理。

知识产权侵权损害赔偿兼具事实查明和价值判断，应当在具体案件证据基础上，结合市场规律、行业特点、经验常识等方面科学合理地确定赔偿数额，体现知识产权的市场价值，彰显鼓励创新、遏制侵权的价值取向，引导侵权者寻求授权许可、回归市场公平竞争。在当前司法政策指引下，应当遵循"补偿为主、惩罚为辅"的判赔理念，赔偿数额的确定既要充分补偿权利人受损利益，又要让侵权者无利可图，还要区分不属于涉案知识产权价值贡献的部分，以免让权利人获得不当利益，有悖公平。

该案确定赔偿数额较为理想的路径是，华多公司提供在侵权行为持续期间经营《梦幻西游》直播业务的收入和与该业务相关的直接、必要的经营成本（包括主播分成）等财务资料，经双方当事人确认或法院委托的第三方审计机构进行审计，得出华多公司侵权获利情况，在此基础上结合双方当事人对涉案知识产权在侵权获利中价值贡献占比的举证，剔除不属于涉案知识产权因素的价值贡献部分，最终确定该案赔偿数额。

鉴于网易公司对其实际损失无法举证，从该案证据也难以直接计算华多公司因组织开展涉案游戏直播业务所获的利益，综合相关证据，有必要根据华多公司在侵权行为持续期间相关游戏直播业务收入情况对其所获利益进行合理估算，在此基础上，结合互联网环境下新兴产业发展的特点及相关因素，综合确定该案赔偿数额。

一审法院责令华多公司提供其在侵权期间的收入及盈利情况。华多公司提交了其自制的《主播人员分成收入清单》《YY 游戏直播成本利润财务报表》以及广州德永会计师事务所有限公司出具的《华多公司专项审计报告》，用以证明华多公司在统计期间《梦幻西游》直播业务亏损约 500 余万元。经审查，上述证据存在不全面、不真实的情况。

其一，《主播人员分成收入清单》是华多公司单方面根据后台数据制作，华多公司没有提交其他证据佐证其真实性。根据该清单，在 2012 年 11 月至 2014 年 11 月期间共计有 321 名主播人员直播涉案游戏，总共获得礼物分成收入为 2 685 030.94 元。但是，证人赵某在 2012 年 11 月至 2014 年 10 月曾在华多公司经营的直播平台上直播涉案游戏，其在 YY90068 频道累计获得的佣金收入至少为 2 160 978.4 + 1 584 037.7 = 3 745 016.1 元（不含未结算的金元宝和其他零星收入）。

华多公司辩称该主播曾直播其他游戏，但华多公司作为直播平台经营者，理应掌握其平台该主播直播内容的相关证据，却未能提交任何证据予以证明，应承担举证不能的后果。而且，即使赵某的收入中包含了直播其他游戏的收入，考虑到上述收入均系其在《梦幻西游》直播专门频道 YY90068 中获取，作为《梦幻西游》直播的热门主播，按常理判断，赵某的直播收入绝大部分应来源于直播《梦幻西游》或与《梦幻西游》相关。尤其是，赵某仅为该期间《梦幻西游》"十大主播"之一，其一人收入就已远远超过上述清单中所有主播在同一期间内的收入总和，两者数额差距过大，非华多公司口头所称"该主播曾直播其他游戏"能够合理解释。

法院有理由相信上述清单存在隐瞒部分头部主播分成收入的情况，以该清单为基础得出的审计结论不足信。

其二，华多公司自称 2013 年、2014 年两年游戏直播业务平均经营利润率为 -86.21%，据此主张按照该利润率计算则《梦幻西游》直播业务经营亏损达 514 392 261 元。但是，《梦幻西游》是华多公司直播平台中最受欢迎的直播内容之一，《梦幻西游》直播收入理应占其游戏直播业务收入较高比例。华多公司游戏直播业务整体亏损，《梦幻西游》直播业务并不必然亏损。退一步而言，即使华多公司经营《梦幻西游》直播业务亏损，不代表其未在被诉侵权行为中获得商业利益，从而无须承担赔偿责任。

游戏直播平台（网站）为游戏主播、直播观众、广告商等主体提供了聚集和交换价值的场所。增值服务是直播平台获得利润的主要部分，如观众购买虚拟道具并打赏给主播，直播平台与游戏主播会按照一定的比例进行分成。此外，在获取巨大直播观众流量后，广告、游戏联运和电子商务往往也可以成为直播平台的重要盈利渠道。在互联网经济时代，"烧钱赚流量"已经成为众多游戏直播平台快速扩张并占据市场的重要手段。市场份额即商业利益，是获得后续盈利和市场融资的重要资源。撇开市场规律和行业特点来看待游戏直播业务亏损，片面而不合理，以此为由抗辩无须赔偿也不应获得支持。由于依据上述证据无法计算华多公司经营《梦幻西游》直播业务所获得的利益，应综合该案其他证据估算华多公司自 2011 年 10 月至 2014 年 12 月的获利情况。

网易公司从公开渠道获取并提交了华多公司的关联方欢聚时代公司（YYINC.）2012—2014 年财务年度报告，主张可以根据上述报告相关数据来估算华多公司的获利。上述报告是上市公司财务年度报告，证明力较强。没有其他证据证明欢聚时代公司的关联方中另有其他公司从事游戏直播业务，上述报告中记载的相关数据可作为估算华多公司经营游戏直播业务的收入及盈利情况的依据。

根据上述报告，2012—2014 年均没有直接统计游戏直播业务营收，2012年报告指出"其他互联网增值服务营收主要来自会员订阅费和频道内活动营业收入"，2013 年报告指出"其他互联网增值服务项目营收主要包括会员订阅费和游戏直播"，2014 年报告指出"游戏直播业务营收占公司净营收比例约 4.2%"。对于上述报告中与该案有关的项目数据，整理如表 10-1 所示。

表 10-1 2012—2014 年游戏相关收入情况　　　　　　　　单位：万元

	2012 年	2013 年	2014 年
净经营收入	82 003	182 347	367 837
毛利润	40 390	94 147	182 922
毛利润率	49.20%	51.60%	49.70%
其他互联网增值服务	8365	20 521	60 982

其中，2014 年财务年度报告的统计项目和数据较为全面，游戏直播业务营收约为 367 837×4.2% = 15 449 万元，以此推算游戏直播业务营收在"其

他互联网增值服务项目"营收占比为 15 449 ÷ 60 982 ≈ 25%。2013 年财务年度报告中没有对游戏直播业务营收在公司净经营收入占比作出说明，但是根据相近年份游戏直播业务在"其他互联网增值服务项目"营收占比大致相同的合理推断，2013 年的游戏直播业务营收约为 20 521 × 25% = 5130 万元。网易公司于二审中提交广东正中珠江会计师事务所出具的《专项说明报告书》，该报告书对欢聚时代公司 2014 年度已公示的四份季度财务报告相关数据进行采集和披露，统计可得 2013 年、2014 年游戏直播业务营收分别为 4960 万元、15 330 万元，与上述估算结果相近，佐证了上述估算的可靠性。同理，关于2012 年的游戏直播业务营收，按照上述估算方法计算，约为 8365 × 25% = 2091 万元。

关于华多公司经营游戏直播业务的获利，一审法院按照年度总体毛利润率来计算该年度游戏直播业务毛利润，虽然不可避免将游戏直播业务与其他业务的利润进行平均计算，但是在无法获取华多公司经营游戏直播业务直接、必要的真实成本数据的情况下，该方法亦为可取。

据此，华多公司在 2012—2014 年经营游戏直播业务获得毛利润约为 2091 × 49.2% + 5130 × 51.6% + 15 449 × 49.7% = 11 354 万元。上述金额包含了直播《梦幻西游》以外其他游戏所获得的利润。

由于华多公司拒绝提交真实、全面的财务资料或直播数据，导致无法获取准确数据计算华多公司在不同游戏直播中的分别获利情况，一审法院结合有关因素酌情确定《梦幻西游》直播业务在华多公司所有游戏直播业务中利润占比为 1/3。该酌定比例符合该时间段涉案游戏的知名度及直播热度，较为合理。但是，上述年度财务报告明确指出"营收成本"包括了"收入分成费用"，而"收入分成费用"包括"向频道所有者、在 YY 音乐频道中的表演者以及在 YY 平台中的各类频道活动中有权分享收益的人所支付的费用"，即主播人员分成部分已经作为营收成本之一在计算毛利润时予以扣除。上述估算的游戏直播业务毛利润实际上已经是直播平台与主播人员进行分成后的获利，一审法院在此基础上还结合华多公司与主播人员分成比例（扣除了45% 的主播分成）来估算华多公司侵权获利，计算方法错误，存在重复扣除主播分成的情况，应予纠正。

综上，华多公司在 2012—2014 年经营《梦幻西游》直播业务获利约为11 354 × 1/3 = 3785 万元。该估算数额不包含华多公司 2011 年 10—12 月的侵权获利。网易公司没有提交证据可供计算该时间段的侵权获利，考虑到当时游戏直播产业刚刚兴起的实际获利情况，法院综合估算华多公司自 2011 年 10 月至 2014 年 12 月经营《梦幻西游》直播业务获利合计约为 4000 万元。

知识产权侵权损害赔偿的精细化裁判有赖于各方相关证据的充分披露，但是在相关证据不足以精确计算实际损失或侵权获利，又有证据表明权利人实际损失或侵权人侵权获利明显超过法定赔偿上限时，可依法行使自由裁量权，依托涉案知识产权的市场价值，结合市场规律、行业特点、经验常识等因素对计算赔偿所需的必要数据进行合理推断，在此基础上依法酌定赔偿数额。

该案中，法院对华多公司在 2012—2014 年经营《梦幻西游》直播业务获利的估算结果并非精确计算所得，而是在现有证据基础上，根据公开财务报告披露的统计数据以及部分合理推断数据估算所得，目的在于最大限度确保酌定的赔偿数额与华多公司该时间段的真实获利相当。前述估算充分表明，华多公司侵权获利明显超过著作权法（2010 年）第 49 条规定的"法定赔偿"上限。以该估算结果为基础，法院综合考虑以下方面因素确定该案赔偿数额：

1. 涉案游戏类型、知名度

涉案游戏是大型多人在线角色扮演类游戏，其运行呈现的游戏连续动态画面构成类电作品，独创性较高。涉案游戏自上线以来获得包括"2011 年度最受欢迎的民族网游""2012 年中国年度最受欢迎网络游戏"等诸多荣誉，多次获评年度十大网络游戏，最高同时在线人数超过上百万人，知名度较高。尤其是该案侵权行为实施时段正值涉案游戏处于较为火爆的阶段，直播涉案游戏对直播平台的流量导向作用明显。

2. 侵权行为性质、情节

华多公司未经网易公司许可，组织大量主播人员直播涉案游戏并获利，侵害网易公司依法享有的著作权。华多公司持续多年实施侵权行为，尤其是在网易公司发函要求华多公司停止侵权的情况下，仍拒绝停止有关行为，侵权主观故意明显。华多公司经营的直播平台是国内最大的游戏直播平台之一，主播人员众多，涉案游戏直播最高在线人数达 10 万人，侵权规模较大。

3. 与涉案游戏直播相关的授权许可市场情况

网易公司上诉认为，应依据《英雄联盟》和《球球大作战》赛事直播许可费用，评估《梦幻西游》游戏画面直播许可费用大约在 1200 万元/年～3

亿元/年。对此，法院认为，网易公司没有举证其曾针对涉案游戏或其他游戏的整体画面进行商业直播许可，而网易公司上述主张中的电竞赛事直播不同于该案涉及的直播模式，前者是包含后者在内的游戏著作权人、赛事组织方针对电竞赛事整体作为直播内容的对外授权许可，两者许可内容、方式、范围明显不同。该案不宜直接参照上述电竞赛事直播许可费用确定赔偿数额，其仅可为法院酌定赔偿数额提供一定程度参考。

4. 涉案游戏因素对于游戏直播平台获利的贡献程度

游戏本身是游戏直播的基础，也是游戏直播获得盈利的必要因素，但游戏直播获利并非仅来源于游戏本身的价值贡献。人气火爆的游戏主播、运营稳定的直播平台，均是游戏直播获利的重要因素。网易公司主张其应获得被诉游戏直播行为的全部获利，该主张实质上未考虑直播平台在游戏直播产业新兴时期培育相关市场的价值贡献，也忽略了游戏主播自身能力等非游戏因素的价值贡献，如果予以全额支持，将使游戏著作权人获得超出其著作权价值的不当利益。

该案中，属于游戏主播获利部分已经以利益分成的形式予以剔除，但现有证据无法清晰显示游戏因素在游戏直播平台获利中的贡献占比。基于平衡作品创作者、传播者、使用者各方利益的原则，尤其从促进游戏及其衍生产业发展的角度考虑，应合理认定涉案游戏因素对于被诉游戏直播平台获利的价值贡献。

5. 权利人维权费用

网易公司为调查和制止侵权行为，在一审、二审过程中提交了大量证据，耗费较大人力、物力和时间成本，还聘请了专家辅助人出具报告及出庭，支出了相应维权费用，应予考虑。

综上，一审法院在确定赔偿数额过程中对于赔偿计算期间认定错误，重复扣除游戏主播分成部分，没有考虑涉案游戏因素在被诉游戏直播平台获利中的贡献程度，存在不当，但一审法院对被诉游戏直播违法所得估算方法合理。

在无法直接从华多公司提供的财务资料计算其经营涉案游戏直播业务获利的情况下，根据该案事实和证据估算华多公司自2011年10月至2014年12月获利约4000万元。在此基础上剔除涉案游戏之外的因素对直播获利的价值贡献部分，并综合考虑其他因素，该案可酌情判定华多公司赔偿网易公司经济损失及合理维权费用共计 2000 万元。

一审法院最终确定的赔偿数额并无明显不当，对该判赔数额可予维持。网易公司上诉提出一审判赔数额过低，华多公司上诉提出一审判赔数额不合理，均缺乏充分理据，二审法院均不予支持。

第三节　著作权的刑法保护

一、侵犯著作权罪

《刑法》❶ 第 217 条规定了"侵犯著作权罪"，即以营利为目的，侵犯著作权或相关权，违法所得数额较大或者有其他严重情节的，处三年以下有期徒刑，并处或者单处罚金；违法所得数额巨大或者有其他特别严重情节的，处三年以上十年以下有期徒刑，并处罚金。

（一）主观要件：以营利为目的

营利是指以金钱、劳务等为资本而获得经济上的利益，谋取利润。在刑法中，"以营利为目的"指的是谋取非法利润，非法利润的属性反映了本项罪名的社会危害性，具体包含两个方面：

第一，营利目的说明行为人的主观恶性严重。营利目的表明行为人以犯罪为手段而获取非法利润，同没有这种心理状态的犯罪相比，更加说明行为人应当受到谴责与非难。❷

第二，营利目的说明行为的客观危害严重。营利目的使行为人更积极主动和反复继续实施某种犯罪行为，而且导致行为人扩大犯罪行为的规模和加重危害结果。因此，营利目的虽然是主观方面的内容，但它并非仅仅说明行为人的主观恶性严重，而且说明行为客观危害严重。❸

营利目的既包括直接的营利目的，如未经许可复制并销售盗版复制品，

---

❶ 本节《刑法》条文为 2020 年 12 月 26 日颁布《刑法修正案（十一）》后的条文内容。
❷ 张明楷. 论刑法中的"以营利为目的"[J]. 检察理论研究，1995（4）：40 - 44.
❸ 张明楷. 论刑法中的"以营利为目的"[J]. 检察理论研究，1995（4）：40 - 44.

是直接获取非法复制品上的收益；也包括间接的营利目的，如网络传播盗版，并未直接收取费用，而是吸引流量和广告投放。2011 年发布的《最高人民法院、最高人民检察院、公安部关于办理侵犯知识产权刑事案件适用法律若干问题的意见》（法发〔2011〕3 号），其中第 10 条规定了除销售外的下列情形均可以认定为"以营利为目的"：

（1）以在他人作品中刊登收费广告、捆绑第三方作品等方式直接或者间接收取费用的；

（2）通过信息网络传播他人作品，或者利用他人上传的侵权作品，在网站或者网页上提供刊登收费广告服务，直接或者间接收取费用的；

（3）以会员制方式通过信息网络传播他人作品，收取会员注册费或者其他费用的；

（4）其他利用他人作品牟利的情形。

（二）客观要件：具体行为

首先，并非所有侵害著作权或相关权的行为都会因情节严重而构成犯罪，《刑法》仅对其中部分行为纳入刑罚体系，这部分行为具有的共同特征是：不但侵害著作权或相关权人的私权利益，而且还扰乱了正常的市场经济秩序，这就是为什么侵犯知识产权罪被置于《刑法》分则中的第三章"破坏社会主义市场经济秩序罪"，而非侵犯财产罪中，即侵犯知识产权罪侵害的是复杂客体。

其次，《刑法》规制的侵权行为既包含针对作品和相关权客体的，也包含针对技术措施的。

最后，侵犯著作权罪中的行为既包括直接侵权行为，也包含间接侵权行为，间接侵权行为在直接侵权构成犯罪的前提下可以与其构成共同犯罪。

具体来说，构成侵犯著作权罪的行为包括：

（1）未经著作权人许可，复制发行、通过信息网络向公众传播其文字作品、音乐、美术、视听作品、计算机软件及法律、行政法规规定的其他作品的；

（2）出版他人享有专有出版权的图书的；

（3）未经录音录像制作者许可，复制发行、通过信息网络向公众传播其制作的录音录像的；

（4）未经表演者许可，复制发行录有其表演的录音录像制品，或者通过信息网络向公众传播其表演的；

（5）制作、出售假冒他人署名的美术作品的；

（6）未经著作权人或者与著作权有关的权利人许可，故意避开或者破坏权利人为其作品、录音录像制品等采取的保护著作权或者与著作权有关的权利的技术措施的。

（三）客观要件：数额较大或情节严重

侵犯著作权罪属于数额犯，只有违法金额达到规定的数额时才具有社会危害性，因此由刑法责难。侵犯著作权罪的数额和情节，目前由《最高人民法院、最高人民检察院关于办理侵犯知识产权刑事案件具体应用法律若干问题的解释》（法释〔2004〕19 号）、《最高人民法院、最高人民检察院关于办理侵犯知识产权刑事案件具体应用法律若干问题的解释（二）》（法释〔2007〕6 号）以及《最高人民法院、最高人民检察院、公安部关于办理侵犯知识产权刑事案件适用法律若干问题的意见》（法发〔2011〕3 号）共同具体规定。

1. 数额较大或情节严重

违法所得数额较大指违法所得数额在 3 万元以上，违法所得指的是扣除成本后的利润部分。情节严重则包括：

（1）非法经营数额在 5 万元以上的；

（2）未经著作权人许可，复制发行其文字作品、音乐、电影、电视、录像作品、计算机软件及其他作品，复制品数量合计在 500 张（份）以上的；❶

（3）传播他人作品的数量合计在 500 件（部）以上的；

（4）传播他人作品的实际被点击数达到 5 万次以上的；

（5）以会员制方式传播他人作品，注册会员达到 1000 人以上的；

（6）数额或者数量虽未达到第（3）项至第（5）项的规定标准，但分别达到其中两项以上标准一半以上的；

（7）其他严重情节的情形。

---

❶ 《关于办理侵犯知识产权刑事案件具体应用法律若干问题的解释》规定的是"一千张（份）"，《关于办理侵犯知识产权刑事案件具体应用法律若干问题的解释（二）》规定的是"五百张（份）"，根据从新原则，以营利为目的，未经著作权人许可，复制发行其文字作品、音乐、电影、电视、录像作品、计算机软件及其他作品，构成侵犯著作权罪的数量标准以"五百张（份）"为准。

其中，非法经营数额是指行为人在实施侵犯知识产权行为过程中，制造、储存、运输、销售侵权产品的价值。已销售的侵权产品的价值，按照实际销售的价格计算。制造、储存、运输和未销售的侵权产品的价值，按照标价或者已经查清的侵权产品的实际销售平均价格计算。侵权产品没有标价或者无法查清其实际销售价格的，按照被侵权产品的市场中间价格计算。

多次实施侵犯知识产权行为，未经行政处理或者刑事处罚的，非法经营数额、违法所得数额或者销售金额累计计算。

2. 数额巨大或情节特别严重

违法所得数额巨大指的是违法所得在 15 万元以上的。

情节特别严重，包括以下几种情况：

（1）非法经营数额在 25 万元以上的；

（2）未经著作权人许可，复制发行其文字作品、音乐、电影、电视、录像作品、计算机软件及其他作品，复制品数量合计在 2500 张（份）以上的；[1]

（3）数额或者数量达到前述"情节严重"情形中规定标准五倍以上的。

二、销售侵权复制品罪

《刑法》第 218 条规定了销售侵权复制品罪，指的是以营利为目的，销售明知是《刑法》第 217 条规定的侵权复制品，违法所得数额巨大或者有其他严重情节的，处五年以下有期徒刑，并处或者单处罚金。

销售侵权复制品的构成要件包括：

（1）主观要件，以营利为目的，与前文相同，不再赘述。此外构成本罪，销售者还应当具备"明知"的主观要件，即明知他人非法复制了作品、音像制品而进行销售，能证明确属过失的，不承担刑事责任。

（2）客观要件，销售行为，其指的是向公众以有偿方式转移侵权复制品所有权的行为，批发和零售都属于销售。销售侵权复制品指的是明知属于侵

---

❶ 《关于办理侵犯知识产权刑事案件具体应用法律若干问题的解释》规定的是"五千张（份）"，《关于办理侵犯知识产权刑事案件具体应用法律若干问题的解释（二）》规定的是"二千五百张（份）"，根据从新原则，构成侵犯著作权罪的从重情节数量标准以"二千五百张（份）"为准。

权复制品而仍以营利为目的进行销售。需要注意的是，如果行为人既存在非法复制行为，又对这些非法复制品进行了销售的，是按照《刑法》第217条侵犯著作权罪定罪量刑的。仅有销售行为的才按销售侵权复制品罪定罪量刑。

（3）客观要件，数额巨大或情节严重。数额巨大指的是违法所得数额在10万元以上的。

2008年《最高人民检察院、公安部关于公安机关管辖的刑事案件立案追诉标准的规定（一）》第27条对此予以肯定，即违法所得数额虽未达到10万元，但尚未销售的侵权复制品货值金额达到30万元以上的，应以销售侵权复制品罪立案追诉。

销售侵权复制品虽然也属于非法经营，但一般不以"非法经营罪"定罪量刑，2007年《最高人民法院、最高人民检察院关于办理侵犯知识产权刑事案件具体应用法律若干问题的解释（二）》第2条规定"非法出版、复制、发行他人作品，侵犯著作权构成犯罪的，按照侵犯著作权罪定罪处罚"，2011年《最高人民法院、最高人民检察院、公安部关于办理侵犯知识产权刑事案件适用法律若干问题的意见》第12条更是进一步明确指出"不认定为非法经营罪等其他犯罪"。

第四节　著作权的行政保护

我国对著作权实行司法和行政保护双轨制，当著作权侵权行为同时损害了公共利益时，行政保护的方式可以介入，其中，既可以由著作权行政主管部门主动介入，也可以由权利人以向著作权行政主管部门投诉的方式启动。

一、我国著作权行政管理部门

我国著作权行政管理部门包括国家版权局和地方版权局，以及其他具有著作权行政管理职能的行政机关，如各地的市场监督管理局、文化和旅游局和文化执法大队等。

行政保护是法律法规赋予著作权行政主管部门的一项职责，其可以根据自己制定的年度检查巡查工作计划对侵权行为主动查处，也可以根据权利人投诉、知情人举报启动对侵权行为的查处。权利人发现侵权行为后，可以根据情况向侵权行为实施地、侵权结果发生地（包括侵权复制品储藏地、依法查封扣押地、侵权网站服务器所在地、侵权网站主办人住所地或者主要经营场所地）的著作权行政管理部门投诉。在某些情况下，著作权行政管理部门可以依法将投诉移交另一著作权行政管理部门处理。

二、公共利益的界定

著作权行政保护的介入是有条件的，即侵权行为同时损害了公共利益。其合理性在于，著作权是私权，私权保护的主要方式应当是司法而非行政，因此提起民事诉讼甚至以刑事诉讼方式追究侵权行为人责任是保护著作权的主要方式。而行政部门是行使公共管理职能的主体，本就不应随意干预私权，只有以行使公共管理职能为目的时，才能启动著作权的行政保护。

长期以来，我国著作权行政保护相对于司法保护来说具有明显的效率优势，并且行政部门有权调查和检查侵权行为人的场所和资料，这相当于对侵权行为进行固定，相对来说就减轻了权利人的举证责任，因此在我国《著作权法》建立的初期发挥了很大的作用。旨在及时制止侵权时，权利人往往采用行政保护的方式；旨在获得赔偿时，权利人则会在此基础上提起民事诉讼，两者优势互补。❶

作为限定行政保护适用的"公共利益"所指为何，目前还欠缺明确的规定。在"永康市新时代实业有限公司诉金华市文化广电旅游局行政纠纷案"❷中，原告永康市新时代公司生产销售了带有"小黄人"卡通形象的保温杯，"小黄人"的著作权人尤尼维瑟公司就著作权侵权行为进行举报要求查处，被告金华市文化广电旅游局认定其侵权成立，予以查处。原告不服，向法院提起行政诉讼，原告认为其行为未扰乱市场秩序，未损害社会公共利益。但在著作权人投诉提供的材料中，一方面，在一号店、京东、淘宝、阿里巴巴

---

❶ 熊琦，朱若含. 论著作权法中的"行政介入"条款［J］. 山东大学学报（哲学社会科学版），2020（1）：113 – 122.

❷ 永康市新时代实业有限公司与金华市文化广电旅游局文化行政纠纷案，浙江省金华市中级人民法院（2019）浙07行终42号行政判决书。

等多个网店购买到了被控侵权产品，且产品上均标注永康新时代公司为生产商；另一方面，永康新时代公司在 2016 年 8 月举办的中国日用百货商品交易会上大肆展出和宣传了"小黄人"保温杯。被告据此认为原告的行为侵犯了申请人尤尼维瑟公司的合法权益，一定程度上扰乱了市场秩序，损害了社会公共利益。法院对此予以支持。

在"上海映霁文化传播有限公司行政处罚案"❶ 中，上海映霁文化传播有限公司第一分公司开设点播影院，通过点播系统和投影仪等放映设备向消费者提供《绿皮书》《蜘蛛侠：平行宇宙》《阿丽塔之战斗天使》等电影作品的点播放映服务。经美国电影协会北京代表处确认，共计 22 部涉案电影作品的著作权为其协会成员单位享有，且均未授权当事人商业性放映使用。上海市文旅局执法总队认为，当事人的上述行为侵犯了著作权人享有的权利，破坏了电影市场的正常经营秩序，同时损害社会公共利益，构成了未经著作权人许可放映其作品的侵权行为。对此作出了责令当事人停止侵权行为，并作出罚款人民币 22 000 元的行政处罚。

综合上述实践，著作权法上的"公共利益"可以包含正常的市场经营秩序、合法经营者的竞争利益、消费者利益，同时还可以考虑行为人行为的营利性与否、案涉作品的数量以及行为的社会影响。

三、著作权侵权的行政责任

著作权行政管理部门受理投诉后，将对涉嫌侵权行为进行调查，并根据调查结果作出下列处理决定：

（1）对侵权人予以行政处罚；

（2）侵权轻微的，可以不予行政处罚；

（3）侵权事实不成立的，不予行政处罚；

（4）涉嫌构成犯罪的，移送司法机关处理。

给予的行政处罚视情节轻重包括责令停止侵权，警告，没收违法所得，没收、销毁侵权复制品或侵权材料、工具或设备，以及罚款。罚款额度包括

---

❶ 2019 年度上海十大版权典型案件之一 ［EB/OL］．［2023 - 11 - 23］．http：//www.ncac. gov.cn/chinacopyright/contents/12549/353354.shtml.

违法经营额 5 万元以上的，可以并处违法经营额 1 倍以上 5 倍以下的罚款；没有违法经营额、违法经营额难以计算或者不足 5 万元的，可以并处 25 万元以下的罚款。

四、著作权行政执法中的行政职权

著作权行政管理部门在调查涉嫌侵权的行为时，可以询问有关当事人，调查与涉嫌违法行为有关的情况；对当事人涉嫌违法行为的场所和物品实施现场检查；查阅、复制与涉嫌违法行为有关的合同、发票、账簿以及其他有关资料；对于涉嫌违法行为的场所和物品，可以查封或者扣押。

主管著作权的行政管理部门依法行使上述规定的职权时，当事人应当予以协助、配合，不得拒绝、阻挠。

第十一章　计算机软件著作权保护

第一节　计算机软件的概念

一、计算机软件

（一）计算机程序和文档

根据我国《计算机软件保护条例》的规定，计算机软件是指计算机程序及其有关文档。

计算机程序是指为了得到某种结果而可以由计算机等具有信息处理能力的装置执行的代码化指令序列，或者可以被自动转换成代码化指令序列的符号化指令序列或者符号化语句序列。前者指的就是目标程序，其代码形式主要是二进制的"0"和"1"。后者即为源程序，为程序编写人员采用编程语言所撰写出来的语句序列，符号形式主要是以英语语言为基础的各种命令和数学符号。源程序编写出来后，为了能让计算机执行，必须转换为机器可读的目标程序，这个过程称为"编译"，借助"编译器"实现。编译过程不同于普通文学艺术作品的翻译，而是一个代码自动转换的过程，不产生新程序，因此，《计算机软件保护条例》第 3 条规定：同一计算机程序的源程序和目标程序为同一作品。

文档是指用来描述程序的内容、组成、设计、功能规格、开发情况、测试结果及使用方法的文字资料和图表等，如程序设计说明书、流程图、用户手册等。

计算机程序和文档在光盘时代经常是打包在一起，刻入光盘或附加在销售包中进行售卖的。在网络时代，很多计算机软件是以在线下载的形式进行售卖，下载的文件往往只有计算机程序，而没有文档。可见，即使离开文档，计算机程序的安装和使用基本不会受到影响；然而，离开程序，文档本身是没有商业价值的。因此，计算机软件著作权保护的核心在于程序。至于文档，即使没有《计算机软件保护条例》，其也可以文字作品的形式获得保护。

（二）计算机中存储的数据

计算机程序和计算机中存储的数据是不同的。在数字化的今天，计算机中存储了各种数据，文字以电子文件存储在计算机中，摄影、美术以图片文件存储在计算机中，音乐视听作品也以各种格式文件存储在计算机中……这些数字文件在计算机中也是以二进制的方式存在，但是它们并不是计算机程序，而是作品的或非作品的数字化，并往往是某一计算机程序调用或读取的对象。

因此计算机程序的重要特征就是可由计算机遵照执行，并且表现为指令序列或语句序列。不能被执行，而属于被调用、被读取、被存储对象的数据不是计算机程序。

案例研讨

北京精雕诉上海奈凯软件著作权纠纷案 *

基本案情： 原告北京精雕在其精雕设备上安装了 JDPaint 软件，该软件可以读取和生成 .eng 格式的文件，北京精雕在生成的 .eng 文件上进行加密以防止竞争对手破解，被告破解了其加密措施。

争议焦点： 原告采用的技术措施是否属于"作品"的技术措施？如果是，则被告未经许可故意破坏技术措施应承担法律责任。

---

* 北京精雕科技有限公司诉上海奈凯电子科技有限公司侵害计算机软件著作权纠纷案，最高人民法院指导案例48号，上海市高级人民法院（2006）沪高民三（知）终字第110号民事判决书。

司法实务指引: .eng 文件是 JDPaint 软件在加工编程计算机上运行所生成的数据文件，其所使用的输出格式即 .eng 格式是计算机 JDPaint 软件的目标程序经计算机执行产生的结果。该格式数据文件本身不是代码化指令序列、符号化指令序列、符号化语句序列，也无法通过计算机运行和执行，对 .eng 格式文件的破解行为本身也不会直接造成对 JDPaint 软件的非法复制。此外，该文件所记录的数据并非原告精雕公司的 JDPaint 软件所固有，而是软件使用者输入雕刻加工信息而生成的，这些数据不属于 JDPaint 软件的著作权人精雕公司所有。因此，.eng 格式数据文件中包含的数据和文件格式均不属于 JDPaint 软件的程序组成部分，不属于计算机软件著作权的保护范围。

二、保护条件

（一）独创性和固定性

计算机软件的保护条件和其他作品的相同之处即独创性，受保护的软件必须由开发者独立开发，而不能抄袭他人的代码。

和其他作品类型不同的是，计算机软件还需要满足固定性，即计算机软件应被固定在某种有形物体上。在光盘时代，软件的固定介质就是光盘或闪存盘；在网络时代，软件的固定介质要么是计算机或手机等终端设备的内存，要么是网络中的服务器。固定性的要求是计算机软件的应有之意，因为编写程序必须借助电子设备等介质，程序运行时也无法离开特定介质。

计算机软件和其他作品一样，一经开发编写完成，即获得著作权保护。外国主体拥有著作权的计算机软件，依然按照出版原则或国民待遇原则在中国受保护。

（二）计算机软件著作权不保护思想或方法

思想/表达二分法这一原理同样适用于计算机软件著作权保护，软件著作权的保护不延及开发软件所用的思想、处理过程、操作方法或者数学概念等。其中合并或混同原则也依然起作用，即由于可供选用的表达方式有限而与已经存在的软件代码相似的，不构成对已经存在的软件的著作权的侵犯。

（三）计算机软件著作权不保护程序运行的结果

计算机软件的本质是可执行的代码序列，这些代码序列经执行后会在终端设备上呈现不同的结果，例如系统软件，其系统界面往往就是运行结果；应用程序，程序界面是其运行结果；网络游戏，游戏界面及其中的美术元素是其运行结果。软件的运行结果并非代码，因此不属于计算机软件著作权保护的范畴，软件运行结果如果在形式上可以构成作品的，可以以相应类型的作品获得保护。

案例研讨

水立方和琨朗国际计算机软件著作权案*

基本案情： 原告水立方公司主张被诉侵权软件与水立方公司涉案软件的动画、3D画面效果相似，侵害其计算机软件著作权。涉案软件内嵌的动画、3D画面效果是水立方公司利用图像处理软件以数字化方式虚拟分娩接生等临床环境制作的三维活动影像。当开启软件进行演示操作时，计算机程序按照其软件的功能设计调用上述动画及3D画面效果，并在屏幕终端上呈现出文字、图片、声音等组合而成的画面。

争议焦点： 被诉侵权软件与原告软件画面效果相似是否构成侵权？

司法实务指引： 就水立方公司请求保护的动画和3D画面效果而言，动画系采用逐帧拍摄对象并连续播放而形成运动的影像技术，与以类似摄制电影的方法创作的作品有着非常相似的表现形式，而3D画面效果系利用图像处理软件完成的由色彩、线条、图案或者其他方式构成的立体造型画面，一定程度上可以认定为美术作品。因此，动画和3D画面效果本质上均不属于《计算机软件保护条例》所规定的程序，也不是程序的文档，不属于计算机软件著作权的保护范畴。

值得关注的是，虽然计算机软件著作权不保护软件的运行结果，但是在判定软件著作权侵权而进行对比时，软件运行结果上的实质相似对侵权判定

---

* 福建水立方三维数字科技有限公司、琨朗国际贸易（上海）有限公司侵害计算机软件著作权纠纷案，最高人民法院（2019）最高法知民终773号民事判决书。

具有重要的参考意义，具体内容见本章第三节。

三、计算机软件保护的历史由来

计算机软件获著作权的法律保护既是技术发展的客观需要，也受到国外相关立法的影响。从客观需要来看，信息社会的基础设施离不开计算机软件，不予保护则会使开发者利益无法变现，更无法规制软件抄袭、换皮、盗版等行为。从软件保护的国内、国外立法进程来看，我国的计算机软件著作权保护方式主要受到美国的影响。[1] 在 1989 年中美知识产权谈判中，中国承诺在制定《著作权法》时，将软件列为《著作权法》保护的客体。因此，在 1990 年 9 月 7 日全国人民代表大会常务委员会第十五次会议通过的《著作权法》中，软件被列为受保护的作品。随着中美知识产权谅解备忘录的签署，对美国方面提出的关于软件保护的要求，中国进一步作出了回应，在 1992 年 9 月 25 日发布的《实施国际著作权条约的规定》[2] 中规定："外国计算机程序作为文学作品保护，可以不履行登记手续，保护期为自该程序首次发表之年年底起五十年。"这一规定相对于之前的内容一方面放宽了登记要求，另一方面延长了外国计算机程序的保护期。[3] 中美之间对于计算机软件著作权的权利是否应延及最终用户上存在分歧，中国从自身的经济状况出发，目前仅规定了商业性使用盗版软件应承担侵权责任。总的来说，现阶段我国对计算机软件提供的著作权保护和我国的社会需求以及发展状况较相适应。

实务视角

计算机软件著作权登记

计算机软件著作权登记可以通过中国版权保护中心获得登记证书，计算机软件著作权登记可以进行在线登记，登记网址为：https：//register. ccopy-

---

[1] 寿步. 中国计算机软件著作权保护的回顾与展望 [J]. 暨南学报（哲学社会科学版），2010，32（6）：1-7，161.

[2] 《实施国际著作权条约的规定》于 2020 年 11 月 29 日进行了修订。

[3] 寿步. 中国计算机软件著作权保护的回顾与展望 [J]. 暨南学报（哲学社会科学版），2010，32（6）：1-7，161.

right. com. cn/registration. html#/registerSoft。也可以采用传统的线下登记方式，可将申请文件递交或邮寄至中国版权保护中心版权登记大厅（天桥），上海或华东地区也可以选择位于上海的中国版权保护中心华东版权登记大厅。和普通作品不同的是，计算机软件著作权登记目前并不能在省级版权部门进行登记。

无论是在线登记还是在登记大厅递交或邮寄登记文件，计算机软件著作权登记的申请文件均包括：

1. 软件著作权登记申请表：申请表应在线打印，签章应为原件。

2. 软件（程序、文档）的鉴别材料：一般交存的，源程序和文档应提交前、后各连续 30 页，不足 60 页的，应当全部提交；例外交存的，应选择以下方式之一：

（1）源程序的前、后各连续的 30 页，其中的机密部分用黑色宽斜线覆盖，但覆盖部分不得超过交存源程序的 50%；

（2）源程序连续的前 10 页，加上源程序的任何部分的连续的 50 页；

（3）目标程序的前、后各连续的 30 页，加上源程序的任何部分的连续的 20 页。申请人若在源程序和文档页眉上标注了所申请软件的名称和版本号，应当与申请表中相应内容完全一致，右上角应标注页码，源程序每页不少于 50 行，最后一页应是程序的结束页，文档每页不少于 30 行，有图除外。

例外交存一般适用于计算机软件包含商业秘密或权利人不愿公开的内容的情形。

3. 有关证明文件：如申请人、代理人及联系人的身份证明文件、权利归属证明文件等。

4. 其他证明文件：如受让取得软件著作权的，应当提交软件著作权转让协议；享有著作权的法人或其他组织发生变更、终止后，由承受其权利义务的法人或其他组织享有著作权。登记时，需要提交有关企业变更（合并或分立）、终止的股东会或董事会决议、企业合并协议、清算报告、企业注销证明等相关证明文件；继承人继承的，需要提供的证明文件包括：被继承人的死亡证明、被继承人有效遗嘱、与被继承人的关系证明、继承人身份证明、法院的法律文书等。

计算机软件著作权登记需要约 30 个工作日，从申请文件被受理之日起算。

实务视角

计算机软件著作权的权属证明

根据《北京知识产权法院计算机软件著作权民事案件当事人举证手册》，软件著作权权属可以通过计算机软件上的署名，计算机软件源代码、注释、网址等包含的署名，计算机软件的著作权登记证书，认证机构的证明，取得权利的合同以及符合行业惯例的权利人声明来证明权属，具体来说，计算软件的著作权人应当在日常的管理和经营活动中贯彻上述方式，包括：

1. 在计算机软件的各个版本上明确标注权利人，即署名；

2. 在计算机软件的源代码中通过注释、头文件等方式标注权利人；

3. 在计算机软件的运行界面，包括安装界面及用户菜单中标注权利人；

4. 在计算机软件的各销售渠道，如网页页面、应用市场页面中标注权利人；

5. 完整记录和保存计算机软件开发过程，如任务分配、调试、上线测试等；

6. 完整记录计算机软件各个版本的开发时间次序、代码修改情况；

7. 如果计算机软件著作权为受让取得，妥善保管转让合同及合同备案文件。

相对应地，对于计算机软件著作权权属有争议的，争议方可以举证证明与计算机软件上署名不一致的其他署名；认证机构出具的记载其他权属的证明；作品登记机构出具的记载其他权属的著作权登记证书；权利人出具的记载其他权属的声明；以及依据软件的性质与类型、表现形式、行业惯例、公众的认知习惯等因素，提出反对权利人享有软件权属的意见。

第二节　权利内容

一、权利内容

根据《计算机软件保护条例》第 8 条的规定，软件著作权包括发表权、署名权和修改权三项著作人格权；软件著作财产权则包含复制权、发行权、出租权、信息网络传播权、翻译权以及其他权。上述权利的具体内容大多和其他作品类型的权利并无实质差异，下文仅就计算机软件的修改权进行解释。

修改权是对软件进行增补、删节，或者改变指令、语句顺序的权利。软件修改权关系插件开发及使用的问题和外挂使用的问题。

插件或外挂一般由独立于原软件的主体开发，可以是软件的用户，更多的是非用户的第三方。插件或外挂的开发方根据原软件的结构特征、功能和接口规范等开发而成，主要用于在原软件的基础上调整、增加或删除相关功能，以使加载插件后的原软件更适合原软件用户的需求或使用环境。❶

插件或外挂如果由用户自己开发，则该行为是合法的，《计算机软件保护条例》第16条第3款规定：为了把该软件用于实际的计算机应用环境或者改进其功能、性能而进行必要的修改是软件合法复制品所有人享有的权利。但是，该插件不得提供给他人，另外如果原软件的用户协议禁止这类开发，则该类插件不合法。

插件或外挂如果是由非用户、非原软件权利人开发，则其行为是否合法呢？其合法性取决于插件修改原软件的方式。

插件或外挂如果修改的就是原软件程序代码或语句序列，则无疑构成侵犯软件修改权。

如在"QQ珊瑚虫案"❷中，2005年底至2007年1月，被告人陈某某从腾讯科技（深圳）有限公司（以下简称"腾讯公司"）的网站下载了不同版本的腾讯QQ系列软件后，未经腾讯公司许可，在腾讯QQ软件中加入珊瑚虫插件，并重新制作成安装包，命名为"珊瑚虫QQ"后放到"珊瑚虫工作室"网站上供用户下载。陈某某的改动包括：去除了腾讯公司的广告和SoSo搜索条并增加了显示IP的功能后命名为珊瑚虫QQ，在珊瑚虫QQ系列软件中加入智通公司、265北京公司以及Google中国公司的商业插件为上述三公司的产品进行推广，智通公司以及265北京公司向被告人陈某某支付广告费。该案被告人的行为即属于直接修改了腾讯QQ程序指令，因此QQ的实际功能发

❶ 周洪涛，单晓光. 第三方插件与软件著作权保护——以珊瑚虫版QQ案为视角［J］. 东方法学，2008（5）：109－115.

❷ 陈某某侵犯著作权案，广东省深圳市中级人民法院（2008）深中法刑二终字第415号刑事裁定书。

生了变化。法院认定，陈某某以营利为目的，未经腾讯公司许可，擅自修改腾讯 QQ 软件制作珊瑚虫 QQ 软件，其包含有腾讯 QQ 软件 95% 以上的文件，且与腾讯 QQ 软件的实质功能相同；同时，上诉人陈某某还将珊瑚虫 QQ 软件上传于其在互联网上登记的网站"珊瑚虫工作室"供他人下载，其行为已构成对腾讯 QQ 软件的复制发行，并据此获利人民币 1 172 822 元，违法所得数额巨大，其行为已构成侵犯著作权罪。

如果插件或外挂修改的是原软件中的"数据"或"中间代码"，则该类插件不能被认定为侵犯了修改权。如网络游戏用户经常使用"外挂"程序"代练升级"，这类外挂的功能主要是模拟鼠标、键盘或点击，达到偷懒作弊的目的，但不影响网络游戏本身的程序代码和实质功能；还有的外挂或插件主要是修改了网络游戏用户的等级、财富值、法宝数量等，这类外挂修改的是"数据"，不属于计算机软件著作权的保护范畴。此外，争议最大的一类外挂就是修改了软件执行过程中的"中间代码"。

如在"'彩虹显'软件著作权侵权案"❶ 中，被告开发了"彩虹显"插件程序，使得隐身上线的 QQ 用户在使用的该插件的用户 QQ 列表中可以"显身"，其实现过程是：彩虹显 IP 软件利用腾讯 QQ 软件运行时需调用微软的"msimg32. dll"的运行机理，将彩虹显软件下的文件以同名命之并置于 QQ 软件安装目录下，在 QQ 软件需要调用微软的 msimg32. dll 文件时，调用了彩虹显软件安插的同名但不同内容的文件。当 msimg32. dll（44K）文件进入 QQ 地址空间后，导入彩虹显软件主功能文件 CaiHong. dll，被导入的 CaiHong. dll 在 QQ 进程中删除 QQ 部分指令语句、补充彩虹软件的指令语句、改变 QQ 软件目标程序固有流程、结构、顺序、组织、原有函数的应用等，致 QQ 软件 19 处目标程序发生改变。审理该案的法院认定被告虹连公司的上述行为侵犯了软件的修改权，但是，学界对此有很多争议❷，普遍认为被告修改的是内存中暂存的中间指令，是程序执行的中间结果，并非程序本身，不应该被认定为侵犯修改权。

---

❶　上海虹连网络科技有限公司等与腾讯科技（深圳）有限公司等侵犯计算机软件著作权纠纷案，武汉市中级人民法院（2011）武知终字第 00006 号民事判决书。
❷　王迁. 论软件作品修改权——兼评"彩虹显案"等近期案例［J］. 法学家，2013（1）：135 - 147，179 - 180；徐彦冰. 论软件修改权在第三方插件侵权中的适用——兼评《著作权法（修订草案送审稿）》第 13 条第 3 款第 8 项［J］. 交大法学，2015（1）：43 - 51.

二、合法用户的权利

根据《计算机软件保护条例》第 16 条的规定，软件的合法复制品所有人享有下列权利：

（一）根据使用的需要把该软件装入计算机等具有信息处理能力的装置内；

（二）为了防止复制品损坏而制作备份复制品。这些备份复制品不得通过任何方式提供给他人使用，并在所有人丧失该合法复制品的所有权时，负责将备份复制品销毁；

（三）为了把该软件用于实际的计算机应用环境或者改进其功能、性能而进行必要的修改；但是，除合同另有约定外，未经该软件著作权人许可，不得向任何第三方提供修改后的软件。

上述权利分别涉及软件的复制权和软件的修改权，合法用户在支付对价后，安装和进行备份均属于正常使用软件的行为，否则购买软件就会失去意义。合法用户还可以根据自身需要对软件进行修改，详见本书第三章第一节。

三、未经授权的用户

对盗版的规制是软件著作权保护中最为核心的问题之一。所谓软件盗版，指的就是未经授权而对软件进行复制的行为，我国目前的法律禁止商业性的软件盗版行为。但是，对于未经授权以个人目的的使用，一定情形下则允许。《计算机软件保护条例》第 17 条规定，为了学习和研究软件内含的设计思想和原理，通过安装、显示、传输或者存储软件等方式使用软件的，可以不经软件著作权人许可，不向其支付报酬。

根据这一条款，个人用户以学习研究为目的未经授权使用了软件可以免责，但是，经营目的的研究性使用则存在一定问题。实践中这一过程即软件的反向工程，或者说反向编译。反向工程是指对目标系统进行分析，识别各组件及其相互关系，创造系统的另一种形式的表达或更高抽象层次的表达的过程。如对软件的二进制代码进行转换，得到人们可阅读的汇编代码或高级语言源代码，然后在此基础上进行程序分析和理解，进而得到软件的接口规范、组织结构、算法流程等信息。❶ 因单纯的研究而对他人软件进行反向编

---

❶ 张吉豫. 软件反向工程的合法性及立法建议［J］. 中国法学，2013（4）：53－62.

译，可以适用《计算机软件保护条例》第 17 条的规定。但是，经反向工程后，经营性地使用得到的软件源代码则属于侵权行为，当然也不能对获得的源代码进行任何方式的传播。

案例研讨

北京沙驼石化工程技术开发有限公司诉徐某等
侵犯计算机软件著作权纠纷案*

基本案情： 原告沙陀石化享有涉案 ST 软件的著作权，被告徐某、喻某曾任职于原告处，从事软件操作、系统监测等与 ST 软件有关的工作。两被告离职后成立华奥兴达公司，任股东，徐某并任华奥兴达总经理一职，系华奥兴达之法定代表人。华奥兴达公司与原告存在竞争关系，均从事采用软件检测安全阀类产品的业务。后徐某开发一款 V1.0 软件并进行了著作权登记。两者经对比构成实质相似。原告沙驼石化称两被告剽窃、篡改 ST 软件而形成 V1.0 软件，构成侵权。被告则主张自身是经反编译得到部分源代码。

争议焦点： 被告行为是否构成侵权？

司法实务指引： 法院认为，通过对他人软件的目标程序进行逆向分析和研究，以推导出他人软件所使用的思路、原理、结构、算法、处理过程、运行方法等设计要素，作为自己开发软件时的参考或者直接用于自己的软件之中，此种做法被称为软件反向工程。软件反向工程通过反汇编或反编译等方式将他人软件的目标程序还原为源代码，在此过程中无论他人软件存储于电磁介质还是打印于纸介质之上，软件反向工程均不可避免地涉及对他人软件的复制和演绎；此种复制和演绎是否侵犯他人软件之著作权，需要考查是否符合我国著作权法（2001 年）第 22 条第 6 项即"为学校课堂教学或者科学研究，翻译或者少量复制已经发表的作品，供教学或者科研人员使用，但不得出版发行"之合理使用的规定；如软件反向工程中对他人软件的复制和演绎可以构成合理使用，至少必须具备软件反向工程人系他人软件合法使用者、软件反向工程人系为学校课堂教学或者科学研究之目的、软件反向工程人自己

---

*　北京沙驼石化工程技术开发有限公司诉徐某等侵犯计算机软件著作权纠纷案，北京市海淀区人民法院（2006）海民初字第 16187 号民事判决书。

开发的软件不得与他人软件实质性相似等条件。被告徐某虽不能接触 ST 软件源代码，但可利用职务之便接触 ST 软件。徐某通过对 ST 软件进行反编译得到部分源代码，并在此基础上进行修改形成 V1.0 软件，该反向工程非为学校课堂教学或者科学研究之目的。该行为未经沙驼石化之许可，已侵犯了沙驼石化对 ST 软件所享有的著作权。徐某应承担停止侵害、赔礼道歉等民事责任。

第三节　计算机软件的抄袭认定

一、软件实质相似的对比对象

软件抄袭认定的基本方法依然是"接触＋实质相似"。关于"接触"，不再赘述，下文只就软件实质相似进行解释。由于使计算机软件具有实际价值的是其中的程序，因此实质相似指的是程序间的实质相似。又因为计算机程序包含源程序和目标程序，这就涉及实质相似的对比是在源程序间进行对比还是在目标程序间进行对比的问题。

（一）源　程　序

侵犯计算机软件著作权的认定标准是源程序是否构成实质相似。这是因为，一方面，只有源程序是人使用高级程序语言编写出的，既然是人工语言编写，自然存在被他人抄袭的可能；而二进制的目标程序只是源程序编译的结果，而不是直接"写出"的结果；另一方面，当源程序编译为目标程序时，一个源程序只能转换成唯一形式的目标程序，但一个目标程序可能对应多种语言或同种语言多种写法的源程序，即两软件的目标程序相同，并不能直接得出两软件同一的结论，因为不同的源程序可能实现相同的功能，通过编译可能得到完全相同的目标程序。只有两软件的源程序实质相似，才可判定两软件相似，被控侵权行为成立。

在"南京因泰莱电器公司与西安市远征科技公司的软件著作权案"❶ 中，

---

❶　南京因泰莱电器股份有限公司诉西安市远征科技有限公司等侵犯计算机软件著作权纠纷案，江苏省高级人民法院（2008）苏民三终字第 0079 号民事判决书。

据以认定实质相似的基础即原被告的源代码，根据一审鉴定报告，被控侵权的 YZ100 - SB 型产品软件与原告南京因泰莱公司 PA100 产品软件程序整体结构基本一致，源代码一致率达 95% 以上；YZ300 - CX 型产品软件与原告南京因泰莱公司 PA200 产品软件功能类似、可执行代码有一定差异，但可执行代码一致率达 60% 以上，鉴定结论认为上述软件属实质性相同。一审、二审法院均采纳了这一结论。

（二）目标程序

目标程序虽然不能被直接用来进行实质相似的对比，但在软件著作权侵权案件中，比对目标程序也是具有意义的。其意义在于，在目标程序构成实质相似的情况下，通过和其他证据的结合，如果形成优势证据，这就意味着两者源程序构成实质相似的可能性较大，此时，如果被控侵权人不能举证自己的源程序不同于著作权人的源程序，则根据民事诉讼优势证据原则和谁主张、谁举证的原则，被控侵权人处于举证不能的地位，承担败诉风险。

事实上，在软件抄袭著作权纠纷中，原告一方的著作权人是无法完整获得被控侵权软件的源程序的，只能获得目标程序，同时也很难通过反向工程从该目标程序"反向"编译取得源程序，因此能够由原告一方举证并进行对比的往往是涉嫌侵权软件的目标程序。此时，可以结合的其他证据主要包括软件的说明文档、软件的运行结果、软件的图文界面、软件中包含的标识符号、美术元素等。

案例研讨

明静公司诉鑫华公司软件著作权纠纷案[*]

基本案情： 原告明静公司的源程序包含 26 个文件，被告鑫华公司陈述涉案软件是其自行研发，但称软件源程序在工程师的电脑中，该工程师不在国

---

[*] 广州鑫华舞台灯光设备有限公司、广州市明静舞台灯光设备有限公司侵害计算机软件著作权纠纷，广东省高级人民法院（2019）粤知民终 448 号民事判决书。关于其他证据在程序比对中的作用，可见石鸿林诉泰州华仁电子资讯有限公司侵害计算机软件著作权纠纷案；最高院指导案例 49 号；广州乐游动漫科技有限公司诉广州捷漫电子产品有限公司著作权纠纷案，广东省高级人民法院（2018）粤民终 300 号民事判决书。

内，无法提供源程序，请求从被诉控制器中提取目标程序。

争议焦点：被控侵权的软件是否构成抄袭？

司法实务指引：由于两个软件的形态不同，无法进行直接比对，一审法院委托深圳市公标知识产权鉴定评估中心采用了目标程序比对结合汇编语言比对的鉴定方法。深圳市公标知识产权鉴定评估中心出具的鉴定意见书记载，明静公司涉案软件要求保护的 26 个文件包含函数、数组或结构体共 380 项，与被诉侵权软件相比，其中 205 项完全相同，占比 53.9%，145 项实质相同，占比 38.2%。一审法院认为，从两个软件的目标程序比对结果判断，两者高度相似。虽然并不能直接由此推断出两个软件的源程序实质相似，但结合该案的其他证据及双方的举证情况，一审法院认定被诉软件与明静公司涉案软件构成实质性相似。理由包括：

首先，鑫华公司称该软件是其自行研发，但无正当理由拒不提供软件源程序以供鉴定。

其次，如上所述，明静公司公证取得的鑫华公司产品用户手册与明静公司涉案软件文档里的用户手册基本一致。

再次，被诉软件的屏幕显示、功能、功能键、使用方法与明静公司涉案软件文档的记载也基本一致。

最后，明静公司的软件早在 2013 年 11 月 21 日已经发表，并已经公开发售，鑫华公司有机会接触。

在这种情况下，明静公司已经基本完成其举证责任，鑫华公司应承担举证不能的后果。

二审法院进一步认为，深圳市公标知识产权鉴定评估中心采用了目标程序比对，结合汇编语言比对的鉴定方法，符合计算机软件的技术特点，已严谨地考虑了源程序、目标程序、汇编语言之间的技术逻辑关系。被告鑫华公司怠于承担举证证明责任，因此，原告、被告目标程序高度相似，并结合鉴定意见、当事人举证情况、用户手册作为软件文档的佐证作用，二审法院认定被告构成侵权。

二、源程序实质相似的判定方法

（一）程序的客观构成部分

计算机程序在客观上是按照以下模式进行设计开发的。

首先，需要明确程序的功能或目标。其次，为实现该功能或目标，需要设定子任务或者模块，模块可以按功能被进一步分为子模块。最后，确定模块之间的组织关系（organization），一般以程序流程图的形式展现。

上述组织关系得以实现依赖于模块和模块之间能够实现参数的传递。模块功能的整体和模块之间的关系构成程序的"结构"（structure）。

结构会包含宏指令，宏指令可以指令程序按顺序（sequence）运作。[1]

上述"顺序—结构—组织"（sequence – structure – organization）可简称为 SSO，最早在美国的司法实践中曾经被作为比对程序是否实质相似的标准，[2] 但因为程序设计中的结构和如何按功能确定模块属于"思想"范畴，SSO 比对标准没能被美国的其他巡回上诉法院采纳。[3]

（二）具有法律对比意义的部分

1992 年，美国联邦第五巡回上诉法院在计算机国际联合会案中确立了"抽象—过滤—比较"（abstraction – filtration – comparison）的判定方法，该方法后被广泛接受为软件实质相似与否的判定方法，在其他类型的作品上亦被采用。

首先是抽象，抽象的过程需要剖析涉诉程序的结构，在抽象的最低层次上，一个计算机程序可以被认为是由一组单独的指令组成的模块。在更高的抽象级别上，底层模块中的指令在概念上可以被上层模块的函数所取代。在逐步提高的抽象层次上，较高层模块的功能在概念上取代了较低层模块和指令中的模块，直到最后，抽象出程序的最终功能。该个抽象过程建立了程序

---

[1]　Computer Associates International, Inc. 982 F. 2d 693.（2nd Cir. 1992）.

[2]　Whelan Assoc. Inc. v. Jaslow Dental Laboratory Inc., 797 F. 2d 1222（3rd Cir. 1986）.

[3]　如美国第五巡回上诉法院判决的 Plains Cotton Coop. Assoc. v. Goodpasture Computer Serv., Inc., 807 F. 2d 1256（5th Cir. 1987）.

中思想和表达的初步界限。

其次是过滤，这个过程需要检查每个抽象层次上的结构组件，以确定其是否属于"思想"或表达该思想所必要的，是否是由程序本身外部因素所要求的，或者是否属于公共领域的。

最后是比较，实质性相似的对比最终在受保护的表达上展开。❶

由此可见，软件抄袭判定作为一个法律问题，其判断的出发点不仅包含基本的客观事实，更应当是具有法律意义的基本事实。

实务视角

计算机软件防止抄袭的可用措施

计算机软件著作权抄袭侵权认定主要采用比对源代码是否实质相似的方法；在被告源代码难以获得的情况下，也可以通过软件运行结果、图文界面、软件中包含的表示符号、美术元素等进行间接比对，再利用举证责任转移规则，由被告证明其未实施侵权行为，因此，以下措施可以对预防抄袭或者证明抄袭起到一定作用：

1. 人为埋入设计缺陷、冗余设计等特有信息；

2. 在源代码及其运行结果中置入特有标识；

3. 在软件图文用户界面的设计上增加特有设计元素；

4. 计算机软件的用户手册中加入具有自身特色的表达。

实务视角

开源软件

开源软件本质上也是软件，其核心依然是源程序，和闭源软件不同的就在于其源程序公开发布，且用户均可以参与测试、维护和程序改进，因此开源软件还会呈现出一个不断变化的动态过程。

开源软件的产生一般认为有以下六个原因：

---

❶ Computer Associates International, Inc. 982 F. 2d 693. (2nd Cir. 1992).

其一，软件开源基于互联网的共享精神。开源软件运动提倡知识与技术的自由分享与协作，鼓励程序员将自己开发的软件源代码公开，供其他人使用和改进。这符合并促进了互联网时代共享文化的理念。

其二，软件开源基于商业考量。开源有利于产品的快速迭代与普及，相当一部分企业会开源非核心业务的软件系统或工具，以降低成本，获得更多反馈意见。

其三，软件开源基于安全考量。开源软件的源代码透明，易于审计与检测隐藏的后门或漏洞，因此，一些基础设施软件倾向开源，这有利于建立用户信任，保证系统安全。

其四，开源软件开发效率较高。开源项目可以汇集全球各地程序员的贡献，使得软件开发进展迅速。像 Linux、MySQL 这类大型开源软件，其开发速度和规模都难以通过企业内部完成。

其五，软件开源基于教育目的考量。很多开源软件起初是作为编程实践与教学用途而开发，其源代码对学习者而言是宝贵的资源，这也助推了开源软件运动的发展。

其六，软件开源基于定制需求。开源软件的源代码开放，用户可以根据自己的需要定制和修改软件，实现更丰富的功能，从而满足各种个性化需求。

一、开源软件具有著作权

开源软件不因其源程序公开就丧失了著作权，只要其程序满足独创性的标准就能获得著作权保护。其和闭源软件著作权不同之处主要在于公众能否自由使用以及在什么条件下自由使用。

二、开源软件著作权人的认定比较复杂

开源软件的源程序公开后允许用户参与测试、改进以及添加新特性，这些实际参与开源软件代码编写的用户被称为社区贡献者，因此，开源软件的著作权人除了最初发布项目的发起人，还存在作出实质贡献的大量社区贡献者，这些社区贡献者有的会在代码上署名，但有的则是匿名，并且随着开源软件的不断迭代，社区贡献者不断变化甚至流失。❶ 这使得开源软件著作权的归属认定比较复杂。

---

❶ 刘海虹. 开源软件社区贡献者维权的法律问题——以德国"McHardy v. Geniatech"案为视角 [J]. 科技与法律（中英文），2023（1）：100−109.

首先，开源软件构成合作作品。其次，基于同一个原型程序形成的不同版本甚至支线又构成改编作品。这些均应遵循《著作权法》合作作品、改编作品的相应规则确认权属。但是在开源社区中认定是否进行了实质性开发本身是个难题，即使有署名，但署名的意义是参与了开源软件的测试还是实质性进行了代码的开发，需要进行实际认定。

在济宁市罗盒网络科技有限公司诉广州市玩友网络科技有限公司软件侵权纠纷案（以下简称"罗盒案"）中，法院在认定原告是否对涉案软件享有著作权时，进行了以下说理：罗盒公司的股东罗某作为项目管理人于 2016 年 7 月 7 日将 VirtualApp 初始版本源代码（首次提交 507 个文件，共 31 097 行）上传至 GitHub 官网开源发布，这是罗盒公司主张权利的基础，也是整个涉案软件的核心基础。贡献者提交的代码是在此基础上不断升级优化，贡献者提交的代码能否并入涉案软件主分支由项目管理人决定，项目管理人提交的代码量占整个涉案软件代码量的绝大部分，因此其他贡献者提交的代码并未对涉案软件著作权产生实质影响。判断是否为合作作品，应考虑以下因素：作者为两个或两个以上、主观上有共同进行作品创作的合意、客观上有共同创作作品的行为、合作作者贡献了独创性的表达。涉案软件源代码的提交者包括项目管理者和贡献者，而贡献者提交代码的流程是先由贡献者发起拉取申请，经项目管理者同意后才会并入主分支中，显然双方存在共同创作的合意，这也符合软件源代码开源的本意，即通过互联网媒介，集合全球开发者的智慧，尽可能使软件最佳化，从而促进知识的传播。实际上，涉案软件的提交者亦包括管理者和众多贡献者。但是，玩友公司并未举证证明贡献者提交的代码是否属于有独创性表达的创作，仅根据贡献者提交的代码行数无法判断其是否有独创性。因此，就在案证据无法认定涉案软件属合作作品。开源软件项目的贡献者往往人数众多，互不相识且散布于全球各地，只要项目保持开源则贡献者数量就会持续动态地增加。即使涉案软件属合作作品，就在案证据难以查清所有权利人的基本情况下，若开源项目要求必须经过所有贡献者的授权才能提起诉讼，那么将导致开源软件维权无从提起。因此，法院认定，罗盒公司作为提交了绝大部分代码量的项目管理者提起该案诉讼亦无须

经过其他贡献者的授权，有权单独提起该案诉讼。❶

三、开源软件的使用和传播受开源软件协议的约束

软件开源和开源软件如何使用是两回事。开源软件为实现快速迭代、高效开发的目的通常允许公众使用，但使用的具体条件要受到开源协议的约束。

通常，开源软件项目会由发起人发布在开源软件的托管平台上，目前全球常见的开源软件托管平台包括 GitHub、GitLab、Bitbucket、SourceForge 等，我国主流的开源软件社区及托管平台还有 OSCHINA、码云、阿里云 CODE 等。其中，GitHub 是全球最大的开源软件托管平台。

发布在托管平台上的开源软件项目均会根据自身的目的选择相应的开源协议，目前常见的开源协议有：

1. GPL（GNU General Public License）：GNU 项目推出的许可证，公开源代码，要求使用、修改和再发布软件都必须使用 GPL 协议。分为 GPLv2 和 GPLv3 两个版本。

2. LGPL（GNU Lesser General Public License）：使用并且修改开源代码的程序必须公开源代码，新增代码不一定必须使用 LGPL 协议。

3. BSD（Berkeley Software Distribution）：使用或修改开源代码的程序不强制公开源代码，允许将源代码用于商业和非商业用途，并修改和再发布，几乎没有限制，但需要保留作者版权声明。

4. MIT：较宽松的许可证，它允许其他人使用、修改和再发布开源软件，几乎没有限制。但需要对作者保留版权声明。

5. Apache：由 Apache 软件基金会推出，许可证的主要目的是鼓励代码和软件的开源与商业发展。它需要保留 ASF 版权声明，而且在发布衍生程序时需要说明变化。

6. MPL（Mozilla Public License）：由 Mozilla 基金会推出，Mozilla 产品的标准许可证。它允许用户修改和重新发布软件，但需要提供源代码，并在修改的文件中注明变更。

7. EPL（Eclipse Public License）：Eclipse 基金会制定的许可证，用于 Eclipse 平台与其他 Eclipse 项目。它允许使用、修改、增强和再发布源代码和

---

❶ 济宁市罗盒网络科技有限公司诉广州市玩友网络科技有限公司软件侵权纠纷案，广州知识产权法院（2019）粤 73 知民初 207 号民事判决书。

二进制文件，但衍生版本也必须使用 EPL 许可。

8. CDDL（Common Development and Distribution License）：由 Sun Microsystems 公司制定，主要用于 OpenSolaris 操作系统与 GlassFish 应用服务器。它鼓励开源，但有一定限制，衍生版本必须使用 CDDL 许可。

关于开源软件许可协议的性质，在罗盒案中，法院认定：该案 GPLv3 协议的内容具备合同特征，属于广义的合同范畴，但和通常的著作权许可或转让合同相比，GPLv3 协议是开源软件的作者向不特定的使用者让渡其著作权的部分人身权利和全部财产权利，权利授予的对象是不确定的，开源软件许可协议并没有出现权利转让的对价或许可使用付酬等典型的著作权许可合同的主要条款。因条款预先制定，因此属于格式合同。各类用户对合同的承诺是通过行为作出的，概言之，GPLv3 协议具有合同性质，是授权方和用户订立的格式化著作权协议，属于我国合同法调整的范围。❶

四、开源软件的商业化使用问题

开源软件的源代码是免费公开的，但这并不意味着开源软件一定是完全免费的。开源软件也会进行商业运作，主要模式如下：

1. 完全免费：如 Linux 内核、MySQL 数据库等。用户可以免费使用和修改软件，开发者主要依靠捐赠或其他方式维持运营。

2. 双重许可：同时提供免费开源版本和收费商业版本，如 MongoDB、SugarCRM 等。商业版本通常提供企业级支持、管理工具和贴牌服务等。

3. 开源基础上增值：基础软件免费开源，但在此基础上提供收费的企业版本或增值服务，如 Red Hat Enterprise Linux、Cloudera 等。

4. 软件即服务：以 SaaS 模式提供软件产品或开源项目，如 GitLab、ownCloud 等。用户需要付费订阅服务，但软件源代码仍然开源。

5. 开放核心：将软件的核心功能开源，以吸引开发者和创建生态系统，但关键组件或高级功能收费，如 Elasticsearch 和 Ceph 等。

6. 捐赠与广告：依靠用户的捐赠与广告费用维持开源项目，典型案例是 Wikipedia。这需要软件或服务具有很高的流行度或公共性。

开源软件有多种商业实现路径，并不排斥商业运作。真正的"免费"

---

❶ 济宁市罗盒网络科技有限公司诉广州市玩友网络科技有限公司软件侵权纠纷案，广州知识产权法院（2019）粤 73 知民初 207 号民事判决书。

开源软件还是以社区为主，但这需要开发者有其他动力或资金来维持项目的维护与发展。开源运动的本质在于知识与技术的分享，而不是价格的免费。

在罗盒案中，我国法院也确认：开源软件盈利模式多样，主要通过商业化服务模式来获得商业利益。开源软件常用的盈利模式包括硬件捆绑、增值产品、技术支持、广告业务等。GPLv3 协议既然是一种软件知识产权的保护方式，它并不排斥软件开发者从软件中获取利益，只是盈利的方式有所改变，即从过去依赖软件拷贝的销售，转向主要提供软件及信息服务。罗盒案被诉侵权软件收取会员费是用于运营维护和技术支持，而下载软件是不需要支付费用的。因此，玩友公司收取被诉侵权软件的会员费并不违反 GPLv3 协议的规定。❶

---

❶　济宁市罗盒网络科技有限公司诉广州市玩友网络科技有限公司软件侵权纠纷案，广州知识产权法院（2019）粤 73 知民初 207 号民事判决书。

参考文献

［1］保罗戈・斯汀. 著作权之道：从谷登堡到数字点播机［M］. 金海军，译. 北京：北京大学出版社，2008.

［2］布拉德・谢尔曼，莱昂内尔・本特利. 现代知识产权法的演进：英国的历程（1760—1911）［M］. 北京：北京大学出版社，2012.

［3］崔国斌. 著作权法：原理与案例［M］. 北京：北京大学出版社，2014.

［4］何怀文. 中国著作权法：判例综述与规范解释［M］. 北京：北京大学出版社，2016.

［5］黄海峰. 知识产权的话语与现实［M］. 武汉：华中科技大学出版社，2011.

［6］李琛. 著作权基本理论批判［M］. 北京：知识产权出版社，2013.

［7］王迁. 著作权法［M］. 北京：中国人民大学出版社，2015.

［8］王迁. 网络环境中著作权保护研究［M］北京：法律出版社，2011.

［9］谢尔登・W. 哈尔彭，克雷格・艾伦・纳德，肯尼思・L. 波特. 美国知识产权法原理［M］. 3 版. 宋慧献，译. 北京：商务印书馆，2013.

［10］杨柏勇. 北京市高级人民法院知识产权庭. 著作权法原理解读与审判实务［M］. 北京：法律出版社，2012.

［11］张建华. 信息网络传播权保护条例释义［M］. 北京：中国法制出版社，2006.

［12］最高人民法院民事审判第三庭. 最高人民法院知识产权审判案例指导［M］. 北京：中国法制出版社，2022.

［13］最高人民法院民事审判第一庭. 民事审判实务问答［M］. 北京：法律出版社，2021.

［14］最高人民法院知识产权审判庭. 中国知识产权指导案例评注［M］. 北京：中国法制出版社，2021.